PENSAR E
SER SI MESMO

Dados Internacionais de Catalogação na Publicação (CIP)
(Câmara Brasileira do Livro, SP, Brasil)

Henrich, Dieter
  Pensar e ser si mesmo : preleções sobre a subjetividade / Dieter Henrich ; tradução Markus A. Hediger e Lucas Machado. – Petrópolis, RJ : Vozes, 2018.
  Título original : Denken und selbstsein – Vorlesungen über Subjektivität.

  ISBN 978-85-326-5743-5

  1. Autoconsciência 2. Ética 3. Self (Filosofia) 4. Subjetividade 5. Sujeito (Filosofia) I. Título.

18-13202   CDD-126

Índices para catálogo sistemático:
1. Self : Filosofia   126

PENSAR E
SER SI MESMO
Preleções sobre a subjetividade

DIETER HENRICH

Tradução de
Markus A. Hediger e Lucas Machado

Petrópolis

© Suhrkamp Verlag Frankfurt am Main 2007.
Todos os direitos reservados e controlados pela Suhrkamp Verlag Berlin.

Título do original em alemão: *Denken und Selbstsein – Vorlesungen über Subjektivität*

Direitos de publicação em língua portuguesa – Brasil:
2018, Editora Vozes Ltda.
Rua Frei Luís, 100
25689-900 Petrópolis, RJ
www.vozes.com.br
Brasil

Todos os direitos reservados. Nenhuma parte desta obra poderá ser reproduzida
ou transmitida por qualquer forma e/ou quaisquer meios (eletrônico ou mecânico,
incluindo fotocópia e gravação) ou arquivada em qualquer sistema
ou banco de dados sem permissão escrita da editora.

CONSELHO EDITORIAL

Diretor
Gilberto Gonçalves Garcia

Editores
Aline dos Santos Carneiro
Edrian Josué Pasini
Marilac Loraine Oleniki
Welder Lancieri Marchini

Conselheiros
Francisco Morás
Ludovico Garmus
Teobaldo Heidemann
Volney J. Berkenbrock

Secretário executivo
João Batista Kreuch

Editoração: Leonardo A.R.T. dos Santos
Diagramação: Sheilandre Desenv. Gráfico
Revisão gráfica: Nilton Braz da Rocha / Nivaldo S. Menezes
Capa: Cumbuca Studio

ISBN 978-85-326-5743-5 (Brasil)
ISBN 978-3-518-58481-1 (Alemanha)

Editado conforme o novo acordo ortográfico.

Este livro foi composto e impresso pela Editora Vozes Ltda.

Para Angelika.

SUMÁRIO

Prefácio, 9

A – Exposição, 11

I – Subjetividade e a pergunta pelo todo, 13

    1 O conceito de sujeito, crítica e perspectiva, 13

    2 Complicações em torno da autoconsciência, 18

    3 Imagens do mundo e autoentendimento, 27

    4 Ciência do todo?, 33

II – Pessoa e sujeito na dinâmica da vida, 37

    1 Fundamento e mundo, 37

    2 Identidade antecipada, 43

    3 Dimensões da dinâmica, 46

    4 A intelecção como evento, 51

    5 Filosofia e vida, 56

B – Execuções, 61

III – O desdobramento da consciência ética, 63

    1 Um resumo, 63

    2 Norma fundamental e formação de identidade, 69

    3 Aporias da fundamentação ética, 77

    4 Ser si mesmo e consciência ética, 85

    5 O aprofundamento da consciência ética, 89

    6 A peculiaridade da vida, 93

IV – A subjetividade no ser com outros, 102

    1 Fundamentação transcendental, 102

    2 Sujeitos a partir da intersubjetividade?, 108

    3 Ser com outros antes de ser si mesmo?, 116

    4 Determinação do lugar do naturalismo, 119

    5 O corpo vivo como condição do ser com outros, 125

    6 Linguagem e cultura, 132

    7 Indivíduos em ordens sociais, 138

    8 A subjetividade em ordens sociais, 148

    9 Ordem social e ética, 158

    10 Ser com outros essencial, 163

V – Unidade, individualidade e liberdade, 174

    1 Pensamento extrapolador, 174

    2 Fundamento e sentido, 178

    3 Unidade de tudo e individualidade finita, 185

    4 Autoconsciência da liberdade?, 197

    5 Atribuição de liberdade e princípio de consequência, 200

    6 Ocasião para a atribuição de liberdade?, 205

    7 Tipo de comportamento e projeto de vida, 224

    8 Projeto de vida e escolha de preferência, 239

    9 Liberdade e autoentendimento, 247

Pós-escrito, 257

Posfácio à edição de bolso, 267

PREFÁCIO

Os seres humanos não vivem apenas, eles precisam conduzir sua vida a partir do saber de si mesmo. Por isso, sua autoconsciência em relação a tudo que os define como seres humanos é elementar e imediata. Não é, porém, indiferenciada. Sua constituição complexa se articula de modo espontâneo e em pensamentos de natureza especial. Por meio de outros pensamentos tampouco inventados, o ser humano se põe numa relação com o todo de um mundo e é envolvido na reflexão sobre seu ser si mesmo. A tarefa da filosofia é investigar esses pensamentos. Ela precisa, primeiramente, esclarecê-los e desdobrá-los, para então reuni-los e desenvolvê-los em um entendimento sobre a vida humana. O título destas cinco preleções remete a essa tarefa.

As preleções se originaram de um convite do Colegiado Friedrich Nietzsche da Fundação Weimarer Klassik no ano de 2003. As duas primeiras preleções foram realizadas no inverno de 2003 em Weimar; a terceira, em versão abreviada, em dezembro de 2004. A quinta preleção foi apresentada, apenas em parte, em abril de 2005, enquanto o [seu] texto, por sua vez, foi tema de um seminário acompanhante. A quarta preleção já fazia parte do plano original da série de palestras; seu texto, porém, só foi redigido posteriormente em 2006. Sou grato ao colegiado, ao seu diretor e à fundação, pela hospitalidade e pelas conversas inspiradas.

Após sua revisão para o livro, os textos posteriores se aproximam da forma de tratados – em virtude da densidade de sua argumentação e da complexidade de seus temas. Mesmo assim, consegui preservar o estilo das preleções, no sentido de que estes textos não se preocupam tanto com o desenvolvimento meticuloso de uma argumentação e com sua fundamentação ampla. Antes, procuram testar a sustentabilidade de um pensamento fundamental na exploração de campos de problemas, assim como a linha de raciocínio de uma argumentação. A natureza de uma preleção sistemática pode ser reconhecida também no fato de os textos começarem com uma retrospectiva dos textos antecedentes, de dispensarem notas e também as grandes teorias filosóficas serem mencionadas apenas de passagem.

As primeiras preleções desenvolvem os pensamentos fundamentais sobre a subjetividade, as três últimas os desdobram sob o aspecto de acentos temáticos. Por isso, e não só por causa de sua diferente proximidade em relação à apresentação real em Weimar, elas se dividem em dois grupos. Seus títulos, "Exposição" e "Execuções", foram emprestados da linguagem da análise formal da música, não da linguagem de requerimentos de bolsas ou incentivos para um projeto de pesquisa.

As preleções pretendem demonstrar como um pensamento [*Denken*] que recorre aos pensamentos [*Gedanke*] que surgem ao longo do próprio processo da subjetividade é capaz de desdobrar as perguntas fundamentais da filosofia. Elas esclarecem, então, a perspectiva que pode ser adquirida, a partir da subjetividade, sobre os problemas que são, atualmente, muito debatidos – sobre a fundamentação da ética, sobre um conceito comum de liberdade e sobre uma teoria da intersubjetividade, que muitos acreditavam ser necessariamente anterior a uma teoria da subjetividade. Cada uma das preleções desenvolve por si só uma perspectiva a partir da fundamentação da teoria do sujeito, sem sintetizá-la sempre com os temas das outras preleções. Cada preleção tem em vista, portanto, apenas uma dimensão do autoentendimento do ser humano. Mesmo assim, as preleções pretendem fazer jus à complexidade interna desse autoentendimento e contribuir para que a vida humana seja poupada da impertinência de diagnósticos ofegantes que parte de teorias unidimensionais.

A relação entre a investigação da subjetividade e a investigação de pensamentos últimos, que, segundo o entendimento tradicional, são chamados metafísicos, é tocada apenas em seu sentido fundamental na última preleção, não é, porém, já desdobrada de modo diferenciado.

Observações posteriores explicam a intenção e os limites do empreendimento dos textos das preleções.

Dieter Henrich
Maio de 2007

A
EXPOSIÇÃO

I
SUBJETIVIDADE E A PERGUNTA PELO TODO

1 O conceito de sujeito, crítica e perspectiva

Uma perspectiva sobre "o futuro do humano" deve resultar desta série de preleções, para a qual devo contribuir com minhas próprias preleções graças ao generoso convite dos senhores. O Colegiado Friedrich Nietzsche realiza esta série para a Fundação Weimarer Klassik. O nome de Nietzsche, que nos remete à filosofia alemã clássica, confere imediatamente um perfil nítido a essa tarefa. Nietzsche deu à pergunta sobre o futuro do ser humano aquela urgência que impregnou todo o século seguinte. No entanto, precisamos acrescentar: creio que ele teria insistido para que sua própria pergunta fosse completamente separada da pergunta pelo futuro do "humano".

Hegel havia proclamado o *humanus* como o sagrado da arte vindoura. Essa arte, que, em suas figurações, não conseguia mais expressar o que caracteriza a realidade como um todo, deveria desenvolver seus motivos a partir de tudo aquilo "capaz de adquirir vida no peito humano", para assim comunicar "tudo aquilo que atravessa os altos e baixos da consciência". Mesmo que a arte não consiga mais dar forma a um pensamento sobre aquilo que é e que tudo abarca, ela pode explorar e desdobrar a abundância inesgotável do humano.

É evidente que Nietzsche teria atribuído esse conceito da realização do humano não ao futuro, mas ao passado do ser humano – justamente àquele passado cujo fardo lhe havia imposto a pergunta pelo futuro possível ao ser humano. Na arbitrariedade do jogo – sobre o qual o próprio Hegel afirma que seria o jogo com sua [própria] subjetividade – o ser humano é, na verdade, dominado por poderes alheios e por sua própria fraqueza. Se ele quiser ter um futuro, precisa se familiarizar consigo mesmo num conhecimento do todo do qual ele provém e ao qual ele pertence. É para esse tipo de conhecimento e experiência que o espírito livre precisa desbravar o caminho.

Em virtude disso, ele precisa perscrutar e desmascarar sobretudo aquelas ilusões que dominam o ser humano que se alienou de si mesmo. Entre essas ilusões, ocupa uma função central aquela ilusão que leva o ser humano a crer que, ao atravessar os altos e baixos de sua vida, ele é o sujeito autodeterminado, cuja subjetividade deveria ter sido – segundo Hegel – o grande tema do *humanus* moderno.

A crítica de Nietzsche ao conceito do sujeito conferiu um ímpeto enorme à história da teoria do século XX. Esta começou com a crítica ao sujeito da vida burguesa, que não é seu próprio soberano, mas sim o produto de condições de vida corruptas. No século seguinte, um amplo movimento filosófico se seguiu à crítica de Nietzsche ao conceito do sujeito, por intermédio da desconstrução genealógica da história da metafísica por Heidegger. Em sua crítica ao tempo, em seus diagnósticos da vida deformada e em seu método do desvelamento de condições veladas de estruturas aparentemente autossuficientes, o impulso do pensamento de Nietzsche progrediu visivelmente. E também no gesto de um pensamento que avalia a força do conhecimento pela sua capacidade de desmascarar lucidamente as ilusões e dissimulações, Nietzsche, ainda mais do que Heidegger, continuou a servir como modelo. Jamais, porém, a figura aguda desse modelo voltou a ser alcançada. O sofrimento e a solidão obrigaram Nietzsche a se ocupar com a razão desse sofrimento a fim de desmascarar seu próprio ambiente de vida. Todos os outros apenas deram continuação a esse desmascaramento num ambiente que já conhece e favorece a desconstrução como gênero literário.

Ao subsumir as séries de preleções à pergunta pelo "futuro do humano", a Fundação Weimarer Klassik parece estar expressando três coisas: o conhecimento da ameaça à qual este futuro está exposto, a consciência do significado das tendências no pensamento atual de conquistar o futuro por meio de um retorno ao autoentendimento do ser humano e, ao mesmo tempo, de uma revisão fundamental deste, mas também dúvidas sobre se esse tipo de futuro pode realmente ser perscrutado pela via de uma recusa destruidora de todas as afirmações de uma compreensão da natureza do humano que se basearam nos conceitos fundamentais do pensamento tradicional.

Os temas das cinco preleções que anunciei deixam evidentes que pretendo usar muitos dos conceitos fundamentais mencionados nesses temas, de tal forma que eles não sejam submetidos ao mesmo tempo a uma suspeita generalizada. Naquilo que apresentarei, não parto de uma suspeita geral contra tudo que foi explorado pelas tradições filosóficas da Modernidade. Não acredito que elas precisam ser revolucionadas ou que elas tenham se tornado obsoletas pelo surgimento de um novo paradigma do pensamento. Creio, porém, que elas precisam ser reconquistadas em seus fundamentos e reformuladas de tal forma que não repugnem a consciência das pessoas do nosso tempo, que já viveu tantas crises e prevê tantas outras. Por isso, reconheço também nitidamente a tarefa que resulta da pergunta derivada do programa de toda a série. Não é possível desenvolver de forma nova temas do pensamento que têm uma longa história sem enfrentar, ao mesmo tempo, também a crítica secular às suas precondições e ao seu poder desbravador. Se temas que dominaram a filosofia mais recente desde os seus inícios são expostos sob uma nova luz – como pretendo fazer aqui –, então essa luz deve expor e incluir também as razões que levaram à revolta destruidora contra todas essas formações conceituais. Nem o gesto destruidor nem a defesa voltada contra ele nos levará ao fundamento de uma intelecção que não pretende tanto evocar um futuro, mas resistir àquilo que virá.

A filosofia clássica da Modernidade atribuiu à fala do ser humano como sujeito de seus pensamentos e de suas ações uma importância central em suas fundamentações. Eu procederei da mesma forma. Nada mais apropriado, portanto, do que ocupar-se e livrar-se de um argumento sobre o qual podemos afirmar que ele, como nenhum outro, dominou toda a crítica recente à fala filosófica sobre o sujeito. Heidegger acreditou que um sujeito postulado como princípio da filosofia só poderia ser compreendido como sujeito absoluto – como fundamento autossuficiente de todas as suas definições. Disso resultou, entre muitas outras, a crítica segundo a qual esse tipo de sujeito seria obrigado a ocultar sua própria finitude e a origem histórica de seu modo de entendimento.

Na França, esse argumento de Heidegger recebeu ainda outro cunho. O sujeito moderno seria definido por meio de sua autopresença. Com essa premissa, diziam, a filosofia do sujeito se imunizaria contra a intelecção de todos os poderes anônimos que sorrateiramente constituem a realização e o modo de compreensão dos sujeitos – instituições, desejos, a sexualidade, o desdobramento anônimo de um acontecimento do sentido [*Sinngeschehen*] no qual nada pode ser levado à presença plena.

Nessa argumentação, a crítica de Heidegger ao autoempoderamento [*Selbstermächtigung*] do sujeito coincide com uma lembrança do francês Descartes.

15

Ele havia identificado, contra a dúvida universal, um ponto de certeza imune a qualquer dúvida: Também na dúvida, é absolutamente certo que, para aquele que se encontra na dúvida, é ele mesmo que é assaltado pela dúvida. Ele pode até duvidar se ela leva a sério a sua própria dúvida, mas nesse caso não há como duvidar de que é ele mesmo que se encontra nessa incerteza.

A certeza no conhecimento de mim mesmo como aquele que é assaltado por opiniões das mais diversas permanece realmente isenta de qualquer dúvida. Não há como argumentar contra essa verdade básica. No entanto, precisamos nos perguntar como essa certeza deve ser entendida e como ela pode ser inserida em todo o resto do entendimento. Diante dessa pergunta, a crítica ao sujeito é, por sua vez, desencadeada sorrateiramente por uma outra tese filosófica, aparentemente evidente. Ela não pertence à herança de Descartes, mas surge nos franceses a partir de Husserl e, ainda mais, de Jean-Paul Sartre. A certeza só pode resultar da evidência que só pode pertencer a um presente trazido à presença plena, a um presente semi-intuitivo. Disso segue imediatamente que a certeza de si [*Selbstgewissheit*] precisa se fundamentar num "estar presente a si mesmo" adequado. Quando, porém, o sujeito é definido por esse tipo de certeza de si, ele precisa excluir tudo que não pode ser reconciliado com seu "estar presente a si mesmo". Esse pouco tem a consequência imediata de que o sujeito moderno, assim compreendido, exclui de si mesmo todos os modos de determinação por aquilo que se esquiva dele, que não podem adentrar sua autopresentificação [*Selbstvergegenwärtigung*] e que, por isso, limitam sua autotransparência. Um sujeito assim compreendido precisa, porém, ser desmascarado como mera ficção.

A vinculação da certeza à presença adequada e, portanto, evidente, nos leva diretamente a um dilema teórico. Aparentemente, só podemos falar de condições ocultas e poderes anônimos que participam da formação de sujeitos, se refutarmos a certeza cartesiana de que esses sujeitos têm de sua própria existência. Mas se essa certeza não pode ser separada do sentido do sujeito, podemos nos ver incentivados a destruir o próprio sentido do sujeito e a eliminar da linguagem filosófica a fala sobre o sujeito. Isso nos obriga a ir contra uma verdade fundamental incontestável, que, além disso, não pode ser separada da vida que nós levamos no saber e a partir do saber de nós mesmos.

Existem muitas razões para impor limites ao poder próprio do ser humano e à sua clareza sobre si mesmo. Tampouco podemos compreender o ser humano exclusivamente a partir de sua posição como sujeito. Mas todas essas razões adquirem sua força não no contexto de uma equiparação de certeza e autopresença, que nos leva a acreditar na necessidade simultânea de uma crítica radical ao sujeito. A certeza pode vir acompanhada do encobrimento daquilo em relação ao qual existe certeza. Podemos citar exemplos cotidianos e triviais: É possível que algo que me ameaça justamente pelo fato de eu não conseguir avaliá-lo e compreendê-lo se apodere de mim e me ocupe completamente. É, porém, de importância fundamental conscientizar-se de que aquilo que torna um pensamento forçoso de forma alguma se torna compreensível a partir da apresentação [*Präsentation*] de algo que, de alguma forma, existe como dado. Mas, então, isso vale também para pensamentos em que algo é concebido como real. E isso vale sobretudo para pensamentos de tais realidades que só são reais em pensamentos e em pensamentos sobre si mesmo. É claro que tais pensamentos não podem ser compreendidos como os chamados "meros" pensamentos aos quais todo o real, como também se diz, se contrapõe. Pois nós não seríamos nós mesmos se não vivêssemos em pensamentos dos quais sabemos que são pensamentos sobre nós mesmos. Nesse sentido, esses pensamentos sempre precisam pressupor como real aquilo que eles têm como conteúdo. Nesse caso, porém, podemos dizer que os pensamentos representam aquilo que somos.

Uma sentença como esta, porém, só pode ser aceita se não limitarmos o pensamento ao esforço do comportamento de solução de problemas ou a alguma atividade inteligente que possa ser iniciada e finalizada. Também o mundo no qual nos encontramos sempre que estamos conscientes só é tornado acessível em pensamentos. Se admitirmos isso, não há como não aceitar o mesmo também no que diz respeito à relação conosco mesmos. Mesmo assim, não somos, por força da certeza de si, que sempre acompanha a nossa vida, instituídos em um poder próprio absoluto, tampouco tudo veio à transparência e à clareza plena por força desta. Se, então, separarmos certeza de si no pensamento próprio e autopresença e autotransparência, a certeza de si e a incerteza em relação àquilo que realmente somos não se excluem mais mutuamente. Muito antes, o modo com que nos experienciamos originariamente em nossa vida está posto em seu vínculo interno. As seguintes preleções retornarão repetidas vezes a esse vínculo. Ele representa um dos fundamentos a partir dos quais seu raciocínio se desenvolverá.

De resto, preleções deste tipo nunca podem oferecer mais do que uma visão geral. Seu objetivo é, como o formula a fundação, desdobrar uma *perspectiva*. Por isso, todas as fundamentações serão apenas esboços, e não demonstrações explicitadas. Elas precisam renunciar a uma ponderação *in extenso* dos prós e contras por meio da qual uma argumentação filosófica adquire sua confiabilidade. De certa forma, porém, a filosofia também precisa se arriscar. Quanto mais ela se afasta dos temas que atraem cada pessoa para a filosofia, menos ela corresponderá às expectativas – muitas vezes não articuladas – que a própria vida humana direciona a ela. É claro que ela precisa também assumir a responsabilidade profissional pela perspectiva que ela desdobra. Mas quanto mais abrangente for a perspectiva, menos ela pode ser inserida na certeza de um padrão de sistemas formais. A filosofia se movimenta nos limites daqueles modos de conhecimento dentro dos quais resultados definitivos podem ser alcançados apenas como parciais. Por isso, precisa dedicar uma atenção especial à eficiência de suas perspectivas como tais. Um caminho que pode levar a isso é esclarecer a perspectiva em variações e aplicações sempre novas e diferentes.

2 Complicações em torno da autoconsciência

Esta *primeira* preleção pretende investigar a relação entre a subjetividade e a pergunta pelo todo. Deve-se expor como a inserção [*Ausgriff*] em um todo parte de modos múltiplos da constituição fundamental de um ser que sabe de si mesmo. Deve-se mostrar também que essa inserção e apropriação se manifesta numa figura última se o todo é concebido de tal modo que ele inclui também aquele que se apropria dele – incluindo-o justamente naquilo em que ele, ao mesmo tempo, se remove de si mesmo. A relação com um todo último, portanto, está em questão justamente lá, onde a vida que se realiza no saber de si mesmo se vê ela mesma colocada em questão. Isso significa que o entendimento da relação entre a constituição do sujeito e a pergunta por um todo último precisa partir do pressuposto de que a certeza de si mesmo no pensamento de forma alguma implica a autorrepresentação daquele que sabe de si mesmo dessa forma. Muito antes, pretendo demonstrar que ambos até se excluem mutuamente.

Também em vista de todas as preleções seguintes preciso dizer ainda algo sobre a fala plurívoca sobre a subjetividade. Essa expressão pode simplesmente se referir a qualidades por força das quais algo se transforma em sujeito. Nesse caso, a subjetividade designa a constituição de ser um sujeito. Disso se distingue um emprego que designa como "subjetivos" todos os estados e opiniões aos quais não correspondem quaisquer fatos num mundo que se acredita existir de modo totalmente independente dos pensamentos de todos os sujeitos sobre ele.

Empregarei o termo subjetividade ainda num terceiro sentido, que pressupõe o primeiro e o abarca: daquilo que é próprio ao sujeito como tal (ou seja, de sua subjetividade no sentido primeiro) partem *processos*. Podemos dizer que eles todos são processos nos quais o sujeito se desdobra numa figura [*Gestalt*] ampliada e, assim, compreende a si mesmo no interior dela. O mais elementar desses processos é a expansão desse saber de si mesmo sobre o decurso de uma biografia. Entre todos esses processos, daremos atenção especial àqueles nos quais o ser humano como sujeito está a caminho de alcançar um entendimento sobre si mesmo e sobre aquilo que constitui a sua vida. A dinâmica dessa compreensão inclui sua consciência de uma obrigação moral e a pergunta pela sua liberdade; ambas são, como demonstraremos mais adiante, em si mesmas razão para um movimento de entendimento. Esses são os processos por força dos quais a disciplina da Filosofia se arraiga de modo imediato naquilo que, na vida consciente, surge como necessidade espontânea.

Na preleção de hoje, a subjetividade do sujeito no sentido primeiro, ou seja, como saber elementar de si mesmo, ocupará o primeiro plano. A próxima investigará os processos da subjetividade que têm seu ponto de partida na constituição fundamental da subjetividade. Num sentido importante, porém, teremos em vista esses processos já agora, pois já refletiremos sobre a relação do sujeito com um todo. Onde a filosofia faz do sujeito um tema que não é subsumido a outros temas, ela tematiza imediatamente também o fundamento e a constituição de um pensamento do todo. Heidegger acreditava que, assim que a subjetividade se torna tema filosófico, surge também a tendência de a ver como autossuficiente e como fundamento da criação de toda e qualquer ordem unicamente a partir de si mesma. Lembremo-nos mais uma vez do início cartesiano da filosofia mais recente para obtermos uma primeira imagem de como os dois temas também podem se relacionar de modo completamente diferente.

O ponto de partida da certificação cartesiana é a autorrelação no pensamento, sobretudo no estado especial da dúvida. Como vimos, é impossível que a dúvida, da qual eu sei que ela pertence a mim, ainda me subjugue a si mesma, contanto que eu seja aquele que duvida. Sei, portanto, com certeza que eu existo. Essa certificação é de natureza meditativa: Preciso concentrar-me no pensamento de que eu duvido, portanto, tenho de direcionar a atenção à minha ponderação sobre a minha autorrelação no saber de mim mesmo. Quando essa ponderação se concentra na autorrelação no estado da dúvida, surge disso não só a certeza da existência real. A certeza depende da realização da dúvida.

Assim, vincula-se à certeza de si mesmo na existência o saber dos *limites* na essência [*Wesen*] daquele que se encontra em tal certeza de si mesmo. Essa existência não se firma na certeza daquela existência que se fundamenta em si mesma, e evidentemente lhe falta aquela abundância que excluiria qualquer dúvida. Se ela a possuísse, o modo especial de sua certeza de si mesma não lhe seria acessível.

Sobre essa base, que se torna, na verdade, acessível de uma vez só na autorreflexão [*Selbstbesinnung*], podemos introduzir em seguida o conceito de Deus. Pois é a partir dele que se explica a origem de toda a situação na qual se torna acessível, de modo tão singular, a um ser real que, não o é a partir de si mesmo, a sua própria realidade. Ao explicar essa relação, Descartes recorre à linguagem ontológica da causação, na qual substâncias finitas são diferenciadas de substâncias infinitas e inseridas em relações causais umas com as outras. Nesse contexto, ele poderia estabelecer Deus (como substância infinita) como causa da nossa capacidade de sermos conscientes de nós mesmos. Antes do emprego desses meios de explicação ontológica, a situação fundamental da autorreflexão já está formada. Nela, surgem a certeza de sua própria existência e a certeza da própria finitude de uma só vez, e, de fato, de tal modo que a transição imediata a um fundamento se segue imediatamente daí. Esse fundamento pode então ser relacionado retrospectivamente, também de forma imediata, não só à própria existência finita; mas, ao mesmo tempo, também àquilo que constitui e caracteriza a certeza dessa existência.

Na figura de pensamento desse movimento de fundamentação retrospectivo, a certeza de si mesmo se insere numa relação direta com o saber de sua própria natureza limitada e igualmente com a consciência de se fundamentar em algo ao qual é preciso atribuir uma constituição completamente diferente. Essa figura emerge não só no início da história da filosofia mais recente. Podemos imaginar que ela, em variações sempre novas, impregnou seu caminho. Podemos encontrar seus traços até mesmo no pensamento de Nietzsche, que, afinal de contas, reconheceu no filósofo cartesiano Espinosa seu único precursor. Apesar de ter voltado sua crítica contra o conceito do sujeito e ter minado genealogicamente o conceito metafísico de Deus, Nietzsche variou sua figura de pensamento de um modo que é compatível com esta sua crítica: Nós não nos compreendemos adequadamente em nossa relação com nós mesmos. No pensamento, porém, que se concentra naquilo que realmente sabemos acerca de nós mesmos, somos levados a transcender a nós mesmos e alcançamos um todo que tanto se eleva acima de nós quanto nos capacita para uma vida que podemos viver livremente na experiência desse todo. Assim, a figura de pensamento como um todo depende do ponto de partida de sua construção: de uma certeza de si mesmo aliada à indefinição em relação à natureza verdadeira daquele que se encontra e vive nessa certeza.

Esse pequeno estudo cartesiano pretende servir como uma orientação para aquilo que, nas próximas preleções, deve ser atribuído ao pensamento moderno como figura fundamental. Essa figura fundamental se forma a partir da relação por força da qual a subjetividade, em sua autorremoção [*Selbstentzogenheit*] vinculada à sua certeza de si mesmo, se relaciona a um todo, embora esse todo só possa se presentificar sob a condição da autorremoção dessa subjetividade.

Agora temos de esclarecer essa relação por meio de reflexões relacionadas às próprias perguntas técnicas. Em primeiro lugar, elas devem se ocupar com a pergunta sobre o que a subjetividade significa no primeiro sentido de saber de si mesmo – mas sempre em vista das muitas relações com um todo que surgem de si mesmas nessa subjetividade.

Se a subjetividade do sujeito não implica seu poder próprio e sua presença própria contínua, perde-se o mais importante motivo puramente teórico para a crítica ao sujeito do século passado. A crítica ao sujeito tinha em comum com a filosofia que reconhecia a subjetividade como seu princípio pelo menos o fato de que ela esperava do esclarecimento da subjetividade uma resposta significativa às perguntas que a própria vida dirige à filosofia.

No século recentemente concluído surgiu, porém, ainda outra tendência poderosa que se volta justamente contra essa pressuposição compartilhada. Segundo ela, é supérfluo destruir o sentido do sujeito. Ele precisa ser *trivializado*. Assim, se dissolvem as expectativas que haviam sido vinculadas à filosofia do sujeito como também os motivos que haviam levado à tentativa inútil de colocar sob suspeita cada fala do ser humano como sujeito. Não podemos negar uma força estratégica a essa tendência. Pois é verdade que a filosofia que se orientava por um conceito de sujeito reconhecia na subjetividade um fato fundamental singular. Ela exige, por isso, um modo próprio de esclarecimento, mas promete também um esclarecimento igualmente relevante para a teoria e a vida. Na crítica ao sujeito, essa expectativa não foi suspensa, mas apenas transferida para a despedida da orientação pelo sujeito. A trivialização do sentido do sujeito pretende implodir ao mesmo tempo ambas as expectativas.

Quando aquilo que constitui um sujeito é explicado a partir de um estado de coisas trivial, isso não significa *eo ipso* que também essa explicação precise ser condenada como trivialidade. Ela poderia até apresentar uma medida considerável de refinamento filosófico. Além disso, a filosofia desde sempre foi obrigada a encontrar seu caminho na tensão entre a destruição de ilusões e a defesa de sentidos fundamentais imprescindíveis. Aquele, então, que pretende atribuir ao conceito do sujeito uma orientação essencial para a teoria e para a interpretação da vida precisa enfrentar os argumentos que trivializam esse sentido de sujeito da mesma forma que se expõe à argumentação da crítica ao sujeito. Quero fazê-lo da forma mais sucinta possível.

As tentativas de trivialização são de interesse especial lá, onde elas aderem ao fato de que o procedimento de reflexão sobre o significado de expressões linguísticas veio a se afirmar de diversos modos como meio do esclarecimento filosófico. A tentativa mais simples desse tipo parte do pressuposto (com Hans Reichenbach) de que a palavra indexical "eu" já explica completamente a posição do sujeito no pensamento. O significado dessa palavra consiste em sua função de remeter ao locutor que a usa. Quem, portanto, a usa de um modo que faça jus ao seu significado já se encontra numa relação consigo mesmo.

No entanto, não basta que a palavra seja empregada corretamente. Uma máquina também consegue fazer isso, mesmo que não consiga desenvolver um pensamento que compreenda o que ela expressa. Se quisermos falar de um locutor que, como se diz, "domina" a sua língua, precisamos atribuir-lhe também a capacidade de entender o que ele expressa e a intenção de comunicar aquilo que ele quer dizer àqueles para quem ele fala. Nesse sentido, o emprego da palavra "eu" testifica a posição do sujeito, mas não a constitui. Muito antes, ela é pressuposta pelo emprego de "eu".

Já o empreendimento de Peter Strawson começa de um modo bem diferente. Ele vê o significado do indicador "eu" inserido no contexto do sistema de outras expressões indexicais como "você" e "ele", às quais pertence também a palavra "eu". Todas elas pressupõem que aquele que usa essas expressões consegue se identificar como um ente individual, como aquele ao qual as expressões se referem. No entanto, a identificação não é realizada no emprego das expressões, mas apenas implicada como sempre possível. Strawson deduz disso que já o simples emprego do "eu" pressupõe um mundo de determinada constituição: Nele existem pessoas, i.e., coisas individuais capazes de identificarem a si mesmas por meio de seus corpos, mas que, simultânea e primordialmente, são capazes de fazer um uso inteligente da língua.

Como o leitor pode ver, essa tentativa já resulta numa das abordagens de demonstrar um entrelaçamento entre um sentido de sujeito e um todo do mundo. Como esclarecimento sobre a subjetividade, porém, ela fracassa. Isso se torna evidente quando nos perguntamos como devemos entender o fato de que alguém emprega aquele sistema conceitual abrangente que implica um todo do mundo. Aparentemente, não basta ele dispor, juntamente com qualquer conceito de mundo, também de um conceito da pessoa. Pois ele precisa saber aplicá-lo a si mesmo. Mas, a fim de poder fazê-lo, ele precisa entender primeiramente o que significa compreender e conhecer-se a si mesmo como algo. Portanto, Strawson teria de tentar reconstruir a aquisição do sistema conceitual juntamente com a aquisição da capacidade da autoaplicação – coisa que ele não faz. Seria na autoaplicação do conceito da pessoa que uma pessoa se testemunharia em sua qualidade de sujeito.

No entanto, não é permissível deduzir essa autoaplicação do aprendizado do emprego da palavra "eu", que é aprendido juntamente com o emprego do sentido de "pessoa". Pois acabamos de ver que o emprego de "eu" pressupõe o saber de si mesmo e também não o constitui. Isso explica também por que as crianças demoram tanto a aprender a dominar o uso de "eu". Seu emprego não insere a criança numa relação consigo mesma. Ele comunica aos *outros* que ela se encontra nessa relação e agora sabe falar a partir dessa relação consigo mesma. O emprego do "eu" pressupõe, portanto, uma relação indireta e refletida com seu próprio saber de si mesmo. Isso, por sua vez, explica bem que as línguas que dispõem de uma palavra indexical da primeira pessoa também são especialmente aptas a expressar um desejo de independência e autovalidação. Mas esse fato não deveria seduzir ninguém a deduzir a subjetividade como tal desse lado ativista do emprego realizado do "eu", e o saber de si mesmo, que antecede esse emprego, de uma vontade de dominação.

O saber de si mesmo não pode ser aprendido, e certamente não pode vir à existência por meio do aprendizado de determinadas palavras. Quando a criança alcança o saber de si mesma, ela realiza, ao mesmo tempo, seu ser como pessoa. Isso significa inversamente, para o sentido de pessoa, que ele só pode ser definido sob a inclusão da autorrelação sapiente.

Essa autorrelação sapiente tem, no entanto, uma constituição complexa. Ter também ainda um saber sobre essa constituição não é, porém, pertinente à criança nem às pessoas em si. Mesmo assim, elas executam sua vida *na* complexidade desse saber – de modo que elas podem muito bem se sentir alienadas quando uma concepção filosófica resulta na negação daquilo no qual elas se reconhecem a si mesmas.

O núcleo do qual se seguem muitos outros aspectos dessa complexidade resulta do fato de que, no saber de nós mesmos, não conseguimos separar aquilo de que sabemos algo do saber do fato de que somos nós mesmos aquilo de que sabemos algo. E é igualmente impossível explicar esse saber a partir da combinação de dois fatores – aquilo que eu sei e o fato de eu sabê-lo sobre mim mesmo –, para então dizer que o autossaber [*Selbstwissen*] só surge quando o segundo fator se une ao primeiro. Posso saber algo que *de facto* faz parte de mim sem perceber que esse algo sou eu mesmo – como, por exemplo, minha sombra num espelho. Mas no saber de si mesmo, o "o quê" e o "como" desse autossaber são inseparavelmente interligados. Mesmo assim, não podemos dizer que eles não são diferentes um do outro.

Além disso, aquilo que sou não pode se esgotar naquilo que constitui o saber de mim mesmo. Sei sobre mim mesmo, se sei algo sobre mim mesmo, mais do que sobre meu saber de mim mesmo. Isso se evidencia já no fato de que o saber de si mesmo não é um estado de coisas geral, como, por exemplo, todo o acervo do saber sobre o saber ou a essência do saber reunido na humanidade. Distinguimos fácil e claramente do saber de si mesmo um sentido de saber desse tipo, ou seja, um saber que deve ser chamado anônimo porque ele não pertence exclusivamente a um indivíduo. Meu saber de mim mesmo não se constitui porque eu me aproprio de algum saber anônimo. Antes, eu me encontro primordial e exclusivamente numa autorrelação sapiente. Nesse sentido, um sujeito se entende como um entre um número indefinido de muitos outros também independentemente do fato de ele ter entrado num relacionamento real com outros sujeitos. Em seu ser para si, ele está completamente a sós consigo mesmo, mesmo que esse saber só possa ter se desenvolvido numa simbiose com outros. Mas não é apenas a partir da experiência de ser com outros, mas também a partir da constituição de seu saber de si mesmo que ele sabe que ele não é o único ou exclusivo. E como esse um [indivíduo] ele precisa se distinguir de outros – não só por meio de seu ser para si, mas também por meio de outras propriedades.

Fazem parte dessas propriedades diferenciadoras aquelas que pertencem ao amplo âmbito do saber – o conjunto de suas experiências e reflexões, por exemplo, que pertencem ao todo de uma vida vivida conscientemente. Mas o sujeito é, como ele sabe, um sujeito com que outros podem se relacionar, e o pensamento de si mesmo traz consigo o pensamento de uma relação a outros.

No entanto, outros não podem adentrar seu ser para si que lhe é próprio. Se eles o fizessem, eles mesmos se encontrariam no ser para mim do outro e se confundiriam com ele. Assim, tornar-se-iam idênticos com aquele que eles pretendiam descobrir como o outro. Portanto, sujeitos só podem ter uma existência uns para os outros se seu próprio ser para mim só é traduzido de modo imediato para um meio em que ele se torna acessível a outro sujeito como outro ser para si, sem que precise se tornar seu próprio ser para mim. Disso resulta uma das razões pelas quais os sujeitos são reais também como corpos e no intercâmbio linguístico. Uma das preleções futuras se dedicará a esse tema.

Isso, porém, e todo o resto em uma relação essencial com o ser sujeito, jamais poderia constituir sozinho o significado do discurso sobre um sujeito. Pois um sujeito que não sabe de si mesmo não pode ser considerado sujeito. Assim, o saber de si mesmo precisa sempre estar pressuposto quando falamos de algo que deva ser atribuído a um sujeito. Pois não é apenas que um sujeito, por meio de seu saber de si mesmo, se relacione consigo mesmo. Essa relação *constitui* o que ele é como sujeito. Vimos que outras características de sujeitos se vinculam a esse ser-para-si e que, por isso, eles podem, em certo sentido, também ser compreendidos a partir dele. Fazem parte deles corpo e língua, sem os quais não existiria um ser um para o outro de diferentes sujeitos, mas também outras condições que estão vinculadas à formação de um saber contínuo de si mesmo, entre estas grande parte daquilo que pode ser tematizado sob o título do problema da "consciência". Se, porém, não existisse saber de si mesmo, nenhuma dessas outras características apresentaria qualquer relação com a subjetividade. Um saber para si, porém, só pode existir em pensamentos, e uma autorrelação sapiente só ocorre num pensamento cuja relação a fatos [*Sachbezug*] e adequação a fatos [*Sachgerechtsein*] não são questionadas. Assim, somos mais uma vez levados à conclusão de que aquilo que nos constitui como sujeito é real justamente no fato de entretermos um pensamento determinado que se perpetua por meio de uma vida – com necessidade e sem tudo aquilo que precisa ser realizado como um esforço no pensamento.

Queremos apenas constatar esse fato notável, que confere a Cartésio uma atualidade nova e, talvez, surpreendente, e nos concentrar agora em outro aspecto que está interligado ao sentido do sujeito na medida em que os sujeitos só têm certeza sobre sua própria realidade.

Poder-se-ia bem pensar que o fato de que a subjetividade deve ser descrita como pensamento fundamental já estabelecesse o fundamento confiável que a filosofia do sujeito da Modernidade havia reclamado para si mesma. No sentido do sujeito, afirmava-se, estaria o fundamento que refuta todas as outras perguntas pelo fato de o sentido do sujeito ser autoexplicativo. Mas é essencial entender que o que ocorre é o contrário. É verdade que deixamos claro que o saber de si mesmo é um fato fundamental. A partir desse fato conseguimos entender muitas implicações do sentido do sujeito. No entanto, alcançamos esse fato apenas por meio de uma contemplação reflexiva – não por meio de uma argumentação a partir de algum ponto, não por meio de uma explicação a partir de componentes ou condições constitucionais, não por meio de uma reconstrução do processo no qual ele se forma.

Esse fato fundamental é complexo em si mesmo, e de tamanha complexidade que não conseguimos encontrar um conceito capaz de explicar essa complexidade – a partir de outros ou a partir dela mesma. Se não só mostrássemos a complexidade, mas tentássemos deduzi-la, essa tentativa logo se emaranharia num círculo. Como esses círculos são produzidos já foi explicado há muito tempo e múltiplas vezes. A autorrelação sapiente é um fato último do autoentendimento. Não é, porém, um fato indistinto em si, o que explica a tendência de querer construí-la ou reconstruí-la a partir dos elementos que se deixam distinguir nela. Mas ela se esquiva de uma análise que só poderia ser bem-sucedida por meio do isolamento dos elementos do fato fundamental. No entanto, só podemos falar sobre os componentes que ela abarca pressupondo sempre já o fato geral complexo. Essa resistência à análise é, por isso, apenas o outro lado de estarmos tratando com um fato fundamental em relação ao qual precisamos admitir que ele não é simples.

Disso resulta uma segunda conclusão, que ocupará uma posição central nas próximas preleções. O pensamento que se apoia no fato fundamental da posição do sujeito precisa sempre se orientar *por duas direções contrárias*: Por um lado, precisa seguir as implicações do sentido do sujeito que são postas, no sentido do sujeito, em relação a pensamentos com outros conteúdos. Em breve voltaremos nossa atenção para a implicação da penetração em um sentido múltiplo de ordem. Nessa relação à ordem, o sentido do sujeito se revela como vinculado àquilo que constitui o *conhecimento* [*Erkenntnis*] do real. Por mais que precisemos partir do sentido do sujeito, é igualmente claro que esse sentido do sujeito em si não pode ser abarcado pelo conhecimento do mesmo modo que esse conhecimento parte dele. Sua fundamentalidade, e mais ainda sua resistência inerente à resolução da complexidade nele existente, se contrapõe definitivamente a isso.

No entanto, o sujeito é realmente um tal complexo, e com aquilo que lhe pertence, seu corpo, por exemplo, ele constitui um complexo ainda mais extenso e de outra constituição. Se, então, a subjetividade está vinculada ao pensamento e ao conhecimento, então sempre partirão *do* sujeito pensamentos *sobre* o sujeito. E isso vale ainda mais se considerarmos que o sujeito só existe em seus pensamentos, que ele não está presente como um fato objetivo que se apresenta a ele e que ele descreve e explica. O mero fato de o sujeito possuir certeza de si mesmo não lhe fornece informações sobre sua natureza. Mas é justamente por isso que ele, como sujeito conhecedor, e de fato por um interesse pela vida, perguntará pela origem da qual ele mesmo emerge como algo do qual ele sempre está ciente na certeza pontual de si. O conhecimento que se desdobra no horizonte de um mundo tornado acessível e os pensamentos voltados para a origem do sujeito com seus mundos são, portanto, *contrários* e organizados de modo completamente diferente. Mas eles não podem ser separados uns dos outros na constituição da subjetividade que tem certeza de si mesma e, ao mesmo, tempo é inacessível a si mesma.

Podemos descrever essa pergunta pela própria origem, que permanece inacessível ao conhecimento, como uma necessidade de pensamento. A isso poderíamos acrescentar o alerta de que, em vista do fato de que ela não é capaz de nos conduzir a um autoconhecimento definitivo, só devemos segui-la com ressalvas. A pergunta pela origem da própria subjetividade e da subjetividade em si adquire sua urgência não só (e nem primariamente) da lógica e da universalidade da pergunta reflexiva – ou seja, do interesse teórico. Essa urgência emerge da própria subjetividade, das implicações do fato de que o ser humano se vê obrigado a *viver* uma vida, a *sua* vida. Essa vivência produz necessariamente a pergunta pela interpretação que permite entender a vida, sua realização e sua orientação. Ela confere àquilo que, até agora, parecia ser apenas uma pergunta teórica que nos levaria ao nada, uma urgência inegável. Este será o ponto de partida da próxima preleção.

3 Imagens do mundo e autoentendimento

Desta vez, trataremos das investidas e tentativas de construção de um todo, empreendidas concomitantemente com a autorrelação sapiente ou iniciadas a partir dela. Não precisaremos aí, porém, deixar de lado a pergunta na qual o sujeito se volta para o próprio fundamento. O que pretendemos entender é por que o sujeito, por meio das ordens que ele descobre em seu conhecimento do mundo, não consegue compreender a si mesmo. Isso nos permitirá obter uma abordagem para a pergunta sobre como um pensamento que adquire sua orientação de forma consequente a partir da pergunta pelo fundamento da subjetividade precisa ser formado. O conhecimento seguro sobre um mundo e um pensamento que transcende os limites de tudo que é dado num mundo provêm de uma mesma origem: a subjetividade. Assim, nenhum poderá ser mantido afastado dessa subjetividade às custas do outro.

Sabemos de nós mesmos, e esse saber tem muitas implicações. Por força dele, nós somos presentes não só de forma intuitiva ou semi-intuitiva. Muito daquilo que o ser humano é e que o constitui e só pode ser constatado como fato. Seu sexo e sua língua materna evidenciam isso. Quando o ser humano, também em uníssono com seu ser para si, se torna um sujeito individual com uma posição específica no mundo, esse ser para si transcende também, contudo, qualquer concreção que constitua a sua singularidade. Ele pode imaginar ser uma pessoa completamente diferente do que aquela que realmente é, e sabe, porém, ao mesmo tempo, que qualquer realização desse pensamento é um [mero] sonho.

Mas, à possibilidade desse tipo de pensamentos, subjaz o fato de que o ser humano, em seu ser para si, se estende para além de si mesmo e até um mundo. Quando ele tem um pensamento de si mesmo, ele também já tem um pensamento de seu ser diferente, pensamentos de ser outra coisa ou uma outra pessoa do que ele mesmo. Quando, porém, o seu pensamento de si mesmo se estende para além de sua existência concreta e individual, ele está vinculado, ao mesmo tempo, com o pensamento de *todo* individual, seja esse individual sujeito ou uma realidade diferente do subjetivo. Por força de seu ser para si e por meio dos pensamentos que esse pensamento abarca como seu correlato, o ser humano concebe um todo, um "mundo".

Ele pode imaginar esse mundo de muitas maneiras como ocupado e "habitado" por coisas individuais. Assim como ele apenas pode tomar conhecimento da maior parte daquilo que o constitui, ele precisa tomar conhecimento de como o mundo é formado e daquilo que o preenche. Na medida em que ele precisa se esforçar para adquirir esse conhecimento, o sujeito é, ao mesmo tempo, sujeito do conhecimento. Mas assim como aquilo que constitui esse conhecimento não é completamente arbitrário, a forma do todo do mundo no qual algo é reconhecido não pode ser apenas arbitrária e simplesmente variável. Aquilo que é real no mundo precisa, como algo individual ou como uma relação entre indivíduos, ser relacionado ao indivíduo que eu sou. Por isso, só pode pertencer a um todo no qual eu mesmo me posicionei.

Um mundo do qual precisamos falar desse modo se distingue, evidentemente, do nosso meio ambiente, e não é o mundo que nos é familiar e no qual podemos nos sentir em casa. Mesmo assim, é o primeiro todo realmente abrangente com o qual nos relacionamos a cada momento como sujeitos e como sujeitos capazes de conhecimento. Ele é o mundo *natural* na medida em que ele também já se torna acessível juntamente com o nosso saber de nós mesmos. Também uma consciência cotidiana, que se esquiva de qualquer esforço de conhecimento e se atém ao mais próximo, sempre abarca o pensamento desse mundo uno, grande e íntegro.

Podemos explicar isso também com um dos primeiros resultados da filosofia analítica, que tem sido amplamente reconhecido e aceito: quando alguém diz sobre algo que aquilo existe, ele não lhe atribui uma qualidade específica, nesse caso, a existência. Sua afirmação significa que aquilo pode ser encontrado no meio de *tudo* e que, enquanto aquilo existir, poderá ser reencontrado no meio de *tudo*. Nesse sentido, o pensamento de um universo que tudo abarca é constitutivo para o significado de "existência". Certamente, ainda não se dá assim uma resposta à pergunta sobre como se deve entender a nossa própria existência [*Existenz*] e a existência [*Dasein*] do próprio mundo. Ambas as existências parecem já estar pressupostas na explicação de um sentido da existência de algo.

O conceito natural do mundo não é, porém, o único que entra em jogo com o sujeito como sujeito do conhecimento. No conhecimento que adquirimos desse mundo, coisas individuais são identificadas e explicadas em suas relações umas com as outras. Ao longo desse empreendimento de conhecimento, libera-se a tendência de transcender e ultrapassar o mundo natural. Nós nos conhecemos a nós mesmos como indivíduos multiplamente segmentados que se tornam acessíveis a outros indivíduos por força de sua existência física. O real no mundo natural é, consequentemente, pressuposto como algo individual igualmente segmentado, seja ele uma "coisa", um corpo animado ou uma pessoa e, portanto, algo vivo que tem saber de si mesmo. Se, porém, quisermos adquirir conhecimento daquilo que é assim pressuposto, esses complexos também precisam ser questionados, dissolvidos e remetidos a algo mais simples. Esse algo mais simples pode ser identificado com uma precisão maior, e é apenas em relação a ele que podemos encontrar regras de validade universal.

O comportamento da matéria em corpos, por exemplo, precisa ser remetido ao sistema periódico dos elementos, se quisermos falar de objetos que apresentam as mesmas condições e reações no mundo, i.e., no "universo" [*Weltall*].

Dessa forma, surge a imagem *científica* do mundo. É o mesmo mundo dos individuais que pertencem ao nosso mundo natural, mas é, ao mesmo tempo, um mundo de constituição completamente diferente. Não é apenas a sua constituição que não é a mesma. Ela é *inconciliável* com a constituição do mundo natural. A relação entre as duas só pode ser esclarecida por meio do trabalho filosófico, mesmo que as pessoas do nosso tempo se relacionem com os dois mundos, aparentemente sem qualquer esforço, mas também sem qualquer preocupação com a inconciliabilidade de seus dois mundos – quando acionam um interruptor, por exemplo, ou atendem uma ligação.

A diferença entre os dois mundos se evidencia sobretudo no fato de que o ser para si dos sujeitos desapareceu do mundo científico. É verdade que nenhum pensamento desse tipo de mundo seria possível se o empreendimento geral do conhecimento não partisse de sujeitos. Mas dentro das formações de conceitos que permitem uma identificação exata de objetos e sua descrição sob leis universais, apenas estados e leis materiais encontram um lugar. Conceitos de sujeitos não podem ocorrer nelas. Por isso, não é possível, no interior dessas formações de conceitos, um entendimento sobre o saber – e menos ainda sobre a forma fundamental da subjetividade, sobre o saber de si mesmo.

É evidente que, nessa situação, nos perguntamos qual desses dois mundos deve ser considerado o verdadeiramente real. Alguns filósofos postulam o mundo científico como construção humana que não pode ser desvinculada do mundo natural. Outros dizem que a imagem do mundo da física é a única que possui autoridade e obrigatoriedade e, possivelmente, esperam que, no futuro, as pessoas se comunicarão apenas dentro dos limites da imagem científica do mundo.

Deixaremos em aberto essa disputa. Prefiro destacar um resultado comum que emerge da caracterização dos dois mundos. No mundo científico, a subjetividade e todos os fatos fundamentais que dizem respeito ao saber e estão relacionados a ele não podem ser tematizados. Mas diante disso o mundo natural não apresenta uma vantagem decisiva. Mesmo que a autorrelação do sujeito seja reivindicada no conceito da pessoa, ou seja, no conceito de determinados indivíduos no mundo natural, mesmo que o empreendimento do conhecimento surja da subjetividade, a subjetividade é *apenas* pressuposta no conceito de pessoa. Um conhecimento na forma de uma explicação que transcende aquilo que o sujeito encontra no pensamento de si mesmo não pode ser adquirido dentro das orientações pelo sentido natural do mundo. Além disso, o sentido natural do mundo apresenta uma forma fundamental que nele está apenas pressuposta, mas que não pode ser compreendida na base dele: É preciso pressupor uma ordem de um todo (p. ex. a ordem em tempo e espaço), dentro da qual os indivíduos podem ser identificados e relacionados uns aos outros como diferentes. Essa relação de ordem, porém, não pode ser pensada sem a pressuposição de um número indeterminado de indivíduos. Disso Kant pôde deduzir que esse tipo de mundo só pode se fundamentar na subjetividade. Mas se supormos que ele é real em si mesmo, ele se torna igualmente incompreensível como mundo, da mesma forma em que a subjetividade de pessoas dentro dele permanece um dado incompreendido. No par de ordem e indivíduos, um pressupõe o outro, e essa precondição recíproca e circular se contrapõe à inteligibilidade do par.

Os motivos que levaram à formação da imagem científica do mundo podem então ser completados por mais um motivo: Podemos reconhecer, na imagem do mundo da física, uma tentativa de suspender a dualidade não mediada de ordem e individualidade que havia tornado incompreensível a imagem natural do mundo como imagem de um mundo existente por si só. No mundo científico, tempo e espaço não são mais princípios de ordem anteriores às leis sob as quais os estados materiais se dão. Mesmo assim, poderíamos demonstrar que a tentativa não pode ser realizada ao ponto de uma assimilação completa de ordem e individualidade. Como perspectiva, que não desdobraremos aqui, quero mencionar ainda a tarefa de compreensão tão difícil quanto fascinante que se impõe com o fato de que, justamente onde a imagem científica do mundo é levada até seus limites, surgem problemas dentro dela mesma que podem ser relacionados às perguntas às quais a teoria da subjetividade se vê exposta. O princípio fundamental a partir do qual a imagem científica é formada impede, porém, qualquer reintegração da subjetividade à sua imagem do mundo.

Após termos considerado as investidas em direção a um todo a partir de um individual, investidas estas que se seguem da subjetividade, nos vemos remetidos a um resultado ao qual já havíamos chegado por outro caminho: se o pensamento humano, que se inicia em sua subjetividade, não é executado de forma inibida e amputada, então sua investida em direção a um todo sempre terá de ser dupla: De um lado, visa a um todo de um mundo imaginado como dado; por outro lado, visa a um todo que pode ser explorado *apenas* no pensamento. À realização da primeira investida inere a tendência de excluir a subjetividade do todo do mundo e levá-la ao desaparecimento. Na segunda investida, que ocorre em direção *contrária* à primeira, tem-se em vista sempre o autoentendimento por meio da subjetividade como alvo – no pensamento de um todo que pode pensá-la como incluída e no qual ela tem seu fundamento. É por via dessa segunda investida que surgiu aquilo que se destacou na tradição filosófica como metafísica e como pensamento especulativo. E também as grandes religiões mundiais só podem ser compreendidas no contexto dessa segunda investida.

De tudo isso resulta uma conclusão importante para a filosofia como um todo: A ambição de ampliar e aprofundar o conhecimento do mundo e um pensamento que transcende [*übersteigt*] ou até mesmo se aliena do mundo andam juntos e resultam, da mesma forma, da subjetividade do ser humano! O ser humano como sujeito se vê sob coerção e numa angústia, para a qual ele possivelmente nem tem uma explicação, quando é privado da possibilidade de um desses modos da investida do pensamento. Disso se segue, porém, também que as duas direções contrárias da investida do pensamento não podem ser separadas uma da outra. Também o pensamento na transcendência [*Überstieg*] e no retorno para o fundamento tem como tema a subjetividade como um todo e, desse modo, em conjunto com sua existência que explora o mundo e se posiciona nele. Assim, nem mesmo o pensamento que transcende o mundo consegue se esquivar da atenção contínua aos mundos natural e científico.

Da unidade dessa oposicionalidade [*Gegenläufigkeit*] resulta que a subjetividade, por força de sua constituição, se desdobra num âmbito universal do pensamento explorador, do questionamento e também do engano. A grandeza desse âmbito não pode ser superada por nenhum outro. Daí a importância fundamental da posição de sujeito do ser humano na figuração de todas as formas de cultura e de vida.

Nisso tudo, porém, permaneceu completamente em aberto a pergunta sobre se dois modos de pensar essenciais à subjetividade podem realmente ser reunidos num modo de compreensão único e integrado e como podem o ser. No fundo, essa pergunta não é diferente daquela sobre se a subjetividade pode, em relação às duas dimensões, chegar a um autoentendimento estável em si mesmo – e como ela conseguiria realizar isso. A situação teórica fundamental que conseguimos identificar estabelece, portanto, também o quadro para a investigação subsequente sobre a dinâmica do autoentendimento na vida humana e o drama que lhe é inerente.

4 Ciência do todo?

Essa dinâmica se realiza também sob o peso de uma alternativa que pode ser formulada imediatamente na base da investigação da forma fundamental e simples do saber de si mesmo: Evidenciou-se que nós, a partir dessa forma fundamental, conseguimos compreender o desdobramento de vias de pensamento divergentes. A forma fundamental do saber de si mesmo é, portanto, a razão una para essa dualidade e divergência opostas. Nesse sentido, a investigação se desdobrou a partir de um ponto de concentração, em relação ao qual também uma necessidade de esclarecimento teórico pode ser satisfeita. Isso poderia acontecer de tal forma que se demonstrasse por que a subjetividade, no desdobramento de sua vida, se vê confrontada, em decorrência desses movimentos opostos, com um problema completamente insolucionável. Isso seria o caso quando lhe fosse impossível encontrar, na contraposição das investidas opostas do pensamento, qualquer ponto de descanso que resistisse e fosse comprovado a qualquer momento diante dessa investida dupla. Disso resultaria uma análise da existência humana, que nos aproxima do diagnóstico de Albert Camus da absurdidade da vida: A vida se realiza em conflitos que ela jamais consegue solucionar, mas dos quais ela também jamais consegue se libertar. As religiões, e também a filosofia que pretende permanecer fiel ao procedimento de Platão, são apenas tentativas de escapar de uma aporia irresolúvel e de se iludir em relação à consequência trágica para a vida que ela pode ter. A alternativa só poderia ser encontrada numa perspectiva que permita reunir as linhas de orientação opostas do pensamento de tal forma num autoentendimento dos processos da vida que a vida que se encontra no saber de si mesma não precisasse se desmentir. Mas também cada uma das alternativas desse tipo só pode ser adquirida a partir da compreensão da origem e do peso da oposicionalidade das investidas do pensamento.

As preleções subsequentes se movimentarão dentro do campo dessa alternativa. Cientes de que os conflitos da vida têm origem em sua raiz, elas se esforçarão a explorar os caminhos por meio dos quais podemos, mesmo assim, adquirir um autoentendimento sintético. Acatarei os motivos da teoria da subjetividade que foram desdobrados e debatidos duzentos anos atrás na Universidade de Jena e também os motivos que levaram Nietzsche a compreender a sua era como a era do niilismo emergente.

Talvez alguns presentes neste público preferissem que eu concretizasse este programa já hoje. Talvez eu possa fazê-lo também de forma indireta, remetendo à lembrança de minha última palestra em Weimar. A última vez que falei aqui foi no verão de 1989, na reunião da Associação Goethe – na época ainda sob os retratos enormes de Honecker e Willi Stoph. A filosofia e doutrina de vida apoiada pelo partido do Estado, o "materialismo dialético", já se encontrava em processo de decomposição, mas ainda era sustentada com obrigatoriedade sem alternativa. Pouco tempo depois, essa doutrina protegida pelo poder desapareceu silenciosamente das gráficas e das universidades. Isso levanta suspeitas e nos leva a pensar em repressão, que seria o contrário de superação por bons motivos.

Por isso, levanto a pergunta justamente aqui em Weimar: Será que se segue da minha argumentação, que parte da subjetividade como princípio, que ninguém em sã consciência e por motivos respeitáveis pode ser materialista filosófico ou dialético?

A minha resposta é não! No entanto, seguem dela, para cada materialismo, várias condições. O materialismo do partido pretendera ser conhecimento científico. A matéria era considerada a soma dos estados materiais dos quais trata a física mais recente. Nesse sentido, o materialismo filosófico era vinculado à imagem científica do mundo, que, como expus acima, surgiu da imagem natural do mundo por meio de uma especificação das referências e explicações.

Vimos, porém, que essa imagem do mundo se vê obrigada a excluir a subjetividade e todos os fatos epistêmicos. O materialismo que se chamava dialético não era, porém, insensível a esse conhecimento. O fato de ele se formular como dialético resultou da tentativa de ele atribuir à matéria a possibilidade da evolução de qualidades que precisam ser excluídas da teoria fundamental da física. Essa teoria precisava, portanto, a fim de se tornar uma teoria universal, de um complemento.

Essa forma de complementação e alteamento dialético foi apresentada como resultado científico no mesmo sentido em que a física se estabeleceu como ciência. A tarefa de convencer a comunidade disso apresentava àqueles cuja tarefa era explicar o materialismo dialético dificuldades infindáveis. Estas resultam do próprio ponto de partida de sua tentativa, e são, portanto, inevitáveis. Hoje, podemos compará-las com as dificuldades dos nossos neurólogos quando se veem obrigados a produzir provas de seu postulado segundo o qual seus novos procedimentos imagiológicos teriam iniciado investigações capazes de decidir sobre a subjetividade e até mesmo sobre a liberdade.

A base material da vida humana é, porém, inegável, e os resultados da física são de evidência esmagadora e aplicação universal. Demonstramos além disso que, apesar de a subjetividade ser um fato fundamental evidente, nos vemos presos num círculo e numa escuridão quando tentamos chegar, por meio da análise, ao que se encontraria por trás dela. De forma alguma agimos de forma contrária à razão se concluirmos disso que também ao subjetivo precisa subjazer algo que, no fim das contas, não pode ser distinguido daquilo que constitui a matéria. Essa conclusão, porém, nos leva um passo para além do campo da investigação científica de processos materiais. Nada se demonstra, antes se esboça e se aceita uma concepção em relação à qual sabemos que não podemos lhe atribuir o *status* de uma explicação legitimável.

Essas elaborações permitem dizer o que acontece numa transição desse tipo: Com aquela conclusão, substituímos a perspectiva da imagem científica do mundo por um pensamento que transcende a subjetividade, que vincula um conceito de mundo a um pensamento da razão da subjetividade. Nesse sentido, esse tipo de materialismo não é uma ampliação da ciência, mas sua complementação com a intenção de sua autointerpretação. Ele não pode fazer-se passar nem por resultado científico nem por resultado de uma dialética por meio da qual a própria ciência se capacitaria a abranger tudo. Quando, porém, a pressão política exige que a suposição desse materialismo seja aceita como conhecimento científico do mundo, isso indica não só um equívoco em relação à sua origem, mas também compromete a sua posição.

Onde isso tem acontecido, podemos compreender a saída de cena silenciosa da posição materialista. Como posição, porém, que podemos assumir em liberdade, em conhecimento de seu *status* e em vista de suas alternativas, a posição esvanecida não foi, de forma alguma, refutada. Quem volta a assumi-la e a defendê-la, precisa estar apenas ciente de que será necessário reformulá-la desde seus princípios.

De tudo que foi exposto aqui, segue, porém, mais uma coisa: uma filosofia que reflete sobre os pensamentos opostos de um todo que se constroem a partir da subjetividade do ser humano só pode existir onde o pensamento tem a possibilidade de se desdobrar e comunicar sem impedimentos. Pressão e coerção existem sob muitas condições políticas e sociais, também sob as condições que agora determinam a vida na Alemanha reunificada. Quando, porém, o ser humano é impedido de se esquivar delas, elas inibem a vida consciente que, em seu pensamento, busca seu autoentendimento, e elas continuam a inibi-la mesmo quando ela se opõe à pressão. Uma compreensão não regida por dissimulações e adaptações só pode ser conquistada a partir da dinâmica da própria vida em liberdade.

O materialismo dialético sugeriu erroneamente possuir conhecimentos e provas científicas irrefutáveis. E sempre alguns cientistas, como atualmente os neurólogos, se apresentam no papel de filósofos que afirmam o mesmo. Creio que, às vezes, cada ser humano nutre a esperança de que esse tipo de provas possa facilitar sua busca de um autoentendimento em sua vida. No entanto, sempre entendemos também que uma filosofia capaz de fornecer esse tipo de provas perderia assim também seu arraigamento na vida consciente. A filosofia não surgiu apenas dessa raiz. Ela sempre extraiu dela a força para se reformular.

II
PESSOA E SUJEITO NA DINÂMICA DA VIDA

1 Fundamento e mundo

Na preleção anterior, explicamos o que entenderemos por subjetividade daqui em diante. Partimos do saber de si mesmo por meio do qual um sujeito se caracteriza em seu núcleo. Demonstramos as dificuldades que enfrentamos quando tentamos compreender esse saber de si mesmo que, todavia, é indubitável. Depois diferenciamos, em relação a esse sujeito, três pensamentos de um todo: o mundo no qual se desdobra a vida cotidiana e o mundo da ciência física fundamental se apoiam em padrões fundamentais incompatíveis, mas que podem ser explicados igualmente a partir da constituição do sujeito que se movimenta nesses mundos. Um todo de natureza completamente diferente surge quando esse sujeito se entende como incluído num contexto a partir do qual ele consegue entender a si mesmo como fundamentado. As direções de exploração do mundo natural e científico correm no sentido oposto à direção de exploração por meio da qual se busca e se pensa um todo no qual o sujeito como tal pode ser inscrito. Essa oposicionalidade já aponta a profundidade da dificuldade de harmonizar o autoentendimento do ser humano e seu entendimento do mundo.

A explicação dessa tensão que parte do sujeito como tal pressupõe – diferentemente do tema do mundo e da pluralidade dos mundos – o início especificamente moderno do filosofar. Mas a crítica ao papel atribuído ao conceito do sujeito no início do pensamento moderno é, porém, igualmente característica para a Modernidade em sua figura desdobrada. Por isso, foi necessário expor como aquela abordagem a partir do sujeito pode ser formulada de tal forma que a crítica ao conceito do sujeito, que também foi a crítica de Nietzsche, não seja simplesmente anulada, mas que seu papel no todo do autoentendimento da subjetividade seja entendido e justificado.

A fim de demonstrar isso, criticamos as precondições inapropriadas na descrição da subjetividade que se tornaram determinantes para a crítica ao sujeito: A autoconsciência é vinculada à certeza. Não pode haver dúvida de que o saber que tenho na autoconsciência é um saber *de mim mesmo* (independentemente daquilo que isso possa significar). Esse saber não é exposto *ele mesmo* a qualquer dúvida.

Disso, porém, precisamos distinguir a tese completamente diferente segundo a qual eu interajo em evidência adequada com aquilo que sou na autoconsciência e, portanto, consigo obter uma explicação definitiva, a partir daquilo que está presente em minha autoconsciência, sobre aquilo que sou como sujeito. Na verdade, essa certeza é, ao mesmo tempo, a razão pela qual o sujeito, por força de seu saber de si mesmo, se põe em dúvida, pela qual ele é atormentado pelas dúvidas que dizem respeito a ele mesmo.

Por mais que essas perguntas resultem da constituição enigmática do saber de si mesmo, elas só surgem em um contexto teórico. A elas corresponde, porém, uma inquisição inquieta do ser humano sobre si mesmo, que adquire sua urgência a partir da vida cotidiana. Nela se articula a obscuridade sobre o lugar e a origem da própria vida. Essa inquisição emerge do saber de si mesmo e sempre também o afeta, no sentido de que é uma característica absoluta dessa vida de ter de ser vivida na base desse saber. Justamente pelo fato de esse saber de si mesmo não ter um objeto exterior ao saber, ele não é simples e fácil de compreender, mas complexo e intransparente.

Esse modo de saber não pode ser explicado a partir dos elementos do complexo que se revela quando começamos a nos concentrar nele para torná-lo entendível. Pois cada tentativa de explicação que pretende partir de qualquer um dos elementos sempre pressupõe um entendimento do todo que deve ser explicado. É impossível escolher um dos elementos do complexo para assim tornar os outros entendíveis por meio deste – assim como podemos explicar, a partir da atenção ativa, que algo que chama a nossa atenção passa a se destacar nitidamente. A atenção *a si mesmo* pressupõe o saber como um todo e, enquanto tal, opaco de si mesmo. Visto que se trata de um saber, a relação de seus elementos não pode ser explicada como a inseparabilidade dos elementos próprios a uma figura de percepção. Uma investigação mais minuciosa deixa completamente claro que a análise filosófica da constituição do saber de si mesmo só pode ser uma explicação elucidativa para aquele que já entende do que que se fala. Cada análise é, por isso, apenas aproximativa; ela ocorre sob a precondição de um estado de coisas que ela não pode resolver e reconstruir a partir de seus elementos. Por isso, podemos também dizer que é a explicação de algo no fundo incompreensível, a explicação de algo incompreensível como tal, ou seja, sob inclusão dessa incompreensibilidade. Caso se apresentasse na figura de uma explicação, ela se moveria em um círculo.

Juntamente com a certeza inerente ao saber de si, essa irresolubilidade é um sinal de que, na constituição do "saber de si", característico daquilo que constitui um "sujeito", realmente temos algo primeiro e fundamental – algo que pode servir como ponto de partida para o filosofar. Esse fundamental não precisar ser algo simples ou algo transparente para si mesmo ou que explique a si mesmo. Assim, por meio da investigação filosófica, é confirmada a consciência cotidiana do ser humano de que ele não deve atribuir a si mesmo ou a qualquer coisa em seu saber o fato de ele ter saber de si mesmo e de ele poder ou ser obrigado a levar sua vida a partir desse saber. Sem qualquer contribuição nossa, adentramos não só a vida em si, mas também aquilo que distingue a vida humana de toda outra vida: a situação fundamental de termos saber de nós mesmos – que alguém pode compreender como a coisa mais natural de todas ou também, dependendo da sua situação de vida, como bênção ou maldição. Disso surgem perguntas que todos nós conhecemos: Qual é a vida que devemos levar, em luz de sua origem? Sabemos, é claro que fomos gerados por nossos pais, que um desenvolvimento normal do cérebro é precondição de uma vida consciente. Mas isso nada explica. Esses fatos precisam ser levados em conta a cada explicação que pretenda nos convencer. Mas eles não podem representar a essência da explicação. Eles não respondem à pergunta pelo fundamento da nossa vida. As pessoas costumam sempre manter em aberto esse tipo de respostas, mais ou menos angustiadas, ou em segredo, sendo, porém, que esse segredo permeia a realização diária da vida, à qual falta a força própria para adquirir uma informação definitiva capaz de competir com as explicações da ciência. Quanto melhores são os cientistas, por exemplo, os neurocientistas, que decidiram dedicar-se a essa pergunta, mais eles se mostram dispostos a admitir que sua explicação no contexto de uma imagem física do mundo precisa ser vista como [uma] *tentativa* – i.e., como tentativa de descobrir até onde é possível chegar com uma explicação sob essas condições – ou seja, como tentativa que sabe da possibilidade de alternativas, contanto que estas sejam diferenciadas o suficiente e desenvolvidas com a seriedade necessária. No entanto, também esses cientistas permanecem mudos diante da pergunta sobre como, sob a condição da aceitação plena de sua explicação, a vida deve ser vivida – tão mudos quanto o ser humano do dia a dia em sua explicação do entendimento, mas também da inquietação que impregna sua própria vida.

A preleção anterior tratara também da gênese da imagem científica do mundo a partir de uma origem dupla – da subjetividade e da orientação primária no mundo, que podemos chamar também de imagem cotidiana ou natural do mundo. No saber de si mesmo, o sujeito se eleva acima de *qualquer* conteúdo especial de seu saber. Assim, torna-se capaz de pensar um *todo* de tudo aquilo de que ele sabe alguma coisa – e de, dentro desse todo, estabelecer relações entre tudo. O sujeito realmente só está em um saber – em seu saber de si mesmo. Justamente por isso se encontra também sempre em investidas em direção a um todo de coisas distintas entre si, das quais ele também pode ter um saber. A fala frequente da correlação sujeito-objeto, que, sem estas reflexões, seria bastante incompreensível, tem seu fundamento esclarecedor nesse contexto.

A partir disso, também podemos entender que a constituição fundamental de um mundo que está aberto a um sujeito no qual este possa se orientar não é aleatória: Já expomos que o todo do mundo precisa ser imaginado como a suma das coisas individuais que se encontram em relações umas com as outras na base de um construto de ordens que precisam ser pressupostas para aquilo que elas são como coisas individuais. Para o mundo que se abre para nós primordialmente, o espaço é uma dessas precondições de ordem.

Expomos, em seguida, que esse mundo primário, com sua implicação recíproca entre coisas individuais complexas e ordem, provoca a tentativa de obter uma imagem mais transparente de um mundo e de remeter as coisas individuais e as ordens umas às outras e a algo mais fundamental. Esta tentativa faz emergir da imagem primária a imagem científica do mundo.

No que diz respeito à posição do sujeito em relação à constituição fundamental do mundo, cuja estrutura emerge com sua própria constituição, chegamos ao seguinte resultado: No mundo primário, o sujeito é obrigado a se posicionar – i.e., ele precisa atribuir a si mesmo uma posição nesse mundo. Em sua condição *como* sujeito, porém, ele se torna menos compreensível do que todas as outras coisas individuais que são reais na ordem do mundo. No mundo científico, então, o sujeito perde completamente o seu lugar. Isso não exclui a possibilidade de *pensar* o saber e o saber de si mesmo como algo que emerge de processos materiais. É possível chegar à convicção de que é *impossível* ser diferente, e defender essa tese da melhor maneira possível. No entanto, a demonstração de que isso é necessariamente assim jamais pode ser feita de modo fundamental. Essa descoberta não é uma desculpa para a preguiça na reflexão ou para a indiferença diante dos resultados da pesquisa, muito menos é uma licença para doutrinas de salvação imprudentes. É, porém, uma fonte de inquietação a caminho de um autoentendimento e uma razão para proceder nele com um cuidado ainda maior.

A conclusão da preleção anterior reuniu este resultado com o resultado de sua primeira parte. De acordo com este, o sujeito pressupõe um fundamento, uma origem de si mesmo, porque, dentro de sua própria constituição, ele é incapaz de chegar a uma explicação de si mesmo. Assim, ele transcende a si mesmo em uma direção dupla e contrária. Em uma postura que visa ao conhecimento concreto do mundo, ele não consegue alcançar seu fundamento. Ele se perde no *mundo* que se abriu para o seu conhecimento, seguindo de forma consequente aquilo que resulta da agudeza crescente de sua pretensão a um conhecimento preciso e confiável.

Já podemos antecipar: Nessa situação fundamental, os dois tipos contrários de investida precisarão, em algum momento, ser relacionados um ao outro. Vale em todo caso: o pensamento de um fundamento do sujeito não consegue afastar o pensamento de um todo, de um mundo compatível com esse pensamento. Inversamente, resulta do desaparecimento do sujeito na transição do mundo primário para o mundo científico a pergunta como se deve pensar um mundo no qual o sujeito não é nem apenas pressuposto nem permanece completamente sem lugar.

Até agora, essa conclusão da minha preleção não foi destacada. Em relação a ela podemos dar ainda outra informação – em relação à tarefa que também foi imposta a essa série de preleções –, i.e., em que sentido as explicações que iniciamos dizem respeito a problemas filosóficos na perspectiva em que eles se impõem à consciência *moderna*.

1) Mostrou-se: É possível insistir num percurso de fundamentação que parte do princípio moderno da "subjetividade" e, *ao mesmo tempo*, não só acata, mas aprofunda a crítica moderna à autossuficiência dessa subjetividade.

2) A filosofia pré-moderna tendia a identificar a dimensão de partida da filosofia com a dimensão em que exploramos algo que tudo fundamenta, o primordial, algo que tudo abarca em si. E também para o início da Modernidade, até a primeira Doutrina-da-Ciência de Fichte, essa identificação do primeiro ponto de partida da justificativa com aquilo que, no fim, informa sobre tudo, ou seja, a identificação do primeiro com o uno, ainda predominava.

A desistência de todo fundamentalismo desse tipo pode ser vista como característica da Modernidade desenvolvida. Nesse caso, a perspectiva que seguimos aqui pode ser designada como fundamentação não fundamentalista [*nicht-fundamentalistischen Grundlegung*].

3) Podemos dizer que duas convicções fundamentais estão vinculadas ao pensamento moderno em relação ao autoentendimento do ser humano: esse autoentendimento precisa ocorrer sob a condição de uma incerteza fundamental; e nenhum autoentendimento poderá convencer se ele não explicar ao mesmo tempo que a vida do ser humano transcorre em ambivalências, antinomias e tendências contrárias. Determinamos a situação do ser humano como sujeito por meio de sua investida dupla em direção ao seu fundamento e a um todo no qual ele não já [desde] sempre se perdeu com necessidade. A perspectiva filosófica deduzida da análise da subjetividade pretende corresponder a esses critérios já com sua abordagem fundamental. Ela não nos obriga a declarar o empreendimento do autoentendimento do ser humano como emaranhado desde o início num problema sem saída. Mas ela permite compreender por que ele mesmo não experimenta a essa possibilidade como algo totalmente estranho, porque ele está familiarizado com ela no fundo de sua experiência própria. Nessa perspectiva, entendemos em que medida o ser humano pode se desesperar sobre a possibilidade de qualquer sustentação última e entendemos também em que sentido ele é capaz de crer ou de seguir uma doutrina de salvação. Ambas as coisas podem acontecer sem que ele precise renunciar a algo em sua existência humana – contanto que o primeiro não aconteça em decorrência de um mero desânimo; e o segundo, em decorrência de um mero temor; ou seja, só se ele chegar a qualquer uma das duas alternativas por meio da reflexão como soma de toda sua vida consciente própria.

Esse resultado evidencia, ao mesmo tempo, por que o ser humano, em seu autoentendimento, não pode ter a expectativa de uma certeza equivalente àquela que ele encontra em seu saber de si mesmo. Pois o seu autoentendimento parte justamente das perguntas enigmáticas que resultam da própria subjetividade. O fato de essa subjetividade não se explicar a si mesma não pode ser negado nem mesmo num autoentendimento em que a subjetividade se liberta não *de* si mesma, mas *em relação* a si mesma. É provável que as religiões, mas também os poetas, tenham lançado mais luz sobre isso do que a teoria filosófica em suas muitas formas históricas de manifestação. Religião e poesia podem se dedicar de forma imediata às experiências fundamentais da vida humana. A filosofia, por sua vez, precisa se esforçar a desenvolver um percurso de fundamentações que permita isso, mas que, ao mesmo tempo, seja capaz de resistir a numerosos questionamentos. Apenas a filosofia precisa fazer jus a uma pretensão dupla: à verdade e força explicativa de um lado e, de outro, à confiabilidade na justificativa e à consistência e integridade no desenvolvimento do conhecimento.

Disso concluímos que, para a filosofia, é especialmente difícil aceitar sua conclusão segundo a qual ela, como teoria, não pode alcançar o ponto em que seja capaz de oferecer uma proposta para o autoentendimento do ser humano que possa ser vista como compulsória, porque sua sabedoria foi comprovada. Mas quando ela admite isso, sua obrigação à justificativa resultará imediatamente em outro desafio: ela precisará fazer a tentativa de mostrar que a demarcação do limite entre conhecimento e explicação da vida não é apenas inevitável, justificando-a apenas como renúncia inevitável, mas sem torná-la compreensível. Ela continuará em sua tentativa de demonstrar que e como nela se mostram os efeitos de uma constituição fundamental que é mais complexa e, mesmo assim, mais compreensível do que uma explicação de saber que se orienta pela força de convicção de uma demonstração linear.

2 Identidade antecipada

A subjetividade não é um fato estático. Aquilo que desenvolvemos até agora já indica isso, o fato de que precisamos atribuir a ela uma dinâmica, pois dela partem os questionamentos e as sequências de esboços do mundo. Até agora, porém, contemplamos o saber de si mesmo apenas como estado no qual se fundamenta a investida dupla em direção ao fundamento inalcançável e ao todo de um mundo. Isso é, porém, uma abstração isolante que se concentra em um traço fundamental do saber de si mesmo. Juntamente com o fato de que reconhecemos por que uma investida em direção ao todo de mundos se fundamenta no saber de si, precisamos dizer sobre essa investida também que ela abarca atividades da exploração do mundo. O todo do mundo se mostra aberto para todos os tipos *possíveis* de conteúdos do mundo. Assim, o mundo se apresenta ao sujeito como um enorme pacote de percepção, por assim dizer na frente de seus olhos; o mundo precisa ser explorado passo a passo. É por isso que o sentido de mundo fundamentado no sujeito se refere à possibilidade do *conhecimento* que, por sua vez, resulta de atividades. Conhecimentos precisam ser obtidos, estabilizados e acumulados. Eles são realizados não só a partir do sujeito, mas também em fases. E assim o sujeito, cujo saber de si mesmo não pode ser explicado com base em qualquer atividade que possa ser atribuída a ele, é, ao mesmo tempo, sujeito ativo de seu conhecimento do mundo.

O emprego de todas essas atividades pressupõe que o próprio sujeito se continua nelas. Como sujeito, ele se encontra no saber de si mesmo. Quando ele passa de uma fase de seu conhecimento explorador do mundo para a próxima, ele precisa transferir seu saber de si mesmo da anterior para a próxima; por assim dizer, precisa levar-se a si mesmo em seu caminho de conhecimento pelo mundo. Isso significa, porém, que ele precisa saber que ele é um e o mesmo sujeito em ambas as fases.

Este é o sentido mais elementar em que, em relação à subjetividade, precisamos falar de uma identidade do sujeito. O saber dessa identidade ao longo das fases de sua exploração do mundo sempre já está contido no saber do sujeito – também quando contemplamos o saber de si como mero *estado* de saber. O sujeito não só recebe sua identidade, ele necessariamente antecipa também a sua autocontinuação, e apenas por força desta ele é sujeito.

Essa antecipação, e o fato de ela estar implícita no sentido do conhecimento, torna compreensível por que muitos acreditavam que o sujeito precisasse ser visto como origem ativa de seu saber de si mesmo. Mas também na continuação do saber de si mesmo ao longo das fases do conhecimento e através de todos os estados que um sujeito precisa atribuir a si mesmo, o traço fundamental do saber de si mesmo se destaca: o fato de que ele não pode ser explicado a partir de si mesmo e que ele não se encontra à sua própria disposição. Apesar de a gênese da identidade do sujeito ser inseparável da prática de atividades, ela mesma não pode ser assim derivada de uma atividade intencional que ele mesmo poderia executar. Ela é uma *ocorrência* da continuação, realizada ao longo das atividades sem as quais essa continuação não aconteceria. Entre estas atividades, a mais importante é a da memória.

Na mesma medida em que o ser humano não pode iniciar ele mesmo a sua vida consciente, também não se deve exclusivamente a ele o fato de que a identidade, que realmente existe no sentido de sujeito, seja continuada ao longo das fases. Isso amplia também o sentido em que o nosso saber de nós mesmos precisa pressupor um fundamento. Esse fundamento não pode ser compreendido como resultado de uma ação que ocorre de forma pontual e da qual parte então uma realização que então gera a si mesma. O fundamento precisa, antes, ser pensado como fundamento de viabilização na mesma continuidade em que o sujeito se continua em suas atividades. Isso vale independentemente de esse fundamento ser determinado mais precisamente como atividade do cérebro ou como processo inteligível do espírito.

A única alternativa seria a concepção de uma autogeração da vida consciente – concepção esta que já foi refutada várias vezes. Sobre esse tipo de sujeito não poderíamos nem mesmo pensar que sua vida é interrompida ou que ela se extingue. Muito tempo atrás, entendi durante um sonho que uma teoria do sujeito que comete um equívoco nesse ponto, mas de resto seguisse uma lógica correta, seria obrigada a se articular como negação da possibilidade da morte.

Que, no entanto, esteja posta no sentido do sujeito uma antecipação própria da identidade pode-se esclarecer quando se atenta novamente à palavra indexal "eu", na qual a posição do sujeito se articula na linguagem. Como sabemos, essa palavra se encontra na vizinhança imediata das palavras indexicais "aqui" e "agora". Seu significado depende do emprego do "eu". Quando alguém diz que algo estaria acontecendo "aqui", isso significa que aquilo está ocorrendo onde "eu" me encontro – ou seja, justamente aquele que emprega a expressão "aqui". Inversamente, porém, o uso linguístico de "eu" só é informativo quando se sabe onde o locutor se encontra. Mesmo assim a assimetria entre as duas palavras indexicais é evidente: O "agora" que depende do uso de "eu" muda continuamente; o "aqui", igualmente dependente do "eu", significa, porém, que ele se refere a um sujeito que permanece *o mesmo* nesse tipo de mudança. O fato de um recurso a uma identidade do sujeito é, portanto, inseparável da articulação de uma posição do sujeito.

Vale lembrar agora que, já durante a investigação durante a qual o saber de si mesmo era visto como puramente estático, havíamos ressaltado que esse saber precisa ser visto não como um saber anônimo de si mesmo; mas, ao contrário, como um ser para *mim*. Não posso negar que disso resultam problemas subsequentes de complicação considerável. O uso da expressão "mim", contanto que não ocorra aqui sob uma ressalva, pressupõe o "eu" da primeira pessoa *singularis*. O emprego desse "eu" serve, porém, certamente também para destacar um locutor do grande número de membros de uma comunidade linguística. Se nos concentrássemos exclusivamente nisso, teríamos de concluir que a individualização do sujeito só pode ser explicada com referência à comunidade linguística. Eu, porém, tenho tentado explicar a referência a uma dimensão de muitos outros sujeitos na base do fato de que o sujeito, no saber de si mesmo, se entende como indivíduo capaz de se pensar numa relação com outros e de se apreender realmente nessa relação. Disso resulta a tarefa de esclarecer as precondições para o fato de que sou capaz de me entender na autoconsciência como sujeito individual de modo primordial, ou seja, não por intermédio da experiência de contraste com outros.

Essas preleções, porém, não poderão desdobrar todos os emaranhamentos e controvérsias aos quais um esclarecimento da subjetividade é exposto, tampouco poderão discutir todas as posições que tentem fazer jus a esses emaranhamentos. Vimos, entretanto, que é preciso aceitar reduções graves se a comunidade linguística é usada como dado último em relação à subjetividade.

Agora precisamos destacar claramente a consequência daquela outra posição que se recusa à explicação teórico-linguística da subjetividade, que parte de um sujeito anônimo e não compreendido como individual. Essa posição se vê obrigada a uma linha de separação fundamental entre aquilo que é atribuído ao sujeito em seu ser para si anônimo e todos os outros fatos e processos que atribuímos à subjetividade. A pessoa, sua posição no mundo, seu corpo e tudo aquilo que viabiliza a comunicação entre pessoas é entregue completamente ao mundo da experiência. A ele se contrapõe de modo estático o sujeito "puro" com todas as suas decisões pessoais. Passa a ser impossível até atribuir a esse sujeito outra identidade senão aquela que vale também para qualquer outro estado de coisas formal, como, por exemplo, para os números: Segundo essa identidade, é possível inserir expressões que designem esse estado de coisas (como, por exemplo, "dois" e "deux" ou "o sucessor de um" e "a metade de quatro") em todas as afirmações *salva veritate* – i.e. de tal modo que seu valor de verdade não se muda.

Entrementes temos esboçado um caminho que permite evitar ambas: tanto a redução e banalização teórico-linguística da subjetividade quanto o desligamento de seu centro, ou seja, do saber de si mesmo, de todos os processos concretos da vida fundamentada em subjetividade. Todos os outros problemas teóricos que surgirem durante a solidificação desse caminho – como em qualquer ponto da teoria da subjetividade – serão ignorados em prol dessa vantagem. Falando nisso: Com todas essas reflexões já estamos fundamentando e desdobrando o tema desta preleção, a dinâmica múltipla inerente à subjetividade.

3 Dimensões da dinâmica

O título da preleção faz uma distinção entre sujeito e pessoa. Agora, precisamos explicá-la. Podemos fazê-lo com uma fórmula provisória bem prática:

O sujeito, como individual, é o correlato do mundo como um todo, a pessoa é como sujeito, ao mesmo tempo, uma entidade individual dentro do mundo. Apenas aquele que postula o sujeito como entidade individual anônima poderá e terá de dizer que sujeito e pessoa são tão distintos um do outro quanto forma lógica e coisa individual. Em vez disso, precisamos dizer que vale para cada pessoa que ela se encontra no saber de si mesma e, por isso, *é* sujeito. Inversamente, tivemos de reconhecer que sujeitos que são definidos por meio de seu ser para *mim* se realizam como pessoas.

Seria, porém, leviano explicar a relação entre sujeito e pessoa de tal forma que a subjetividade nada mais seria do que uma qualidade de pessoas. Vemos isso no fato de que tudo aquilo que constitui uma pessoa específica, na perspectiva que a pessoa assume em relação a si mesma como sujeito, se apresenta como um fato que também poderia ser diferente. Todos nós conhecemos nosso nome: no entanto, conseguimos imaginar facilmente um nome diferente para nós. O que vale para esse caso fácil tem também uma validade geral. Podemos imaginar todas as circunstâncias da nossa vida como diferentes. As narrativas de muitos contos de fadas e de romances científicos, mas também as teorias de uma migração das almas se apoiam na possibilidade de imaginarmos a nossa vida como uma ocorrência aleatória para nós mesmos. Um filósofo americano tomou a afirmação "Eu sou Thomas Nagel" como ocasião de espanto filosófico que nenhuma análise linguística consegue dissipar. O fato de que a pessoa em seu saber de si mesma consegue assumir tamanha distância de si mesma precisa ser visto como expressão do fato de que somos sujeitos e pessoas *de uma vez só* [*in einem*]. Disso resulta, evidentemente, outra pergunta complicada. E ela não pode ser considerada respondida pela fórmula de Helmuth Plessner segundo a qual o ser humano seria o ser vivo que se encontra em uma posição excêntrica em relação a si mesmo e ao mundo. Essa fórmula soterra sob metáforas espaciais a dificuldade incomparável apresentada pela constituição do ser si mesmo.

Podemos tematizar aquilo que constitui uma pessoa como o meio entre o sujeito do conhecimento, que se encontra no saber de si mesmo, e sua existência como corpo animado no mundo. Já expomos na última preleção que um sujeito que se entende como um individual, pode estabelecer e manter uma relação com outros sujeitos apenas se ele, como sujeito, possuir algum corpo. Pois é impossível que um sujeito encontre um acesso direto a outro. Isso significaria que ele precisaria realizar o ser para mim do outro sujeito, o que teria como resultado imediato sua fusão com ele, de modo que deixaria de ser outro sujeito que se encontra em uma relação com seu outro. A materialização é, portanto, uma qualidade essencial dos sujeitos e não apenas um processo ao qual eles foram submetidos. Isso não significa, porém, que o corpo possua a constituição que nos é familiar de nossa própria existência corporal. Tampouco é uma contradição imaginar-se na utopia de uma troca do próprio corpo.

O corpo [*Körper*], como sistema orgânico, posiciona o sujeito em determinado lugar e em determinada trajetória das ordens de tempo e espaço do mundo. Isoladamente, porém, ele não consegue viabilizar a acessibilidade de subjetividade a outros sujeitos. Para tanto ele precisa, como costumamos dizer, estar dominado completamente pela subjetividade como *corpo vivo* [*Leib*]. Disso segue que a subjetividade como tal consegue encontrar a si mesma numa ocorrência atribuída ao corpo. Da mesma forma, o corpo vivo precisa manifestar a subjetividade que nele se *expressa*. Isso pode acontecer ao modo de uma mera *ocorrência* de expressão. O sujeito, porém, é, como vimos, em si já uma fonte de atividades exploradoras do mundo, que precisam ser diferenciadas de ações. A isso se pode ligar a expectativa de que o sujeito, também em sua materialização, ponha em vias de realização aquele tipo de atividades por meio das quais o seu ser para si se torna acessível para outro ser para si *como* outro. Já vimos que esta é, para a subjetividade, uma das funções essenciais da língua em seu sentido mais amplo. Exporemos isso em maior detalhe na quarta preleção.

Aqui só podemos, incluindo as ações, explicar um sentido mínimo da fala sobre uma pessoa: Pessoas são entidades individuais que se encontram no saber de si mesmas, no sentido de que, em sua dependência da posição e da trajetória de seu corpo vivo dentro do mundo, interferem ativamente nesse mundo e, ao mesmo tempo, se comunicam nele. O modo de sua interferência é determinado pelo fato de que ele se desenvolve e desdobra em relação à identidade que elas possuem como sujeito.

Isso parece ser uma formulação um tanto complicada em vista de sua intenção de estabelecer um sentido mínimo. Neste momento não precisamos nos preocupar com outros aspectos que ela menciona ou sugere. Um desses aspectos é a pergunta pela gênese da consciência ética no contexto de subjetividade e personalidade. Dedicaremos a terceira preleção a esta pergunta.

Por ora basta concordarmos desse modo bem geral em relação àquilo que constitui uma pessoa. Pois vale agora deduzir outras consequências da relação entre subjetividade e personalidade em vista da situação do ser humano.

Antes, porém, devemos mencionar ainda algumas dúvidas referentes à diferenciação do sujeito, da pessoa e do corpo vivo do ser humano. Ambos não são, evidentemente, indivíduos que têm uma existência por si só. Debateu-se durante muito tempo como as pessoas podem ser individuadas e como é possível ter certeza de sua identidade. Nisso descobriu-se que é inevitável pressupor como critério dessa identidade tanto alguma continuidade da existência material quanto uma continuidade na vivência da pessoa. O fato de que a identificação na perspectiva externa exige um critério duplicado já indica que a unidade formada pela pessoa com seu corpo é difícil de explicar. Os filósofos de muitos séculos se esgotaram diante dessa tarefa e finalmente preferiram evitar essa pergunta o máximo possível. No que diz respeito à relação entre sujeito e pessoa, o problema não é completamente distinto. Não é possível compreender a pessoa independentemente de seu saber de si mesmo e, portanto, da subjetividade. Mesmo assim, cometemos um ato de violência, que apenas aplaina o problema, se apenas atribuirmos o ser para si, que define a subjetividade, à constituição da pessoa. Nisso ignoraríamos que o sujeito se estabelece com um sentido de identidade exclusivamente dele e como centro da organização de atividades dentro do todo da pessoa, mas também se destacando dela – e também do todo de uma ocorrência mental muito mais abrangente. Nem a simples identificação entre sujeito e pessoa nem sua separação igualmente simples fazem jus àquilo de que temos consciência. Numa situação comparável, Sigmund Freud falou de "instâncias" do equipamento psíquico do ser humano – um modo de expressão que tematiza sua unidade segundo o modelo de uma instituição. Mas como muitos outros também, ele revela apenas o embaraço que o gerou. Aparentemente, nenhum aparato conceitual, útil em outras áreas, basta para compreender a unidade da subjetividade. Nas tensões que partem da irrefutabilidade e da confusão insondável da atribuição de sujeito, pessoa e corpo vivo, só podemos alcançar uma orientação estável se compreendermos essas tensões a partir de sua raiz na subjetividade, que torna a diferenciação compreensível e necessária.

O problema se complica ainda mais se levantarmos a pergunta adicional em que sentido e extensão sujeito, pessoa e também o corpo vivo seriam agentes dos processos que se realizam neles e entre eles. Houve tentativas repetidas de desmascarar a ideia de algum iniciador ou instigador de processos mentais como ficção, para então permitir apenas a fala de estruturas e processos. Acredito que esse salto simples também sirva apenas para nivelar o problema de modo impermissível. Nós mesmos tivemos de combater a concepção segundo a qual o saber de si mesmo seria autoexplicativo e um sujeito conseguiria inserir-se nesse saber por esforço próprio. Mas quando explicamos a subjetividade, vimo-nos obrigados a falar de atividades; e nós as atribuímos a um sujeito ativo, sobre o qual havíamos dito anteriormente que ele é produto de um fundamento que não está à sua disposição. Não podemos abrir mão da fala de que precisamos levar a nossa vida, mas que de forma alguma somos seus mestres e senhores. E essa fala é legítima até mesmo quando as perguntas ontológicas e fenomenológicas que resultam dela não foram desenvolvidas.

No que agora se segue, nós nos veremos no direito de caracterizar o ser humano ao mesmo tempo pelo fato de ele ser simultaneamente pessoa encarnada e sujeito, para então explicar as relações que se fazem valer entre os processos que precisam ser atribuídos a ele como pessoa e sujeito. O fato de esses processos constituírem um único todo [*Zusammenhang*] se expressa no fato de que falamos de uma única *vida* do ser humano que ele precisa levar. A importância fundamental do fato de que o ser humano leva sua vida em seu saber de si mesmo se expressa no fato de que essa vida é caracterizada como vida *consciente*.

Quando falamos da *dinâmica* dessa vida consciente, não pretendemos evocar nenhuma das conotações que estiveram ligadas a essa fala na chamada era dourada da "filosofia da vida". Naquela época, e também para Nietzsche, a vida se transformou em uma palavra à qual se vinculava uma promessa de salvação – também a promessa de uma libertação das suposições e ficções vinculadas à palavra sujeito. A vida era o processo anônimo, sem fundamento, que incessantemente produz e dissolve figuras. Podemos entregar-nos a ele, para transcendermos a nós mesmos e dizermos "sim" para tudo, para tudo que ele gera, destrói ou priva. Se remetêssemos a uma dinâmica de uma vida assim compreendida, destacaríamos a sua força inesgotável, a multiplicidade de suas autofigurações e a urgência naquele zelo que, incessantemente, tenta ultrapassar aquilo que possui a tendência de se solidificar e perdurar.

Naquilo que expomos até agora sobre o que constitui a vida consciente, esse entusiasmo da vida tem sido excluído. Para reconhecer isso basta lembrar que esta vida está sujeita a um problema fundamental que ela não consegue solucionar por meio de nenhum conhecimento objetual, mas do qual ela não consegue se esquivar. No entanto, precisamos sim falar da *vida* consciente do ser humano, pois aquilo que tem como seu ponto de partida o saber de si mesmo provoca, nesse saber, uma motilidade que acompanha todas as outras dimensões de seu processo de vida e que interfere nelas. Precisamos falar de uma dinâmica desses processos também porque, nessas dimensões, agem forças diferentes, que interagem modificando-se mutuamente ou que agem umas contra as outras, mas que, mesmo assim, precisam permanecer inseridas naquela vida única que o ser humano precisa levar. Isso torna a vida uma travessia tempestuosa. Ninguém sabe se ela o levará a um destino, o qual se procura alcançar por mais indeterminado que seja, ou se sua vida ruirá sob as tensões às quais ela é exposta – não sob tensões externas, mas sob uma necessidade fundamentada nela mesma.

4 A intelecção como evento

Precisamos considerar primeiramente, agora, a dinâmica que se insere na subjetividade como tal. Para tanto, posso retomar algumas considerações que alguns dos senhores já devem ter encontrado em meu livro *Versuch über Kunst und Leben* ["Ensaio sobre arte e vida"] (Munique, 2001). Como vimos, o processo de conhecimento fundamentado no sujeito visa ao mundo e à tentativa de até refigurar a própria forma do mundo. Existe também um esforço contrário que, apesar de não buscar o conhecimento, procura uma explicação inteligente sobre a origem da subjetividade, assim como atribuí-la um lugar num mundo ao qual ela pertence juntamente com essa origem.

Cada esclarecimento que a vida consciente recebe sobre si mesma por essa via a afetará e alcançará em todas as dimensões de sua realização. Isso não explica, mas torna compreensível que a demanda por esclarecimento sobre o próprio fundamento é guiada não só por um interesse teórico, sobre o qual poderíamos dizer que ele não pode ter um grande peso para a vida em si. Um interesse puramente teórico poderia, em vista da impossibilidade de garantir um conhecimento, logo se perder sob a condição da incerteza fundamental. Assim, na demanda persistente por esclarecimento, impõe-se, além da demanda por saber, ainda outro motivo:

Devido ao seu saber de si mesmo, o ser humano se encontra numa distância fundamental em relação a si mesmo. Ela é precondição de sua capacidade de fazer uma pergunta a si mesmo e de, por motivos que ainda teremos de informar, ter de fazê-la. Essa pergunta pode, numa primeira tentativa, ser formulada como: "O que que há" com essa vida e seus esforços? A alternativa de uma possível resposta permite especificar um pouco mais essa pergunta: O esforço que é imposto ao ser humano pela forma fundamental de sua vida consciente, e, portanto, qualquer esforço de sua vida, é um mero fato do qual ele não pode fugir? Ou ele se justifica por uma afirmação que não tem sua explicação em alguma utilidade que seu esforço rende para a própria vida ou para a vida de outros que se veem expostos à mesma pergunta?

Também essa versão da pergunta exige esclarecimentos adicionais. Houve tentativas de compreender o significado dessa afirmação como fonte de um "valor" que a vida possui e como fonte de um "sentido" que lhe inere. A antítese a esse tipo de resposta permite aguçar o perfil da pergunta: A vida consciente é irrelevante, nada a garante ou justifica e precisa ser aceita como um "você tem de" imposto àquele que se encontra nessa vida e suportada com a maior indiferença possível como a verdade que nos liberta de todas as ilusões. Diante da inexistência de qualquer afirmação, Nietzsche inseriu esse "nada" em sua definição do "niilismo". Com a afirmação e concentração na dinâmica do eterno retorno, ele acreditava ter escapado dele.

O exemplo de Nietzsche deixa claro o que vale para qualquer resposta a essa pergunta: Ela só pode ser dada se, com ela, um todo e um último do entendimento entrar em vista. Pois é apenas num todo desse tipo que um "sentido" pode ser considerado justificado de tal modo que ele não possa ser suspenso numa suspeita mais ampla. Então, o todo precisa ser pensado de tal forma que nele a relação do mundo com a relação de origem do sujeito e com sua própria vida são inseridas numa relação específica uma à outra. A tendência dessa investida, que visa a um todo último, a uma síntese que resume todas as dimensões da subjetividade, inere à constituição do sujeito como fundamento da organização de conhecimento. O fato de que essa investida realmente ocorreu e que ela dominou a história da cultura de toda a humanidade, inclusive a história da filosofia, só pode ser compreendido se partirmos do pressuposto de que a pergunta pela sua afirmação em um todo desse tipo é essencial à vida consciente. Ela não tem como se esquivar dessa pergunta, no máximo consegue se defender contra ela com todos os tipos de artifícios. Estes, porém, só conseguem abafá-la.

Isso explica também por que a primeira evidência de uma resposta à pergunta por esclarecimento não ocorre como resultado de uma reflexão, muito menos como esforço teórico de compreensão. Ela ocorre como um evento que, naquele ao qual ela diz respeito, emerge rapidamente ou até mesmo o assalta. Nessa ocorrência momentânea abre-se também a perspectiva à imagem de um todo. A clareza que surge momentaneamente diz respeito sobretudo à imagem da vida que resulta como consequência dessa perspectiva. Compreendemos com nitidez absoluta a futilidade de toda vida, ou entendemos que toda vida tem alguma relevância quando nos certificamos repentinamente da afirmação da própria vida. Tudo isso acontece num estado de humor apropriado à visão que se abre, mas sem excitação e sim na frieza ou de um estarrecimento ou de uma clareza de um futuro aberto que nos espera.

Essas intelecções repentinas são sempre esclarecimentos sobre a constituição e perspectiva da nossa própria vida. A história da filosofia conhece inúmeros eventos desse tipo. Um enorme bloco errático em Sils-Maria lembra o momento em que Nietzsche inteligiu a verdade da teoria do retorno eterno do mesmo em toda sua profundeza e com clareza cristalina. Mesmo assim não conheço nenhuma pesquisa que nos oferecesse uma explicação do significado epistemológico e vital desses eventos de esclarecimento. Ela precisaria ocorrer juntamente com a explicação de muitos outros tipos de esclarecimentos repentinos que exercem uma função significativa na gênese do saber e das convicções do ser humano – desde a solução repentina para um problema de longa data, passando pela concepção de um raciocínio em fragmentos de um segundo, até as experiências de iluminação e chamado de importância constitutiva para a história da religião. Uma hipótese que tem de se sugerir para nós poderia propor que dentro das atividades epistêmicas do ser humano se faz valer o fato de que essas atividades não são fundamentadas em si mesmas e, de fato, possam ser experienciadas, em seu sentido de direção, como não sendo nada senão uma determinação externa. Para a filosofia e para a vida consciente é de interesse que, qualquer que seja a perspectiva última de vida que a filosofia possa desenvolver, ela precisa ser apropriada à vida de modo completamente diferente do que aquele em que um resultado é produzido passo a passo por meio de um processo de trabalho.

A dinâmica que é fundamentada no sujeito não alcança seu fim nesses eventos. Nos eventos de esclarecimentos momentâneos a autodistância inerente ao saber de si mesmo não se dissolve, mas a mobilidade das investidas cada vez mais amplas, que também tem sua origem nele, é suspensa, de modo que a vida consciente é fixada em evidência que se abre a ele. É por isso que esses momentos têm seu peso inesquecível, o que, por sua vez, tem a consequência de nunca mais se repetirem. Sobretudo, porém, não podemos lhe impor duração. A autodistância no saber de si mesmo se reestabelece também diante deles. Ao fazê-lo e ao assim desenvolver um segundo nível de distância, a relação do sujeito consigo mesmo também se transforma.

A evidência momentânea, seja sobre a realidade ou sobre a ausência da afirmação, só consegue se articular esse impor na relação ao seu oposto direto. O sujeito sabe que esse tipo de evento de esclarecimento não equivale a um conhecimento. Ele continua sabendo que, em sua constituição, havia a possibilidade de uma certificação do contrário, já que ele já foi assaltado por essa possibilidade pelo menos em ideias. Sabe também que ela realmente pode ter se oferecido a outros. Isso tem como consequência também que o trabalho de entendimento não pode chegar ao fim com o esclarecimento momentâneo. Agora, porém, ela precisa se realizar num segundo nível da autodistância.

Essa distância mais elevada não pode, porém, ser compreendida equivocadamente como uma distância crescente em relação à própria vida. É antes a condição para que essa vida consiga alcançar uma conformidade consigo como um todo. A caminho disso diminui a inquietação na dinâmica da vida, ao mesmo tempo em que ela se percebe como um todo e faz investidas mais duradouras para além de si mesma. Isso, porém, não deve ser confundido com um apaziguamento, que poderia se dever, por exemplo, a uma indiferença crescente em relação a si mesmo.

Os momentos de compreensão súbita só lançam luz sobre o fundamento do sujeito juntamente com sua constituição estática. Agora, porém, em seu esforço de entendimento, também a sua própria dinâmica é tematizada. Disso se segue então que, nesse segundo nível de distância, não se pode mais esperar outra intelecção que se abra em um único momento. A dinâmica da vida passa a visar a aquisição de uma síntese, da qual já falamos. Esta, porém, só pode ser estabilizada por meio de uma reflexão continuada e progressiva. Nessa reflexão, o que move o ser humano é a pergunta sobre como ele pode compreender também o caminho de sua vida consciente e como ele pode entendê-lo como inserido em um todo. Isso, porém, só é possível se esse entendimento incluir também os membros alternativos de um possível entendimento momentâneo da vida, momentos que resultam, ambos, essencialmente dela. Assim, o sujeito não pode experimentar nenhum deles como algo que não lhe diz respeito. Disso segue imediatamente que a reflexão sobre o todo da vida pode ter um resultado cujo teor não coincide com aquilo que antes se abriu numa experiência súbita de evidência. Essa experiência, porém, permanece inesquecível, também porque ela propõe um padrão para a clareza, a seriedade e a definição nas quais a visão clara precisa ser adquirida para que uma vida possa ter a certeza de estar vinculada a ela de modo real e último.

Tudo isso certamente despertou e justificou a expectativa de que agora chegou a hora de buscar *conteúdos* dos quais um autoentendimento desse tipo possa partir. No estado atual do desenvolvimento do problema, porém, não podemos ainda corresponder a esse desejo. Mesmo assim, devo apontar que este é o ponto em que a teoria da subjetividade e a metafísica se entrelaçam e se tornam imprescindíveis uma para a outra em [uma] dependência recíproca – não como disciplinas filosóficas num tipo de interdisciplinaridade acadêmica, mas como articulação teórica e como desdobramento disciplinado de uma relação, em vista da qual a filosofia se posiciona em concordância com a vida consciente, para assim oferecer um apoio refletido para seu autoentendimento.

Fichte exigiu que a filosofia encerrasse sua alienação da realização real da vida, alienação que havia marcado toda uma era, por meio de uma inversão completa de sua orientação para a forma e mobilidade da subjetividade. No entanto, ela só poderia se aproximar da vida consciente se ela se reorientasse também metodicamente: o todo no qual a dinâmica da subjetividade se realiza precisaria ser representado por pensamentos que se distanciam tanto dos conceitos nos quais o sujeito explora os mundos dos objetos quanto a própria forma da subjetividade, da qual sabemos que ela não pode encontrar seu lugar em tais mundos. A tradição metafísica característica da Modernidade se formou a partir desse tipo de precondições. Na última preleção, tentarei demonstrar como, dentro de um pensamento do todo, o pensamento de uma unidade que antecede a todos os mundos pode ser harmonizado com a singularidade dos sujeitos, da dinâmica de sua vida e também com sua liberdade – de tal modo que a liberdade não precise entrar em conflito com o fundamento que inere à autoconsciência e à sua existência finita.

Neste momento, precisamos ressaltar, porém, que até agora falamos *apenas* do processo alojado no próprio sujeito e de sua dinâmica. Vimos que esse processo se realiza em conflitos, e disso segue que ele tenda a uma soma da vida numa autodistância de segundo nível. Uma dinâmica fundamental da vida consciente é, assim, destacada. No entanto, uma objeção evidente permite mostrar que, com isso, a dinâmica da vida consciente ainda não foi abarcada em sua totalidade: Mostramos que existe uma tensão oposta no saber de si mesmo que então influi num processo conflituoso. Mesmo assim, deu-se a impressão enganosa de que a vida se realizasse completamente no esforço de adquirir esse autoentendimento, cujo interesse consiste em reunir as investidas em direção a um todo localizadas na subjetividade com sua própria constituição. A vida humana, porém, não pode ser compreendida como o caminho uno e espinhoso que poderia levá-la à sabedoria – seja ela alcançada ou não.

55

5 Filosofia e vida

Contentar-se com esse resumo significaria que a abordagem escolhida para a explicação da subjetividade fosse apenas continuada de modo abreviado. Reconhecemos isso imediatamente se pomos diante de nossos olhos dois elementos dessa explicação: 1) O fato de que o saber de si mesmo ocorre é um evento que se dá por um fundamento adequado apenas a ele, de resto, porém, de forma totalmente espontânea e sem explicação a partir de eventos que o antecedessem. 2) Ao saber no qual um indivíduo tem saber de si mesmo precisa corresponder sua existência encarnada, no qual o seu ser para si possa encontrar sua expressão. Entre ambas as implicações da subjetividade estende-se o complexo de tudo aquilo que precisamos compreender na vida consciente como *pessoa*. Esta se desdobra na relação do indivíduo encarnado com os âmbitos de seu mundo sobre o qual ela pode agir. Ao mesmo tempo, forma-se, no saber de si mesmo, por força dessa relação, uma autorrelação mais rica do que o perfil individual de uma realização da vida, e numa autoimagem na qual as relações do mundo da pessoa estão coordenadas com as suas próprias habilidades de aquisição do mundo. E também os muitos papéis que toda pessoa precisa assumir no mundo são relacionados uns aos outros e, na medida do possível, equilibrados nessa autoimagem.

Essa primeira visão geral do problema ao qual uma teoria da personalidade teria de voltar sua atenção serve aqui exclusivamente para destacar nitidamente um fato fundamental: a dinâmica dentro da qual se realizam o desdobramento e a autoafirmação de uma pessoa é também diferente daquela à qual subjaz o autoentendimento do sujeito para si só. Disso resulta que, na relação entre as duas, precisa existir outra fonte de tensões e conflitos na vida consciente.

O ser para mim da subjetividade implica apenas a materialização do sujeito. Mas a dinâmica da pessoa se desdobra em relação direta com a relação com o mundo mediada por via do corpo vivo. Isso nos permite compreender que o início da vida pessoal é inseparável da história do corpo. Todos os três – sujeito, pessoa e corpo vivo – estão, porém, igualmente vinculados uns aos outros na dinâmica da vida, mesmo que cada um ao seu modo, permitindo assim que cada um interfira e se entrelace com o outro a qualquer momento.

O corpo vivo [*Leib*] como corpo [*Körper*] orgânico submete a pessoa e o sujeito à sua duração limitada e às exigências por meio das quais ele reivindica a capacidade de ação da pessoa. Seu processo de amadurecimento, as coerções de sua reprodução, seu sexo com suas pressões e alegrias, mas também suas fraquezas e restrições podem ocupar e inundar toda a vida consciente do ser humano. Com a dissolução do corpo dissolve-se também a vida consciente como um todo, mesmo que não possamos afirmar que a personalidade e a subjetividade em sua própria dinâmica se esgotem sempre simultaneamente com o fim físico da vida.

A dinâmica na vida da pessoa procura um apoio definitivo para a sua autoimagem no autoentendimento da subjetividade. Mas ao longo do caminho, prioridades diferentes são impostas a essa dinâmica. Quando a autoafirmação da pessoa fracassa em um dos papéis essenciais no mundo, isso não é necessariamente também um evento no movimento do autoentendimento. Mesmo assim, esse movimento é interrompido no processamento de eventos catastróficos na vida da pessoa.

Isso não exclui a possibilidade de que, em situações desse tipo, a pergunta pela essência da própria vida (da qual faz também parte aquilo que a dinâmica da subjetividade desencadeia) seja percebida em toda a sua nitidez. E como já mencionamos, a estabilização da autoimagem, que a pessoa necessita em sua ação interior e exterior, depende da autointerpretação de toda a sua vida. Isso mostra claramente que a urgência que impregna a dinâmica da subjetividade se fundamenta principalmente na dinâmica da vida pessoal.

Disso resulta inversamente outra conclusão para o autoentendimento da subjetividade: O resumo na lembrança, no que ela procura encontrar um esclarecimento, não pode ser limitado à história de conflitos de seu autoentendimento. Ele precisa abarcar o todo do caminho que o sujeito percorreu também como pessoa em sua materialização.

Com isso chegamos pela segunda vez, com poucas observações, ao ponto de partida de um esclarecimento de uma das dimensões da vida consciente. Não cabe a esta preleção empenhar-se também nessas investigações. No entanto, temos, agora, a possibilidade de tirar uma conclusão que diz respeito à relação da vida consciente com o autoentendimento da subjetividade. Ela diz respeito também à filosofia, à qual cabe a atribuição dessa tarefa:

A filosofia se dedica a um problema que resulta da constituição fundamental da subjetividade. Ela se coloca em vias de pensamentos que são predeterminadas nela mesma; e ela procura desenvolver essas vias de pensamentos e consolidá-las em um contexto o qual a subjetividade só pode abranger, o qual, porém, ela não consegue formular nitidamente. Assim, ela se põe a serviço da vida consciente tanto quanto emerge dela.

Não devemos, porém, ceder à tentação de exagerar nas promessas vinculadas à expectativa desse tipo de autoentendimento. A preleção anterior foi encerrada com um reconhecimento duplo: Não pode haver um conhecimento demonstrável da origem da subjetividade, e justamente por isso não existe também uma garantia demonstrável contra a possibilidade de que a realidade do ser humano se emaranhe e se esgote numa aporia entre as investidas contrárias em direção a um todo. Mais adiante, exporei uma concepção filosófica do fundamento da subjetividade que permite demonstrar que o diagnóstico de Camus da situação do ser humano não é necessário. Basta ampliar seus pensamentos para que esse diagnóstico perca sua plausibilidade aparentemente irresistível. Mas nem mesmo essa investida é demonstrável, de modo que ela precisa mostrar o seu valor na própria vida. Ela é pensamento especulativo – "especulativo" não no sentido de arbitrário, arriscado ou irresponsável, mas no sentido de uma investida conceitual disciplinada para além dos limites do evidente e demonstrável.

Podemos acrescentar a essa conclusão, que assim se explica de modo novo, uma segunda: Nem mesmo a filosofia pode despertar uma esperança de um autoentendimento que permita ao ser humano elevar-se sobre os emaranhamentos de sua autoafirmação pessoal e sobre o fardo que a vida lhe impõe, vida esta que, a despeito das tarefas sempre renovadas da autoafirmação, se aproxima de um fim definitivo. É possível que técnicas de ascese e de meditação continuada permitam desenvolver uma insensibilidade em relação a esse fardo da vida. A contemplação pode aprofundar também a clareza e a certeza da visão de um todo que abarca a vida. Mesmo assim, a filosofia não desbrava um caminho para uma sabedoria alheia ao mundo, preenchida de uma tranquilidade feliz no conhecimento de um primordial e todo. Sempre que a filosofia, também nos rastros de Nietzsche e Heidegger, de forma exaltada ou comedida, promete uma elevação e perfeição desse tipo, ela se envolve com a vida consciente apenas de forma restrita e afeta sua credibilidade.

Um autoentendimento da vida demonstra seu valor justamente quando persiste perante os abismos e no processo de sua dissolução e não se entrega às mentiras. Isso significa, porém, também compreender a vida de tal modo que suas fraquezas e sua futilidade não sirvam mais como razão para a negação da condição que lhe é inerente. Lembremo-nos de que Espinosa e a filosofia idealista buscaram realizar o grande programa de pensar o finito como incluído no infinito. Ainda não conseguimos explicar essa inclusão sem sugerir alguma infinitização do finito em alguma doutrina da meditação ou da sabedoria. Mas é possível também um entendimento que abarca a vida consciente e finita em todas as suas dimensões sem submeter-se a si mesmo, com essa vida, à consequência niilista.

As próximas preleções tentarão se aproximar desse entendimento. Mantendo em vista esse objetivo, refletirão sobre três temas que, em todo autoentendimento do ser humano, podem alcançar um significado que decida sobre ela como um todo. Ao mesmo tempo, são perguntas fundamentais de uma teoria filosófica da subjetividade: a origem da consciência ética, os modos e a natureza das relações entre os seres humanos e a realidade da liberdade.

Cada um desses temas já nos permite perceber que ele precisa ser contemplado dentro do quadro mais amplo estabelecido com um entendimento dos traços fundamentais da subjetividade. E cada um também aumenta as tensões de um modo específico a ele. Se perdermos de vista esse contexto, perdemos também a esperança de um tratamento apropriado dos problemas que precisam ser tratados nos âmbitos desses temas – e toda chance de encontrar uma solução, mesmo que precária.

B

EXECUÇÕES

III
O DESDOBRAMENTO DA CONSCIÊNCIA ÉTICA

1 Um resumo

As preleções sobre pensar e ser si mesmo se dedicam a algumas perguntas fundamentais da filosofia que apresentam uma urgência especial para a consciência moderna. Até hoje essas perguntas continuam de interesse geral e não se limitam à profissão dos filósofos. Cada uma dessas perguntas será tema de uma das preleções seguintes. Nesse sentido, as preleções são independentes umas das outras. Mas todas elas se referem em sua argumentação ao título "subjetividade" e se apoiam naquilo que resultou das preleções anteriores. Portanto, sempre acatarão e desenvolverão o raciocínio destas. Cada uma contribuirá para que a compreensão sobre a subjetividade possa ser ampliada e condensada ao longo destas preleções.

Quem ouvir o título "Pensar e ser si mesmo" esperará imediatamente que os problemas fundamentais da disciplina filosófica que, desde os gregos, ostenta o nome de "ética" ocuparão um lugar de proeminência. As preleções antecedentes estabeleceram o fundamento necessário para introduzirmos esses problemas em nosso raciocínio, que entrementes já passou de uma primeira abordagem. Evidentemente, existe uma relação entre a pergunta pela orientação fundamental para a ação do ser humano e a determinação daquilo que constitui a vida consciente do ser humano e o que lhe permite tornar-se uma pessoa.

Atualmente, a ética está sendo muito requisitada. Novas tecnologias permitem interferir na origem, no decurso e no fim da vida. Essas possibilidades geraram embaraços e controvérsias e evidenciaram a necessidade de aconselhamento em hospitais e laboratórios. Surgiram então numerosas comissões e centros de estudo. Em todos eles, os filósofos são chamados para serem úteis com suas reflexões sobre princípios e sua competência de esclarecimento. Nosso tema de hoje, porém, terá consequências apenas muito indiretas para as perguntas de limite e conflito dentro dessa chamada "ética aplicada". Por mais que seus problemas resultem da relação entre técnica e vida – eles não dizem respeito às perguntas fundamentais da filosofia e à forma específica que elas assumiram na consciência moderna.

É característica dessa formação a concentração em duas perguntas fundamentais, que, na verdade, representam um único tema. Uma delas diz respeito aos padrões do julgamento ético-moral [*sittlichen*], que hoje costumamos chamar de "ético" [*ethisch*], e aos conflitos entre esses padrões. Mais importante ainda do que esta são a pergunta pela origem da consciência ética e a pergunta (que só pode ser respondida a partir dessa origem) sobre como essa consciência pode estar ancorada na autoimagem e, portanto, na vida do ser humano. As investigações orientadas por essas perguntas visam à determinação mais exata da constituição interna da consciência ética e à pergunta sobre se o autoentendimento mais abrangente que acompanha essa consciência pode ser garantido por fundamentações sustentáveis. Quando Platão redefiniu a figura do sofista, ele declarou o ceticismo diante das justificativas das exigências éticas como um tema fundamental da filosofia. Na Modernidade, porém, a filosofia é atormentada ainda de outra maneira por esse tipo de ceticismo em seu entorno: pela teoria da evolução das espécies, pela teoria das ideologias e pelo funcionalismo sociológico, pela genealogia da consciência ética de Nietzsche e Freud e, mais recentemente, pela exigência dos neurólogos de uma revisão da imagem tradicional do ser humano.

Hoje não precisamos voltar nossa atenção para cada uma das fontes desse ceticismo, que entrementes se confluíram para formar uma poderosa corrente. Nosso objetivo é inserir o problema fundamental da ética num raciocínio sobre a subjetividade. Aquilo que já desenvolvemos até agora já oferece a precondição necessária para isso, no sentido de que já demonstramos na própria constituição do sujeito a origem de uma autossuspeita fundamental e, consequentemente, também daquele ceticismo que acusa as normas éticas de carecerem de qualquer fundamento – esse mesmo sujeito terá de ser o ponto de partida para qualquer entendimento sobre a origem da consciência ética. Por causa desse vínculo interno entre a justificativa e o "questionar a si mesmo" no âmbito da subjetividade, cada certeza de si mesmo que o ser humano possa alcançar em sua vida precisa ser completamente distinguida de um saber confirmado pela demonstração. Ela sempre terá em vista as fontes da autodúvida, que têm suas origens nele mesmo – não para barrá-las, mas para entendê-las e assim anular seus efeitos por meio da compreensão ao seu respeito. A atividade [*Leistung*] da racionalidade humana, que abarca as perguntas que a vida tem de levantar em relação a si mesma, não pode ser compreendida como menos complexa [do que isso].

Precisamos agora resumir as argumentações precedentes sobre o sujeito, sobre as perguntas fundamentadas nele e referentes a um todo e à dinâmica da vida consciente, que também está fundamentada nele, de tal forma que possamos extrair disso ao mesmo tempo uma abordagem para sua ampliação.

Sujeitos são os indivíduos que precisam levar uma vida no saber de si mesmos. Esse saber de si mesmo, poderíamos dizer também sua "autoconsciência", foi o primeiro a ser analisado. Partindo dele, pudemos determinar três dimensões às quais visam as investidas daquele que tem saber de si mesmo: 1) a dimensão da origem da consciência de si; 2) a dimensão de um mundo aberto ao qual tudo pertence e sobre o qual quem tem saber de si mesmo sabe algo; e 3) a dimensão em que o sujeito como pessoa possui sua existência concreta nesse mundo.

1) Ter saber de si mesmo parece ser, para aquele que é capaz de saber em geral, a coisa mais fácil e, por isso, não representar problema algum. Ao refletir sobre ele, logo se revela, porém, que este não é o caso. Pelo contrário. Precisamos simplesmente tomar como certo o saber de si mesmo, que constitui o sujeito em seu núcleo. Isso significa, porém, justamente que não podemos nem penetrar em sua gênese nem entender completamente a sua constituição. De forma alguma ele pode ser entendido como saber que se volta para si mesmo. Precisamos, pelo contrário, considerar todo saber como possibilitado a partir do saber de si mesmo. Isso já determina que os sujeitos se encontram na certeza de si mesmos, mas também que não são eles mesmos que se levam à existência como sujeito, que eles não podem constituir a si mesmos. Assim, precisamos atribuir a eles um fundamento do qual eles resultam e no qual eles persistem continuamente em seu saber de si mesmos – não podemos, porém, adquirir conhecimento sobre esse fundamento dentro do tipo de saber que pertence aos sujeitos e que também parte deles. Uma vez que os sujeitos sempre sabem também dessa relação, eles sempre pensam para além de si mesmos e retornando ao seu fundamento.

2) O esboço do todo de um mundo é organizado de modo contrário a esse seu retorno: O sujeito já atribui com antecedência a esse tipo de mundo tudo

aquilo sobre o que ele sabe algo. Nele, tudo é relacionado um ao outro – em uma unidade que corresponde àquela unidade representada por todos esses pensamentos desse mesmo sujeito. Em seguida, o sujeito procura uma conceitualização [*Begreifen*] cada vez mais precisa dessa unidade racional abrangente de toda realidade. Encontramos aqui a razão pela qual a forma primária de construção desse mundo, que, por isso, pode ser chamada de "natural", é, por fim, substituída pela teoria física. Ela é desenvolvida em prol da explicação melhor dos fatos do mundo primário, mas é incompatível com a forma primária do mundo.

3) O sujeito precisa compreender-se como indivíduo entre indivíduos. Ele só pode se colocar numa relação com outros sujeitos por via de sua própria existência dentro da concepção primária de um mundo. Disso já se segue que ele precisa estar vinculado a um corpo que é o seu próprio, e que ele se expressa nesse corpo que, nessa medida, é seu corpo vivo. Por meio da língua e em uma cultura, sujeitos finitos se inserem na possibilidade de se compreenderem e se comunicarem em tudo que lhes diz respeito como sujeitos. Na próxima preleção falaremos mais sobre isso.

Mas a subjetividade como tal, juntamente com toda essa ocorrência da expressão, não pode ser compreendida a partir do mundo primário, "natural". E os sujeitos somem completamente da imagem científica do mundo e de seu senso de ordem alterado e aguçado.

Assim, quando os sujeitos procuram compreender-se em seu saber de si mesmos, eles se veem expostos a um problema duplo: Eles precisam buscar sua origem sem compreendê-la na forma de algum conhecimento objetual [*gegenständlichen*]. Eles precisam também atribuir essa origem ao todo de algum mundo, mas sem a capacidade de compreender sua unidade de acordo com um dos sentidos de ordem validados para o mundo explorado e cognoscível. Na reflexão sobre si mesmos, os sujeitos dependem, portanto, de um pensamento que extrapola e sintetiza: Eles só conseguem compreender o seu fundamento transformando, ao mesmo tempo, o pensamento do mundo aberto para eles ainda de outra forma do que como ocorre ao longo do aprimoramento dos meios do conhecimento de objetos. Dessa necessidade dupla resulta que o ser humano não pode deixar de manter aberta a dimensão de um pensamento que se desprende da organização inteligente de sua exploração do mundo, mas que, mesmo assim, precisa se inserir numa relação com ela. Quando esse pensamento é subordinado à disciplina da filosofia, só podemos chamá-lo de "metafísica". Isso nos soa como algo pesado e alheio, porque mais de dois mil anos vincularam a ela a expectativa de um conhecimento de evidência e confiabilidade suprema. Se a origem e o *status* desse pensamento é determinado de tal forma que essa pretensão é dispensada, isso não significa que ele perca a necessidade que realmente lhe é própria e que ele seja entregue à arbitrariedade.

Essa é a situação fundamental da qual toda reflexão que visa ao autoentendimento precisa partir. Quem a tem em vista entenderá imediatamente que se liga a ela, de diversas maneiras, uma *dinâmica* para a qual o sujeito é trazido. O sujeito precisa explorar seu mundo sucessivamente. Ao passar para uma nova fase dessa exploração, ele se apoiará na anterior e antecipará a seguinte, e entenderá todas elas como suas próprias fases. Assim, forma-se, no sujeito, uma identidade diacrônica: Ele precisa fixar-se e compreender-se sempre como a mesma identidade. Num sentido completamente diferente, ele precisa formar e preservar uma relação para si mesmo entre os sujeitos aos quais ele se relaciona e no mundo no qual ele interfere por força de sua capacidade de agir. Precisamos distinguir aquela dinâmica na qual ele está incluído por força da incerteza em relação à sua própria natureza e à natureza da motilidade da sua vida das formações de unidade no saber e no agir

Na segunda preleção, caracterizamos também a dinâmica à qual o processo da pergunta pela própria origem é submetido. Ela se realiza no saber da oposição extrema entre as duas respostas possíveis à pergunta pela natureza da própria vida haja vista a relação ao fundamento do qual ela emana e dentro do todo ao qual o próprio fundamento também pertence: Para uma autorreflexão racional, essa vida poderia ser nada mais do que algum fato irrelevante qualquer e, com isso, um destino que lhe foi imposto de forma inevitável. Poderia, porém, se realizar também sob a justificativa que resulta daquilo que é fundamentalmente real. Nesse caso, precisa existir, entre aquilo que é fundamento da subjetividade e aquilo pelo qual ela se orienta, mais do que a relação factual da determinação mútua. Isso significa, por sua vez, que aquilo que é fundamentalmente real precisa ser comensurável àquilo pelo qual a subjetividade se orienta. Essa formulação pode interpretar outra que, a partir do século XVIII, se inseriu no uso linguístico geral, que nele agora parece desgastado, mas sem ter se tornado supérfluo ou ter sido substituído: Nossa vida tem um outro "sentido" daquele que ela mesma consegue se dar. Para os sujeitos que sabem que eles mesmos não são fundamento de sua subjetividade, um sentido autoatribuído dificilmente teria um peso último que não se dissolveria em autodúvidas.

Muitos grandes pensadores encontraram uma resposta à pergunta no momento de uma experiência inesquecível. Para a maioria dos seres humanos, porém, a busca por um autoentendimento último não faz parte dos pontos de concentração de sua vida. No entanto, na medida em que são sujeitos e, por isso, conhecem a autossuspeita, eles são fundamentalmente e igualmente sensíveis às autodúvidas que impulsionam a busca. Mesmo que a figuração e a identidade de sua vida ocorram, aparentemente, exclusivamente pela via de seu convívio e de sua ação, aquilo que diz respeito aos sujeitos como tais também se torna altamente relevante de modo intenso e, possivelmente, totalmente surpreendente em todas as crises profundas da formação de identidade. A importância histórica das religiões seria tão incompreensível quanto o sofrimento subterrâneo de uma cultura que perdeu a capacidade de articular esse tipo de problemas da vida.

Na dinâmica da subjetividade, todos os três processos se encontram entrelaçados: 1) Tudo que é real no mundo precisa ser compreendido diante do horizonte de um todo que se articula de formas diferentes – mas de tal forma que o sujeito consegue se preservar como o mesmo em cada pensamento novo relacionado a esse mundo. 2) Como pessoa, o próprio sujeito se vê localizado no mundo. Ele interfere nele como agente e precisa estabelecer uma balança de identidade entre os modos em que ele se realiza em seu convívio e seu agir. 3) Sabendo que o sujeito não pode se justificar a si mesmo nem se compreender a partir do mundo, ele está a caminho de um entendimento sobre seu fundamento para, à luz deste, compreender seu mundo e sua vida. Cada um desses processos possui uma complexidade exclusiva a ele mesmo, e cada um interfere ou age em conjunto com os outros.

O tipo de investigação que nos levou a essas distinções deveria evidenciar também que não pode existir uma antropologia que consiga informar sobre aquilo que constitui uma vida humana com a mesma postura que ela precisa assumir na descrição de fenômenos quaisquer. Assim, se perde o contato com aquilo que diz respeito ao ser humano e o inquieta e o acesso àquilo que faz de sua vida uma vida humana. A investigação se torna filosófica quando chega a afirmações sobre o que constitui o ser humano no contexto de perguntas que surgem a partir da vida do ser humano e que dizem respeito a essa vida, mas que nos envolvem de forma imediata em perguntas fundamentais e gerais. Na origem das perguntas, porém, que comovem o ser humano, não devemos esperar informações dentro dos limites ou mesmo segundo o padrão de uma ciência especial. Por isso, não deveríamos atribuir ao tratamento disciplinado dessas perguntas o nome de alguma disciplina que sugira que estamos tratando aqui de uma ciência especializada que, como tal, estaria obrigada a desdobrar-se estritamente dentro dos limites de informações intramundanas. Torna-se, portanto, ainda mais importante orientar-se também, num campo tão inseguro e arriscado, pela reflexão e justificação racional.

2 Norma fundamental e formação de identidade

Nesse resumo, ainda não falamos sobre a consciência ética. O leitor poderá, então, perguntar-se se não dei espaço excessivo ao que já havia sido apresentado. No entanto, a fim de conferir à ética o *status* de uma disciplina que tem em vista perguntas fundamentais de natureza filosófica, os problemas que lhe são inerentes precisam ser inscritos num contexto por meio do qual ela consiga criar pontos de contato com essas perguntas fundamentais. Da ética esperamos, em primeiro lugar, que ela nos ajude a esclarecer e ponderar juízos morais na base de princípios gerais. Para a filosofia, porém, essa tarefa é subordinada à de compreender a origem desse tipo de juízos e a posição da dimensão moral na vida consciente como tal. Sem uma solução para essa segunda tarefa, a primeira não nos leva a quaisquer resultados que se destacassem claramente dos resultados obtidos por meio da faculdade de juízo intocada pela filosofia.

O filósofo não possui uma competência distinta como especialista em julgamento moral. Nas comissões que se ocupam com perguntas difíceis de avaliação, ele só pode contribuir com sua capacidade de esclarecimento conceitual e de análise da coerência de fundamentações e aplicações. Por isso, o título desta preleção não fala de juízo moral, mas de consciência ética. A filosofia tem a tarefa de situar essa consciência no todo não só dos modos de julgar, mas também dos modos do ser humano de entender a si mesmo. Assim, ela investiga o entrelaçamento da consciência ética com o todo de seu saber de si. Assim compreendemos também que Platão e Kant, ou seja, os filósofos cujos pensamentos têm a maior relevância para a justificativa de uma ética, adquiriram esses pensamentos juntamente com o desenvolvimento de sua concepção filosófica como um todo e os apresentaram como inseparáveis desta.

Não contestamos, porém, que os juízos morais representam uma dimensão própria de juízos com pretensões únicas e, que emoções características estão vinculadas a eles. Também não afirmaremos que a consciência ética possa ser remetida a outro modo de consciência e que possa ser deduzida dele. Antes resulta justamente do fato de essa consciência ser independente, que, porém, ela não se insere de fora no contexto da vida, um problema cuja solução ainda não encontramos, sendo assim a expectativa de uma descoberta filosófica de interesse fundamental.

Quem se esforça ao máximo numa situação de conflito moral para encontrar a decisão correta considerará todos os outros argumentos que poderiam levá-lo a fugir do conflito ou a tratá-lo de forma leviana como infundados. Creio também que todos concordarão que um caráter íntegro merece um reconhecimento que se eleva acima de qualquer outro. Nesse sentido, adere à dimensão moral da vida um aspecto incomensurável. Mas a reflexão moral não nos eleva acima do processo da vida consciente, colocando-nos numa esfera superior autossuficiente. Também sob a pretensão de exigências éticas, o ser humano continua sendo o sujeito finito que se entende em todas as dimensões que diferenciamos e relacionamos umas às outras. Portanto, precisa ser possível compreender a consciência ética juntamente com tudo que a caracteriza como inserida no contexto dessa ordem de relações. E se ela possuir uma dinâmica própria, ela deverá ser entendida não como independente da dinâmica que se desdobra já dentro dessa ordem de relação maior. Apenas assim podemos entender que a consciência ética se insere na autoconsciência de sujeito e pessoa não como uma autoridade afastada de todo o resto que elevaria e transformaria o sujeito em outra forma de existência. Esse tipo de transformação estaria exposto aos muitos críticos aguçados das teorias morais e levantaria a suspeita de ser uma dominação alheia deformadora que pretende explicar a si mesma a partir de uma tendência para a autodeformação.

Dessas reflexões resulta o ponto de partida para o decurso das próximas reflexões. Seu objetivo é permitir-nos a determinar o lugar da teoria da ética no contexto da teoria da subjetividade. Primeiro, precisamos atribuir a consciência ética às dimensões da subjetividade para ver como seus traços fundamentais se inserem em seu contexto. Da sua independência, que, justamente como tal, pertence ao todo da subjetividade, resulta sua importância para o autoentendimento na vida dos sujeitos. Depois poderemos compreender também a dinâmica inerente à consciência ética juntamente com a dinâmica da própria subjetividade.

É uma trivialidade que sujeitos se veem sob exigências morais, visto que são sujeitos de *ações* [*Handlungen*] – encontrando-se, portanto, no mundo como *pessoas*, causando mudanças nele, podendo interagir com outras pessoas ou interferir em suas esferas de influência. O tema primário da ética é, portanto, não o conhecimento do mundo nem o autoentendimento. Parece então lógico limitar o tema da ética ao âmbito das perguntas que se impõem ao indivíduo – ou seja, a perguntas interpessoais. E a tendência predominante na ética atual indica uma tentativa de desenvolver fundamentações filosóficas para normas éticas não a partir da subjetividade, mas no empenho direto na *inter*subjetividade das pessoas.

No entanto, mesmo que cada ética precise compreender e fundamentar a avaliação moral de ações e modos de convívio, isso não significa que não caiba à subjetividade dos agentes uma função de fundamentação, de modo que ela nada mais seria do que um tema de segunda categoria. Podemos reconhecer isso já no simples fato de que não é a conduta que é submetida ao julgamento ético. O que é prezado ou o que deve ser recusado no sentido moral é, como demonstrará a quinta preleção, a *disposição* [*Einstellung*] interna das pessoas em relação à sua conduta, da qual então resulta determinado comportamento. A disposição é diferente da mera avaliação desse tipo de conduta, que emerge como um evento natural no ser humano. Ou esse evento não pode ser compreendido como [um] agir, ou, assim como no comportamento de espécies animais superiores, não se encontra ocasião para um julgamento moral. É possível que também animais ponderem seus atos de alguma forma. Mas, se não tivermos qualquer razão para acreditar que suas ponderações tenham alguma influência sobre a formação de suas disposições, eles só podem ser treinados, mas não formados moralmente.

Disposições de pessoas se distinguem de padrões de ação e de estados mentais que incitam ou acompanham a conduta segundo esses padrões. Elas são adquiridas, mas de tal forma que as próprias pessoas as formam e que elas podem investir nessa formação – semelhante ao modo em que as disposições antecedem e subjazem à formação de um modo de ação. Existe, portanto, uma atividade em que a pessoa como sujeito é relacionada à formação de suas disposições e de seus modos de ação. No fim das contas, ela visa à própria ação, mas apenas de forma indireta e mediada.

O fato de que pessoas podem procurar obter posturas vale para todos os âmbitos de seu agir, não apenas para elas, contanto que sejam capazes de um julgamento ético. Mas sob esse aspecto, esse fato tem um peso especial. Ações de pessoas são o âmbito de validade também de normas morais, mas essas ações só são julgadas moralmente por partirem de disposições que, por sua vez, têm como objetivo um modo de ação que corresponde à norma moral. Em última análise, apenas o fundamento da ação, a boa intenção, não a ação em si, pode ser chamada de irrestritamente boa, boa no sentido moral. Kant construiu sobre essa sentença toda a sua filosofia moral. E essa avaliação é transferida para o juízo sobre o esforço interior da pessoa em alcançar essa postura. Esse esforço não é, ele mesmo, irrestritamente bom, pois é bom apenas por meio de seu resultado, a boa vontade formada. Mas a sua bondade é também relativa em relação ao grau de sua bondade.

Se assim fixarmos claramente o tema-chave da ética, fica claro também que ele precisa ser visto como diretamente vinculado ao tema da subjetividade – diferentemente do que teria sido o caso se estivéssemos falando apenas do tipo correto do nosso agir. Surge agora a pergunta sobre de que modo esse tema precisa ser relacionado às dimensões da subjetividade, que havíamos distinguido, e como ele pode ser inserido no contexto de uma teoria da subjetividade.

Atribui-se uma validade *universal* pelo menos ao núcleo das normas morais. Em princípio, elas valem para todos que devem ser considerados pessoas; e, para estas, sob todas as circunstâncias. Exceções exigem uma justificativa. A pessoa que fere essas normas só pode recorrer a razões [que sirvam] de desculpas, jamais, porém, pode reivindicar a dispensa das normas. Entender a razão da universalidade dessa validade possui o mesmo interesse filosófico quanto o entendimento da subjetividade que se encontra na formação da postura da boa vontade.

Pela vida da universalidade da validade de sua norma, a consciência ética tem algo em comum com a investida em direção ao todo de um mundo, a qual o sujeito executa como sujeito do conhecimento. Por isso, faz sentido falar de um mundo moral ao qual pertencem atos moralmente motivados. Assim como a investida dos pensamentos em direção ao todo de um mundo não depende da vontade dos sujeitos, as normas morais também são diferentes de quaisquer projetos que planejamos (a construção de uma casa, p. ex.), que podemos concluir, mas dos quais também podemos desistir. Um aspecto do *status* especial da norma é que ela não pode ser questionada e que sua validade não depende de circunstâncias ou fases e situações especiais da vida, de modo que ela vale sob todas as condições, sendo, nesse sentido, universal. E também nesse sentido as normas se parecem com as regras fundamentais da dedução e do conhecimento preservador da verdade, que obrigam o sujeito, mas sem impor-lhe uma regulamentação que lhe fosse alheia. Essa obrigação é obrigação por si mesma, porque aquilo que precisa ser reconhecido como "obrigatório" tem seu fundamento naquele que é obrigado. Talvez seja possível deduzir da universalidade interior da obrigação de cada um as obrigações em relação a todos, que, da mesma forma, estão cientes dessa obrigação.

Vimos que a investida em direção ao todo de um mundo, da qual resulta a possibilidade do conhecimento, tem como sua precondição que o sujeito, em cada fase do desdobramento, da concretização e da transformação de seu mundo, saiba de si mesmo como o *mesmo* sujeito. A organização da relação com o mundo, por meio da qual o sujeito transcende a si mesmo e investe em direção a um todo de um outro, pressupõe uma autorrelação especial dos sujeitos, i.e., a autocontinuação sob sua identidade. Podemos ponderar se disso não deveríamos concluir que seria da identidade do sujeito que poderíamos adquirir uma primeira abordagem também para uma explicação da dimensão moral da vida, que compreende essa dimensão no contexto da subjetividade.

Já demonstramos anteriormente por que sujeitos são necessariamente pessoas, mesmo não sendo possível explicar sua subjetividade como mero aspecto da personalidade – como se pudéssemos destacar a característica da subjetividade do sentido mais primordial e mais rico da personalidade. A forma do decurso da dinâmica da subjetividade precisa ser explicada exclusivamente a partir do sentido do sujeito. O ponto de partida do desdobramento da dimensão moral da vida, porém, se encontra na relação da pessoa (como agente) com o mundo. A ideia de pessoa, porém, exige, já antes de qualquer contemplação da dimensão moral da vida, a reflexão sobre vários significados de "identidade".

A pessoa física é uma coisa individual que persiste como mesma entidade ao longo das mudanças de seus estados e de suas fases de vida. Traços fundamentais de seu caráter e, portanto, de sua tendência de reagir a experiências e de interagir com outros também não mudarão. Dessas duas identidades, a do corpo e a do caráter natural, precisamos distinguir modos de identidade de estrutura completamente diferente que o ser humano é obrigado a adquirir. Ele nasce como membro de uma família e de uma nação. Mas o modo como ele se compreende e comporta como membro de uma família ou de uma nação não é determinado por circunstâncias sobre as quais ele não pode exercer uma influência – tão pouco quanto os modos como ele lida consigo mesmo, seus talentos ou os "lados escuros" de sua natureza. Isso vale igualmente para todas as relações que sua vida só pode desenvolver com sua participação: para sua profissão, suas associações formais ou informais com outros e para tudo pelo qual ele se esforça continuamente em seu plano de vida e com o qual – como costumamos dizer – ele se identificou.

Se contemplarmos um ser humano de fora, nós o reconheceremos em todas essas identidades e o caracterizaremos por meio destas. Na perspectiva própria do ser humano, suas identidades adquiridas muitas vezes se encontram em concorrência umas com as outras. Ele precisa estabelecê-las e inseri-las numa ordem de preferência. Para ele, portanto, sua identidade verdadeira consiste no equilíbrio especial entre suas múltiplas identidades. Mas esse equilíbrio não é estabelecido uma vez por todas. As mudanças em suas condições de vida o expõem a um desafio constante. Em cada situação de ação que exige dele uma decisão de peso, o equilíbrio precisa ser confirmado ou alterado. Até mesmo os fundamentos naturais de sua identidade como coisa individual podem lhe parecer estranhos e indiferentes; podem, porém, absorver também toda a sua atenção. Predisposições, necessidades ocultas e experiências soterradas do início de sua biografia podem se transformar em desafio supremo para sua autoimagem. E, no âmbito de suas identidades adquiridas, ele nunca pode ter certeza plena de si mesmo. Assim, ao longo de esforços fracassados pelo equilíbrio de identidade, a pergunta por quem ele realmente é pode se dissolver completamente. Como ele consegue se compreender pode parecer depender muito mais do decurso dos eventos e de sua reação a ele do que de sua própria atividade e de seu esforço por um equilíbrio de suas identidades. Em todo caso, nenhuma de suas muitas identidades é do tipo da identidade do sujeito no processo cognitivo da exploração do mundo. Nenhuma possui a mesma constância inquestionada e é tão contínua em seu decurso quanto esta.

É, porém, possível encontrar uma conformidade entre essa identidade do sujeito do saber do mundo e a identidade moral da pessoa: Juntamente com o núcleo da consciência ética, forma-se também, dentro da dimensão pessoal e prática da subjetividade, uma forma de identidade cuja forma corresponde à constituição da identidade no processo da exploração cognitiva do mundo. Encontramos também, na validade da norma para todas as situações de ação, uma correspondência com a unidade da subjetividade em cada fase de sua constituição do mundo. A pessoa como sujeito moral possui a mesma constância e estabilidade inerente também ao sujeito teórico, que pensa sob as mesmas normas de retidão, mesmo que possa violá-las no caso individual. Se contemplarmos a relação dessa forma de identidade com as outras identidades da pessoa, podemos dizer: Visto que a norma ética como tal (diferentemente das circunstâncias de sua aplicação) jamais é questionada, introduz-se um nível de estabilidade no equilíbrio sempre flutuante de identidade da pessoa. O caráter moral, i.e., a boa vontade tornada firme, mas também já a capacidade de formá-la, pode, por isso, ser compreendido como uma forma fundamental de identidade racional dentro do modo de realização pessoal da vida.

O outro lado da universalidade da norma ética resulta dessa explicação. Ela vale não só para cada situação do mesmo tipo, mas também e igualmente *diante* de qualquer outra pessoa. Visto que precisamos deduzir disso que ela precisa ser vista também como válida *para* cada pessoa, resulta daí sua validade intersubjetiva como implicação do tipo de norma que lhe é inerente. Talvez pareça que as normas morais precisam ser justificadas justamente em vista das relações das pessoas individuais umas com as outras. Pois essas normas regulam predominantemente a conduta perante outras pessoas. Desde que surgiu a tendência de ver a comunicação como fundamento da racionalidade, os filósofos éticos supõem como que naturalmente que não pode existir uma moral sem comunidade moral.

Creio que precisamos resistir à essa tendência. Os fatores que a favorecem são tão evidentes quanto a amputação da consciência ética que dela resulta. Não precisamos contestar que os seres humanos precisam da interação para "chegarem a si mesmos"*. Tampouco podemos contestar que, primeiro, eles precisam ser submetidos a normas para assim encontrar alguma compreensão de normatividade. Mas a própria gênese da consciência de normas não pode ser deduzida da interação – tão pouco quanto é possível de ver a própria autoconsciência como constituída pelo fato de outros sujeitos se dirigirem a mim, mesmo que ela precise disso também em sua gênese. A consciência ética, tanto quanto o saber de si mesmo, se desdobra *espontaneamente* sob a condição dessa interação, ou seja, ela surge "de dentro para fora".

Podemos ainda perguntar como se explica que as normas morais resultam sobretudo em obrigações em relação a outras pessoas – a de não machucar o outro, de cumprir promessas feitas, de ajudar em situações de emergência. Isso se explica com o fato de que um modo de conduta de universalidade sem exceções precisa tornar-me independente das circunstâncias especiais fundamentadas em meu próprio contexto de vida e interesses. A norma ética eleva cada um acima de sua situação de interesses particulares, não, porém, de tal forma que ela colocasse cada um no ponto de vista de todos os outros que ele encontra em situações de ação. Nesse aspecto, essa norma em nada se distingue das regras que subjazem à aquisição de conhecimento. Ela é sempre meu conhecimento, mesmo só podendo sê-lo se ela se destacar de minha perspectiva particular

---

* [N. dos T.]: Tradução literal de *"zu sich selbst kommen"*. Normalmente traduzido como "encontrar-se", a expressão em alemão significa também "recuperar a consciência", "conscientizar-se de si mesmo".

sobre o mundo. Mais tarde, porém, teremos de demonstrar também qual é o lugar da identificação com o próximo na consciência ética. Ela não se segue imediatamente da norma ética fundamental, mas resulta de um desdobramento adicional da consciência ética. Dela segue de imediato apenas o respeito da personalidade alheia. Mas até mesmo este é consequência e não fundamento de constituição da consciência ética.

Isso se manifesta da forma mais nítida naquele tipo de normatizações morais que, à primeira vista, parecem exigir que eu faça meus o interesse de outras pessoas, mas que, após alguma reflexão, se evidenciam como fundamentadas na própria autorrelação. Não mentir é uma exigência moral que, originalmente, não pode estar fundamentada no fato de que a mentira viola uma reivindicação de outros a mim. Existem modos completamente irrelevantes e até mesmo favoráveis ao outro e bem-vindos [por ele] de não dizer a verdade. Mas até mesmo essa maneira de mentir fere algo que diz respeito a mim mesmo no sentido moral: eu provoco uma ruptura em meu modo de conduta e permito que uma situação aleatória, por mais difícil que seja, exerça a influência decisiva sobre minha capacidade de me comunicar com outros. Para a mentira em situações de emergência podem existir razões muito boas que podem ser decisivas também sob o aspecto moral. Mas nem mesmo estas tornam a mentira algo moralmente indiferente. Elas apenas deduzem razões mais fortes de outras regras para, em determinado caso, não aplicar a norma que se opõe à mentira. Que isso realmente é o caso pode ser visto na pessoa moralmente sensível que experimenta certa autodeformação mesmo em uma mentira muito bem justificada.

Se estivermos dispostos a conceder às virtudes um lugar legítimo na ética, fica evidente que elas são características por si só de uma pessoa também quando as intenções das ações que partem delas estão completamente voltadas para o outro. No contexto do veredito moral contra a mentira podemos falar também da ausência daquela virtude que, antigamente, chamávamos "valentia". Contanto que seja uma virtude, ela, evidentemente, se fundamenta numa autorrelação. Seria obviamente insensato afirmar que ela teria em vista o interesse daquele ao qual ela se opõe valentemente. Mas é igualmente implausível explicar a virtude da valentia exclusivamente na base da interiorização do aplauso que ela recebe em conjunto com todos os interesses comuns. Falar de valentia hoje em dia desperta memórias ambíguas. Mesmo assim, permanece legítimo reconhecer na disposição para a mentira uma falta de capacidade de resistir em situações difíceis e assim se preservar como a mesma pessoa. Isso é uma conduta em relação aos outros, sim, mas sua dignidade não está fundamentada nessa relação, mas no tipo de autorrelação da pessoa.

Em sua ética, Kant identificou essa relação corretamente. Seus numerosos seguidores mais recentes diluem sua intelecção quando pretendem reduzir a universalidade, no tipo da exigência que define a consciência ética, a uma relação comunicativa ou contratual entre os sujeitos morais. Kant não se equivocou quando ancorou a origem do núcleo da consciência ética na autorrelação da pessoa. Ele errou ao ignorar a dinâmica inerente a essa consciência e que transcende a autorrelação do indivíduo. Antes, porém, de falarmos sobre essa dinâmica, precisamos nos aprofundar na pergunta pelo fundamento da consciência ética.

3 Aporias da fundamentação ética

As reflexões acima sobre a relação da norma ética com a autorrelação da pessoa pretendiam demonstrar que, sob essa norma, a pessoa adquire uma identidade, uma identidade cuja forma corresponde àquela identidade que o sujeito adquire por meio da constituição da unidade de sua relação com o mundo. Essa identidade é capaz de introduzir nas múltiplas identidades da pessoa e em sua frágil balança de identidade uma estabilidade que permaneceria privada à pessoa sem a identidade moral.

Disso, porém, resulta um problema evidente, cuja resolução exige um cauteloso trabalho de distinção: Pois se falarmos desse modo, corremos o perigo de supor que o ser humano submete sua vida à norma ética *apenas porque*, sem ela, ele experimenta a balança de identidade de sua vida como ameaçada por suas mudanças e pela fragilidade de todos os seus esforços. Isso, porém, explicaria o reconhecimento e até mesmo a concepção da norma ética como consequência de um interesse próprio – do interesse de preservar um núcleo da vida em meio a todos os acasos da vida. Isso significaria que, no fim das contas, a explicação da origem da submissão à norma ética fundamental seguiria à mesma estratégia que subjazia também à explicação de Nietzsche a partir do ressentimento e à explicação de Freud a partir da criação do superego.

O fato de que ações que correspondem à norma ética podem ser difíceis para o ser humano, justamente porque ele reconhece claramente o quanto elas são contrárias ao seu interesse próprio, não é uma objeção a todas as explicações desse tipo. Pois isso concorda perfeitamente com o fato de que a norma foi aceita como tal por interesse próprio e, portanto, por causa de sua utilidade para a estabilidade do ser si mesmo. Disso não resultaria uma situação fundamentalmente diferente do que a situação daquele que completa sob suor e suspiros um projeto que lhe é útil e cuja desistência significaria um desastre.

A consciência de submissão à autoridade da norma, porém, não poderia persistir de forma inalterada, se o esclarecimento fornecido por esse tipo de explicação genealógica fosse absorvido também pelo saber refletido do agente. Pois a consciência da validade da norma ética se apresentaria agora como resultado de uma estratégia do autodirecionamento que é provocada por uma situação de interesses e que age aquém do limiar da autoconsciência articulada. Essa interpretação poderia até permitir que a pessoa continuasse a se ver como ser moral. Mas uma vez que a norma perdesse seu fundamento de validade, a pessoa encontraria em cada situação de ação difícil uma justificativa excelente para se recusar às suas exigências.

Além disso, a explicação baseada na necessidade de uma identidade pessoal estável, uma vez conscientizada, teria consequências desastrosas para essa formação de identidade. Pois a firme base de uma identidade inafetada por qualquer mudança, que a pessoa pretende adquirir em sua autocompreensão moral, só pode se estabelecer se sua relação com a norma possuir a mesma inambiguidade que pertence também às condições inquestionadas da constituição do mundo do sujeito. Sem a independência da relação da norma em relação ao interesse de vida da pessoa, a relação da norma não pode conferir estabilidade à balança de identidade, que é usada para explicar por que a pessoa consegue se assimilar à forma de identidade do sujeito por meio de sua moralidade. Pela via da relação à norma realmente se satisfaz um interesse essencial da pessoa. Mas isso só ocorre quando a relação à norma não se explica *a partir* desse interesse.

Esse círculo aparente evidencia um problema com o qual toda ética na era após o esclarecimento genealógico se vê confrontada mais cedo ou mais tarde. Para uma abordagem na teoria da subjetividade, mostra-se com clareza especial o que jamais deveria ser contestado: i.e., o fato de que normas morais não podem ser introduzidas como exigências impostas à subjetividade da pessoa de fora por quaisquer instâncias e autoridades. Se essas normas devem ter alguma validade, a precondição de sua existência precisa ser identificada na constituição da própria subjetividade. Essa apropriação *não pode* ser contrária *a todo e qualquer* interesse. Mesmo assim, a constituição das normas se contrapõe a qualquer fundamentação *baseada* em um interesse.

É, porém, justamente a teoria da subjetividade e a justificativa moderna da ética ligada a esta que tem a chance de esclarecer esse dilema, que nela se manifesta com tanta nitidez.

Primeiro, porém, precisamos constatar quais tentativas de solução estão fadadas ao fracasso, mesmo que se esforcem a identificar a moralidade na constituição dos sujeitos. São todas elas tentativas que acreditam ter encontrado um caminho de explicar a validade da norma ética simplesmente na base do fato de que o ser humano é um ser pensante, ou seja, de que ele compreende o que constitui uma fundamentação de validade universal e que, para ele, estão em vigor regras que constituem a racionalidade. Essas tentativas têm em comum – para recorrer à língua aqui usada – o fato de que a racionalidade, cuja forma fundamental está ligada à constituição do sujeito e que estrutura sua relação com o mundo, deve submeter de modo imediato também a vida pessoal a uma pretensão de norma formulada pela regra fundamental moral e universal. Alega-se então, para citar um exemplo, que não seríamos pessoas racionais se não nos orientássemos também em nossa vida pessoal por aquela concordância interior que encontra sua expressão central na norma ética (Christine Korsgaard). Outra variante do mesmo pensamento parte da intersubjetividade, no interesse por uma fundamentação que, por sua vez, está arraigada na racionalidade. Em relação à nossa conduta, esse interesse só pode ser satisfeito se submetermos essa conduta a uma regra fundamental que precisa ser justificada sob todas as circunstâncias e perante todos (Thomas Scanlon).

Todas essas tentativas resultam, em termos kantianos, numa compreensão da razão prática por meio de uma dedução simples a partir da razão teórica. Com alguma habilidade retórica, esse tipo de raciocínio pode ser levado a uma distância considerável. Pois sob a regra fundamental da consciência ética, a conduta pessoal realmente está sujeita a uma ordem racional muito especial. Além disso, não pode ser considerado pessoa nenhum ser cuja conduta é totalmente indiferente frente a fundamentações que favoreçam ou refutem essa conduta, caso em que sua conduta não poderia nem mais ser chamada de ação. Para a pessoa cuja conduta é determinada também por justificativas por força de sua racionalidade, a atenção a todas as regras que definem uma justificativa racional como tal é tão obrigatória quanto natural.

Essa obrigatoriedade, porém, é fundamentalmente diferente da outra obrigatoriedade que se impõe com a validade da norma fundamental moral. A exigência da atenção plena a fundamentações racionais para ações já se cumpre quando o interesse próprio refletido pode ser comunicado de modo aceitável como razão para determinada ação e para a estratégia que lhe subjaz – ou seja, quando a pessoa conhece seus interesses, os pondera e busca realizar com destreza. Certamente serve também aos interesses próprios não desafiar os interesses de outros, preservar padrões estabelecidos de convívio e usá-los para desenvolver um arranjo comportamental com grande força vinculadora. Mas nem mesmo isso imporia à pessoa uma obrigação perante si mesma da mesma forma como ela, como sujeito, é obrigada à forma racional de justificativas. Se um ser humano fosse corajoso, desiludido, forte e disposto a se arriscar, nenhum argumento racional o impediria de dispensar (pelo menos sob o véu do sigilo) todas as obrigações morais. Visto, porém, que a pessoa pode se sentir obrigada a obedecer à norma ética fundamental e à racionalidade que lhe é inerente e não é orientada por interesses, a forma de execução da racionalidade precisa exercer um efeito na vida da pessoa ainda de modo completamente diferente.

Esse argumento fala em prol das teorias filosóficas que, em sua fundamentação da ética, se referem não só à racionalidade, mas sempre também às emoções, aos chamados sentimentos morais. Uma motivação para ações que se esquivam do interesse próprio astuto parece ser compreensível apenas pela via dos sentimentos. Sem uma referência direta a uma possível motivação para ações que parte da norma ética, a resistência à própria norma parece até se tornar completamente incompreensível diante de todas as ponderações de utilidade. E a diferença entre a obrigatoriedade da norma ética e a constituição normativa da racionalidade em geral parece resultar da relação completamente diferente às motivações.

Por outro lado, nenhum sentimento e nenhuma motivação parecem, por si só, conseguir explicar uma norma. Segundo o testemunho de transcrições de suas preleções, Kant considerou essa problemática uma das mais difíceis de toda a filosofia. "Devemos reconhecer o bem por meio do entendimento e, mesmo assim, desenvolver uma sensibilidade por ele. Isso é algo que não conseguimos entender bem. [...] O entendimento consegue julgar, mas conceder a esse juízo do entendimento uma força para movimentar à vontade – esta é a pedra filosofal."

Aqui, não temos como discutir esse problema a fundo e analisar a solução impressionante, mas inconsistente, que o próprio Kant acreditava ter encontrado em sua teoria do respeito à lei moral. Nosso problema só pode ser aproximado de uma solução se enfrentarmos o projeto herculano de diferenciar a multiplicidade de fatos e fatores diferentes que hoje são subsumidos às palavras emoção e afeto e também as abordagens para sua explicação. No entanto, uma primeira comparação entre os possíveis potenciais teóricos já sugere que tomar como ponto de partida a constituição da subjetividade no lugar da racionalidade pode nos levar também à origem e ao papel das emoções no processo da consciência ética.

Qualquer que seja o resultado da análise do componente emocional na consciência ética, precisamos, em todo caso, partir do pressuposto de que a consciência da validade da norma ética fundamental é *sui generis* – independentemente do fato de que a própria norma é, em sua forma, uma regra racional e de que ela tem sua origem no sujeito, no qual todos os modos de racionalidade estão ancorados. Visto que o vínculo entre racionalidade e moralidade não pode ser esclarecido completamente a partir da racionalidade, torna-se imprescindível relacionar racionalidade e subjetividade de outro modo. Assim nos deparamos com uma diretriz que poderemos seguir. O ponto de partida é nossa descoberta segundo a qual a validade da norma põe em vigor não só a unidade de uma constituição de mundo fundamentada no *sujeito*, mas também a constituição de uma identidade da *pessoa*.

Isso pode ser visto como uma aplicação ampliada da forma fundamental da racionalidade ao âmbito da ação no mundo – como ampliação, porém, que não pode mais ser vista como simples consequência que resulta da forma fundamental da racionalidade como tal. Como consequência desse tipo, ela não pode ser reconhecida por cada sujeito, que, como pessoa, é sujeito de ações, de modo que, *por meio* do reconhecimento dessa consequência ele se tornasse um ser moral. Apesar de ser indemonstrável, a consciência ética precisa fazer parte da consciência geral do sujeito de outra forma mais interior do que o resultado de uma dedução da qual cada sujeito racional não só precisaria ser capaz, mas precisaria também executar a cada momento para, assim, tornar-se um sujeito moral.

Surge então a pergunta sobre como a consciência ética poderia ser entendida de uma *outra* maneira. Ela está submetida em si mesma a uma regra fundamental – mesmo que esta não determine completamente a consciência ética. Essa regra e, sobretudo, a força de obrigatoriedade que lhe é atribuída na consciência ética, não podem ser identificadas por meio de um mero cálculo de interesses. No entanto, ela também não pode invadir o processo da subjetividade como algo vindo "de fora" para assim dar-lhe uma nova orientação. Pois, por um lado, não há como explicar como um tipo de comando não só recorra a uma forma de racionalidade, mas também a constitua em sua origem. Por outro, a consciência ética amplia o autoentendimento do sujeito. Isso, porém, só pode ocorrer dentro do desdobramento do processo da própria subjetividade e por suas razões internas. Precisamos então nos perguntar sob quais condições seria possível submeter de algum modo a vida pessoal do sujeito a uma reivindicação e uma perspectiva que não resultassem, pela via de uma necessidade intelectiva, de sua constituição fundamental como implicação desta – uma reivindicação que, mesmo assim, possa ser reconhecida como algo que lhe é essencial. Se não pudéssemos indicar esse tipo de condições, o sujeito poderia se distanciar dessa reivindicação. Mas se tivermos de admitir que a possibilidade de um distanciamento desse tipo persiste no tipo de fundamentação da reivindicação, então já abrimos o caminho para o argumento mais forte em prol de uma desconstrução da consciência ética.

Nesse contexto, surge ainda uma pergunta de natureza muito mais geral: Como as normas alcançam a consciência, normas estas que não podem ser compreendidas como exigências feitas em contextos *sociais*? Nesses contextos, normas podem ser tematizadas e explicadas como "expectativas generalizadas" (Talcott Parsons) nas quais se apoia a coesão de toda sociedade. Para regulamentações essencialmente vinculadas à racionalidade, essa explicação é, evidentemente, inadequada. Deduções corretas, também na lógica formal (deontológica) dos conceitos de normas, não podem ser justificadas na base de condições sociais, mas apenas de modo endógeno na base da constituição de uma prática dedutiva. É claro que também não podemos imaginar um entendimento no qual as normas alcançam originariamente o seu efeito adequado como consequência de uma instrução sobre as normas válidas e os procedimentos normatizados – como o fazem, por exemplo, os estudantes da lógica com as regras e deduções lógicas em textos e fórmulas. O saber das normas precisa estar vinculado de outra forma e internamente à realização desses procedimentos eles mesmos. Podemos distinguir esse saber, como saber "prático" ou como um "saber *como*...", do saber teórico e do saber de fatos, mas sem assim termos explicado qualquer coisa. Pois um *entendimento* da norma precisa ser atribuído também à situação da prática, razão pela qual fica excluída a analogia de um "adestramento" de animais inteligentes ou de um feito instintivo e inconsciente.

As normas morais se distinguem das normas lógicas porque, no caso das primeiras, não é completamente absurdo remeter o saber delas à instrução e ao seu exercício. Uma criança precisa aprender o código moral de uma sociedade, não, porém, a dedução lógica. Aquele que obedece ao código é recompensado, aquele que o viola sofrerá sanções. Podemos, então, explicar também como o poder e a autoridade externos que primeiro impuseram as normas são internalizados e podem agir como auto-obrigação. Esse tipo de explicação estabelece, portanto, uma separação completa entre normatizações lógicas e morais. É, além disso, evidente que os seres humanos precisam crescer dentro de toda ordem moral da vida. Mas se partirmos do pressuposto de que existe uma norma ética fundamental cuja constituição só se torna compreensível no contexto da constituição da racionalidade, não é possível remeter a consciência ética à interjeição de normas apoiadas por uma autoridade factual ou dadas como convenção. Em relação a elas toda educação só pode ter o efeito de articulá-las claramente e garantir sua ação duradoura. De resto, demonstrou-se até empiricamente que crianças muito pequenas já distinguem entre normas morais de validade geral e aquele tipo de leis que partem de uma autoridade que sempre poderia mudar sua opinião (Gertrud Nunner-Winkler). Mas, então, precisamos nos perguntar também como essa norma fundamental pode ser sabida na consciência e como o sujeito pode se entender como afetado pela norma.

Tentemos, agora, colocar-nos na situação de uma consciência ética sem atribuir-lhe qualquer reflexão e esclarecimento teórico-moral – ou suspeitar que tenha lido Kant. Já que a dimensão moral da vida pressupõe a ação no mundo e já que ela diz respeito a posturas referentes a essa ação, a consciência ética pertence a um sujeito concretizado como pessoa que age. A norma ética fundamental não pode ser experimentada por esse tipo de sujeito nem como exigência à qual ele é submetido por uma instância ou instituição externa nem como código formulado do tipo de leis promulgadas publicamente. Ele precisa compreendê-la como algo que diz respeito ao próprio sujeito, como algo que corresponda a algo aquém de sua situação de interesses e talvez até parta dele mesmo – mas certamente não de tal modo que ele compreenda a pretensão inerente à norma como simples consequência daquilo que, a cada momento, ele sabe de si mesmo, podendo sabê-lo com uma clareza que exclui qualquer questionamento. A norma não se impõe como algo que lhe é estranho, e isso se evidencia também no fato de que ele consegue compreender a partir de si mesmo, por meio de uma reflexão racional, de que forma ela precisa ser aplicada em situações de ação concretas. Mesmo assim, ele não a compreende a partir daquilo que ele sempre já sabe de si mesmo. Isso se revela também no fato de que, por meio da forma em que ela se impõe primeiramente, ela o *impede* em sua tendência perfeitamente racional de agir na base de um interesse próprio calculado.

De tudo isso podemos deduzir: A consciência ética que ainda não desenvolveu disposições firmes sob a norma fundamental articulará essa norma em três momentos: 1) num momento que põe termo ao interesse próprio calculado; 2) num momento que impõe ao sujeito uma outra orientação que ele consegue desdobrar completamente a partir do seu próprio entendimento; 3) num momento que abre o sujeito à perspectiva de ser ele mesmo em tudo isso. Esses momentos se resumem numa consciência que pressupõe a capacidade de interação linguística, mas que não se esgota numa articulação linguística. Tentarei articular esses três momentos desta forma: 1) Pare, você não pode continuar assim sem consciência! 2) Pondere que tipo de ação seria correto após essa objeção, e então adquira também a disposição correta em relação a esse tipo de ação! 3) Você continua sendo uma pessoa completamente diferente daquela que acredita ser se você agir da forma como pretende. No fundo, você sabe disso – e você o saberá completamente se a sua própria consciência o guiar em seu agir!

À primeira dessas sentenças subjaz a facticidade no saber da norma. Sua consequência é que, a princípio, a norma fundamental sempre age de forma *contrária* aos impulsos de ação primários. A segunda sentença destaca que a prática segundo a norma sempre se apoia numa consciência racional. Na terceira sentença, abre-se, sob essa norma, a perspectiva de uma autoapropriação mais aprofundada.

Uma consciência ética que se articula dessa forma na subjetividade pode ser atribuída a seres humanos de cada cultura em cada fase de desenvolvimento e diferenciação da sociedade. Para tanto, precisamos apenas pressupor que eles são sujeitos e que eles têm saber de si mesmos, que, portanto, eles não vivem numa constituição de consciência que se encontra totalmente absorvida pela coordenação ritual da vida em grupo. Podemos afirmar isso com certeza para toda a história conhecida das culturas. Com isso não supomos, porém, que, nessa consciência, uma regra moral fundamental se destaque explicitamente. A consciência pode permanecer determinada tradicionalmente, no sentido de que os conteúdos de seu agir sob a norma são tidos como preestabelecidos pela instrução e pelo exemplo ou pelo perfil familiar do grupo. Visto que – como veremos mais adiante – a regra fundamental não esgota o conteúdo da consciência ética, é possível que solidariedades mais concretas se sobreponham e bloqueiem a tendência em direção ao reconhecimento [*Kenntnis*] explícito de uma fórmula fundamental geral. Disso, porém, não podemos deduzir que, em culturas em que predomina uma "moralidade substancial", se desenvolva uma consciência ética completamente diferente, estranha e até mesmo inacessível. É possível que tenhamos dificuldades teóricas de refutar uma dedução tão inoportuna, mesmo não querendo nos fixar nela. No entanto, também não podemos ceder a ela, da mesma forma em que não podemos deduzir do fato de que uma cultura que não favorece a formação da reflexão não possui seres humanos portadores de autoconsciência, não sendo, portanto, sujeitos.

4 Ser si mesmo e consciência ética

Vimos como a tentativa de justificar uma ética se emaranha num dilema: Se nos atermos à racionalidade da reflexão sobre o eticamente correto e se vincularmos a normatividade da consciência ética à posição do sujeito do ser humano em relação ao seu agir e sua conduta de vida, parece tornar-se inevitável deduzir de algum modo a normatividade ética da forma geral da razão. Mas se nos convencermos de que esse tipo de dedução não pode ser bem-sucedido, então precisamos partir do pressuposto de que a norma ética para as nossas ações é apenas factualmente válida. Isso, porém, parece tornar necessário remeter também a consciência ética como um todo a fontes factuais ou a mecanismos empiricamente demonstráveis – à natureza do ser humano, a um desenvolvimento ontogenético ou cultural, a um interesse de viver em determinada forma de sociedade ou a qualquer outra coisa. Isso sempre permitiria ao indivíduo esclarecido se esquivar da consciência ética e suspendê-la. Mais grave ainda é que, com isso, ignoraríamos também as evidências iniciais que nos levaram à abordagem contrária: a racionalidade da norma ética fundamental e sua relação essencial com o saber de si mesmo, no qual o sujeito se constitui originalmente como tal.

Esse dilema, mesmo onde ele não era formulado claramente, manteve toda a história da ética filosófica em um estado de agitação. Podemos então partir do pressuposto de que suas precondições se encontram no âmbito de fundamentação do pensamento. Nesse caso, o dilema só pode ser resolvido se a nossa abordagem tiver seu ponto de partida nesse mesmo âmbito. Aristóteles foi o primeiro a reagir a esse dilema com uma diferenciação no sentido da razão, na qual se baseia a nossa diferenciação entre razão teórica e razão prática. Ela precisa ser integrada em toda tentativa de solução. Isoladamente, porém, ela tende – como mostra o exemplo de Heidegger – a modelar toda a relação do ser humano com o mundo segundo o padrão de sua prática. Nós, porém, começamos com um entendimento sobre a subjetividade do ser humano, introduzindo no saber pré-teórico de si mesmo o centro da construção de uma relação com o mundo (teórica em sua estrutura), mas também o fundamento e a fonte de uma inquietação no entendimento do sujeito sobre si mesmo.

Precisamos, agora, voltar para essa abordagem, para então explorar como, a partir dela, podemos alcançar um entendimento também sobre a constituição da consciência ética e da "pedra filosofal" de Kant. Essa compreensão precisa fazer jus igualmente às duas evidências que colocam a ética nesse dilema de posições contrárias.

Não poderia existir saber de um mundo como um todo, se tudo que possivelmente pode ser sabido sobre ele não se relacionasse ao mesmo sujeito que, como pessoa, ocupa uma posição nesse mundo e sabe dele. Nesse sentido, o sujeito, em seu saber de si mesmo, é um dos pontos de ancoramento ao qual todo o movimento do saber do mundo e das relações dentro dele permanece relacionado. Por isso, somos também tentados a pensar que, nesse centro, precisaria ocorrer um caso de saber que, como saber de si mesmo, estivesse disponível a si mesmo e fosse completamente transparente.

O resultado, porém, ao qual chegamos sugere o oposto. Todo outro saber que é construído a partir desse centro é mais acessível ao entendimento do que o tipo especial de saber por força do qual o próprio centro se constitui. Visto que toda explicação que pretende esclarecer a constituição do saber de si mesmo já pressupõe esse saber, resulta este balanço: de fato, dispomos de um saber desse tipo com uma clareza imune a qualquer dúvida, ao mesmo tempo, porém, não entendemos como esse saber se realiza e o que o viabiliza. O que sabemos é que aquilo que se sabe nesse tipo de saber jamais se gera a si mesmo – por exemplo, por meio de uma referência reflexiva daquele que sabe a si mesmo. Por isso, precisamos deduzir que, ao sujeito que se encontra nesse saber e que nele existe, antecede um fundamento por força do qual o saber de si mesmo se realiza e que continua a existir e agir enquanto esse saber continuar a existir juntamente com tudo que está relacionado a ele. Isso, porém, impede que a origem da subjetividade seja tematizada como objeto. Pois todos os métodos de conhecimento pressupõem o saber de si mesmo, pois é nele que estão ancorados e arraigados. Se as leis e os processos da matéria, que a nossa física tenta compreender, determinassem exclusivamente também o funcionamento da racionalidade, a física não conseguiria explicá-lo.

Essa argumentação e seu resultado resultam de um raciocínio filosófico. Eles não podem, diferentemente do saber do todo do mundo ou também da obrigatoriedade da norma fundamental, ser atribuídos a cada sujeito já aquém de toda autorreflexão. Mesmo assim, seu resultado corresponde a um saber que é acessível e familiar ao sujeito: que o sujeito que tem saber certo de si mesmo não já compreende só por isso a si mesmo, e que ele certamente não se inseriu a si mesmo em sua realização. Assim, ele sempre se vê exposto à pergunta referente à sua origem e à realização de sua subjetividade – como mera inevitabilidade ou como incluída num processo que atribui à realização um significado que se distingue fundamentalmente de toda e qualquer *geração* de sentido que o sujeito seria capaz de adquirir a partir de si mesmo.

Essa consciência impregna a vida humana. Ela antecede a toda reflexão teórica e é, ela mesma, um dos motivos mais poderosos que nos levam à filosofia. O reconhecimento de que a forma fundamental da subjetividade não pode ser resolvida ou evitada por qualquer teoria dá uma cobertura a essa consciência pré-teórica e fornece também o ponto de partida para deduções posteriores. Se pressupormos tudo isso, podemos ter a esperança de agora relacionar filosoficamente a indedutibilidade da consciência ética no todo da subjetividade a esse traço fundamental no saber implícito do sujeito autoconsciente.

O sujeito que tem certeza de si mesmo não é, ao mesmo tempo, compreendido por si mesmo. Disso segue primeiramente que um fundamento o antecede, fundamento este que não lhe é acessível. No entanto, muito pode ser considerado necessário na origem de sua autorrelação; e nós explicamos a constituição de um mundo a partir dessa origem. Mas devido ao fato de que o sujeito não pode compreender sua autorrelação elementar, da qual parte uma clareza tão diferente, resulta ainda uma dedução diferente daquela que nos obriga a pressupor um fundamento que se esquiva dele. Ela nos leva, ao mesmo tempo, ao pensamento segundo o qual a constituição do próprio sujeito não é completamente acessível por meio de seu saber elementar e não pode ser completamente definida a partir deste – nem por seus traços essenciais nem por seus modos de realização que podem ser compreendidos a partir de sua autoconsciência.

A necessidade do pressuposto de um fundamento nos leva, portanto, à ampliação do âmbito a partir do qual e no qual o sujeito consegue entender a si mesmo. A descoberta filosófica de que essa autorrelação é resistente a qualquer tentativa de decodificação analítica nos permite compreender e justificar o que sempre já acontece na autorrelação real e no processo do autoentendimento de cada vida consciente: Os sujeitos não só pressupõem um fundamento para si mesmos. No que diz respeito a esse pensamento, eles sempre se entendem *a si mesmos* de uma maneira que transcende na mesma medida seu ser para si e sua relação com o mundo.

Isso nos abre a possibilidade de obter clareza e prestar contas sobre o fato de que, na consciência ética, o sujeito adquire um *esclarecimento* sobre si mesmo que ainda não se encontra na autoconsciência que o constitui como sujeito e no qual ele, mesmo assim, se reconhece *como* sujeito, agora num sentido ampliado e aprofundado. Ao mesmo tempo, ele adquire também uma base para entender, sem o risco de se criar um círculo, que a consciência se manifesta na norma ética fundamental em obrigatoriedade *factual* e que uma ação que corresponda à sua validade não deduzível *mesmo assim* deve ser entendida num sentido ainda mais elevado como uma ação própria à pessoa. Pois agora tornou-se compreensível por que a facticidade na obrigatoriedade não exclui necessariamente a pureza na autorrelação.

Ao mesmo tempo torna-se inteligível que o esclarecimento ampliado sobre si mesmo alcançado pelo sujeito é adquirido não na consciência de uma regra da aquisição de saber, mas na origem da consciência de uma norma de ação. Em todo caso, o sujeito não pode alcançar esse tipo de esclarecimento por meio de comunicações. Pois um esclarecimento *sobre* ele mesmo só pode ocorrer *a partir* dele mesmo – e, como já foi o caso na autoconsciência, por meio de uma consciência do modo em que ele se realiza.

Já a unidade do sujeito que abrange o mundo e da pessoa finita no mundo não é, por mais necessária e "natural" que seja, transparente ao sujeito, e tampouco pode ser compreendida em sua constituição. A norma fundamental da consciência ética explica e exige, ao mesmo tempo, o sentido de identidade pressuposto na constituição do mundo. Assim, subjetividade e personalidade se aproximam no modo de ação da pessoa. Na consciência ética, o sujeito reconhece essa aproximação espontaneamente como algo que lhe é apropriado. Assim resolve-se o problema, que de outra forma permaneceria um enigma, representado no fato de que o sujeito, numa ação que cumpre a norma fundamental, não se compreende como alienado de si mesmo, mas consegue ter um saber completo e até mesmo intensificado de si mesmo.

Esse saber é, semelhantemente à autoconsciência, auto*descrição* e saber *em* realização. Assim, podemos dizer que ele é teórico e prático ao mesmo tempo, ou que até mesmo antecede essa distinção. O sujeito se *entende* como tal num sentido ampliado – como origem de outra organização, de uma organização independente e não só ponderadora de suas ações. E ele se compreende como orientado para sua realização, mas também para a responsabilidade de todas as consequências que dela resultarão e por meio das quais sua imagem pode ser ainda mais aprofundada e transformada.

Não podemos, portanto, compreender a precondição de um fundamento (que viabiliza o sujeito em seu saber de si mesmo) como se o sujeito fosse, por meio desse fundamento, submetido a uma norma que lhe é exterior – como se o fundamento viabilizasse o sujeito a princípio para então subordiná-lo a uma norma de ação. O fundamento é unicamente o fundamento de constituição do sujeito *no todo*, ou seja, também naquilo que ainda não se revelou a ele sobre ele mesmo em sua autoconsciência elementar. Só assim podemos compreender que, sob a norma, o sujeito possa se compreender como obrigado exclusivamente perante si mesmo a partir de si mesmo.

Conhecemos, porém, formulações para esse contexto que parecem dizer algo semelhante, mesmo assim são equivocadas – como, por exemplo, a formulação segundo a qual o próprio sujeito teria dado aquela lei a si mesmo ou ele mesmo teria se submetido a tal obrigação. Podemos falar de uma autodeterminação (e sobre a liberdade na próxima preleção) apenas *sob* a norma que lhe é própria. O pensamento irrefutável de um fundamento que anteceda à subjetividade nos obriga a negar o pensamento de uma autoconstituição também no contexto da consciência ética. Independentemente disso, por força da consciência ética e de sua facticidade, o aspecto do si mesmo na dimensão pessoal da subjetividade é fortalecido, não restrito. Na consciência ética, o sujeito adquire um esclarecimento *sobre si mesmo*, não sobre aquilo no qual ele se fundamenta. No entanto, o pensamento do fundamento que antecede toda subjetividade abre espaço para compreender os sujeitos como incluídos como um todo, também com sua personalidade moral, numa relação de ordem que também só pode ser pensada como anterior a eles. Também essa relação só pode scr pcnsada dc tal forma que nela se fundamenta a possibilidade de sujeitos com tudo aquilo que os constitui.

5 O aprofundamento da consciência ética

Nesta preleção, pretendo falar sobre o *desdobramento* da consciência ética. Até agora, temos explicado a emergência da consciência ética dentro do todo da constituição da subjetividade, ou seja, segundo um sentido estático de desenvolvimento. A preleção anterior, porém, já havia discutido o sujeito e a pessoa numa dinâmica enquanto "dinâmica da vida", que possui uma constituição diacrônica. Precisamos agora relacionar a nossa discussão a esse tema. Primeiro, falaremos sobre um desdobramento da consciência ética dentro de si mesma;

depois, sobre como a consciência ética se manifesta na dinâmica mais abrangente da vida – de uma vida que se preocupa com sua estabilidade, seu equilíbrio de identidade e sua compreensão de si mesma.

Temos suposto que a consciência ética está essencialmente vinculada ao saber de uma norma ética fundamental. E também os códigos legais de culturas passadas partiram da convicção de que existe alguma relação entre o teor das leis individuais, de que esses códigos não são uma coleção de leis que, em algum momento, surgiram para propósitos completamente diferentes. Visto que a consciência ética sempre recorre à capacidade de avaliação do agente, supõe-se uma relação na qual o próprio juízo possa se fundamentar.

Conhecemos na ética, porém, muito bem também uma crítica às posições que pretendem fundamentar o juízo ético exclusivamente na norma fundamental e que alegam que a intenção dessa consciência visa exclusivamente ao cumprimento dessa norma fundamental – tanto na avaliação daquilo que faz e deixa de fazer quanto no desenvolvimento da postura motivadora para suas ações. Além do argumento segundo o qual uma regra fundamental seria incapaz de instruir suficientemente a decisão sobre ações individuais, existem principalmente três razões às quais essa crítica pode recorrer: 1) A intenção da boa vontade não visa exclusiva nem primariamente a uma conduta que corresponda a essa norma fundamental. Pelo menos em todas aquelas ações éticas que (como, p. ex., o socorro) visam a outra pessoa individual o interesse nela mesma precisa ser o interesse orientador. 2) A boa vontade não é autossuficiente. A pessoa que age precisa reconhecer que ela tem uma responsabilidade pelo sucesso ou fracasso de sua ação. Essa responsabilidade, porém, pode exigir uma violação da norma ética fundamental. 3) A norma fundamental também não pode ser aplicada sem consideração pelas circunstâncias especiais, pois cada agente vive em solidariedades especiais que, como tais, justificam eticamente uma preferência em seu favor.

Essas três razões concordam no ponto de que todas elas questionam a universalidade da validade da regra fundamental ao inserirem a ação ética em contextos especiais, orientando sua *intenção* para esses contextos. Quando as razões são citadas em conjunto, elas visam a uma justificação da ética para a qual a norma geral poderia possuir, no máximo, o *status* de uma generalização posterior dos vínculos de ação que a antecedem e que provêm de fontes completamente diferentes.

A fim de mostrar a extensão dessa controvérsia, menciono apenas que o mesmo dissenso subjaz à oposição entre universalismo e comunitarismo na teoria política. Também aqui, a generalidade de um princípio e a origem de obrigações em circunstâncias de vida concretas são usadas como argumentos contrários. E também aqui introduz-se, para ambas, uma intenção diferente vinculada ao modo de ação primariamente justificado.

Se, como tem sido feito no passado, vincularmos a consciência ética internamente ao saber de uma norma fundamental, o dissenso não pode ser resolvido por meio de uma simples decisão em prol de uma ética dos laços de vida concretos e de uma força de juízo ético ancorada nesses laços. Por outro lado, não se pode retirar a validade daqueles argumentos que justificam, com base em uma análise que recorre a traços incompatíveis da consciência ética, sua crítica à fundamentação da ética em uma norma fundamental. Acima, já nos esforçamos em refutar que a justificativa do universalismo na ética pudesse ser alcançada na base de um interesse na existência desse tipo de ordem ou na garantia da própria identidade. Agora, outra crítica a uma ética da norma fundamental parece se impor. Ela mostra que a orientação pela norma fundamental por si só não pode ser impedida de resultar num tipo de autismo moral. A forma como essa postura se desenvolve mostraria que, no fim das contas, a única coisa que importa é o próprio *status* do agente, ou seja, o desenvolvimento de uma qualidade especial da pessoa. Essa motivação, porém, não seria compatível com a obrigatoriedade da norma que exige um modo de ação como tal. A intenção da consciência ética estaria concentrada não na natureza correta da ação, mas visaria, por meio da motivação que provoca a ação, a uma qualidade a ser adquirida por essa natureza correta. Assim, ela perderia sua comparabilidade com a racionalidade do conhecimento e se exporia à suspeita da vaidade moral.

Assim, precisamos nos fazer o esforço de, por um lado, ater-nos à análise que atribui à consciência ética o saber de uma norma fundamental sem, por outro, ficarmos presos às consequências identificadas pela crítica à ética da norma fundamental. Evidentemente, isso exige um novo recurso ao quadro filosófico geral no qual a justificativa da ética havia sido inserida.

A consciência ética visa à ação da pessoa. Segundo sua constituição, essa consciência corresponde à forma fundamental da subjetividade, mas sem que pudesse ser deduzida desta. O sujeito adquire, portanto, como pudemos afirmar, por força da consciência ética, um entendimento aprofundado sobre si mesmo. Essa atribuição permite entender por que a pessoa pode ser levada *adiante* nesse entendimento da consciência ética – justamente quando ela mesma reconhece os limites de sua referência à norma fundamental e em sua aplicação. Reconhecemos um desses limites quando uma ação orientada exclusivamente pela norma fundamental não consegue cumprir completamente a tarefa do desenvolvimento de uma postura e motivação ética. Isso aponta a pessoa, justamente por intermédio de sua orientação pela norma, para além desta.

Podemos, então, dizer que a consciência da norma é a primeira fonte de luz da vida ética, que, por jamais se apagar, leva para além de si mesma. Na experiência ética de seu convívio com a norma fundamental e com o desenvolvimento de uma intenção, a pessoa é encorajada a reconhecer conteúdos éticos próprios nas solidariedades mais concretas e na responsabilidade pelas consequências de sua ação. Isso só pode acontecer se também a intenção da ação é transformada e ampliada frente à orientação pela norma fundamental.

Pela via do aprofundamento da consciência ética, a pessoa como um todo, juntamente com o âmbito de sua vida e ação no mundo, é incluída na perspectiva ampliada sobre si mesma, que emergiu com a consciência ética no autoentendimento do sujeito. Esse âmbito é mais do que o campo de aplicação da norma fundamental; é aquele âmbito em que a intenção da consciência ética se realiza. Assim, institui-se um novo, segundo nível no desdobramento da consciência ética.

É, porém, evidente que a vida da pessoa se realiza *de todo modo* nos laços e nas solidariedades pessoais. Eles não são o fundamento da consciência ética, antes se fundamentam na gênese natural no tipo e no processo da integração social e se limitam a esta. Adquirem, porém, um teor ético pelo fato que apenas por meio deles a consciência ética pode ser despida de seus defeitos e pelo fato de que apenas neles pode ocorrer a transformação e o desdobramento inerentes à sua própria constituição.

O aprofundamento e a autocorreção que, desse modo, se realiza na consciência ética, de forma alguma visam à desistência da norma fundamental e à sua representação como generalização fictícia ou posterior de uma conduta pré-cunhada. Também após o aprofundamento, persiste a tarefa de ponderar em que medida cabe preferência às solidariedades mais concretas da vida em relação àquilo que a norma fundamental exigiria. Mesmo quando tal solidariedade exige a violação da obrigação universal, isso não abole seu *status* como obrigação. Tampouco aquele que é afetado por tal violação se transforma em um outro irrelevante no sentido ético só porque a violação se apresenta como inevitável. Na consciência ética aprofundada, ele – como qualquer outro ser humano – é compreendido e tratado como pessoa que se realizou como pessoa em suas próprias solidariedades. Na interação entre o fundamento natural e aquilo que se fundamenta na dinâmica da consciência ética, os sujeitos e os indivíduos naturais adentram pela primeira vez a perspectiva de coincidirem na pessoa.

Por isso, os direitos humanos e o direito humano de ser respeitado como pessoa não são, do ponto de vista ético, direitos de sujeitos iguais e, nesse sentido, sem perfil. Esses direitos devem ser vistos como fundamentados no respeito a pessoas na concretização de seus próprios laços de vida. E é assim que também o postulado universal do respeito à dignidade do ser humano, que emerge como consequência da norma fundamental, consegue se livrar da aparência de uma abstração sem vida e sem teor.

Vemos então, assim, como o quadro filosófico, dentro do qual identificamos o lugar e a origem da consciência ética, permite explicar por que essa consciência precisa sofrer uma ampliação e um aprofundamento fundamentados nela mesma. Esse desdobramento segue uma consequência posta apenas nela mesma e, porém, ao mesmo tempo, colocada em uma tensão: a tensão no equilíbrio necessário entre a concreção ética de uma vida da pessoa e sua referência a princípios, que corresponde à forma fundamental na construção do mundo por meio do sujeito. Precisamos determinar agora como essa dinâmica particular é integrada na dinâmica mais geral da vida consciente e interfere nela.

6 A peculiaridade da vida

A moral é *parte* da vida humana, e todos sabem que ela não a constitui como um todo. Mas também não é uma parte *qualquer* da vida. Sabemos igualmente que, em algumas situações de ação, ela assume uma importância extraordinária e incomparável. Em situações assim, ela pode dominar completamente a nossa vida. Isso se deve à posição que a consciência ética pode ocupar na dinâmica da vida.

Vimos que, do lado de sua moralidade, a vida consciente procura determinar seu lugar em relação a três dimensões: como sujeito na constituição e na refiguração de seu mundo, na consciência da inacessibilidade de sua própria origem, e como pessoa ativa na formação de identidades e de uma balança de identidade. A tensão entre esses três movimentos expõe a vida à pergunta que inquieta a todos: a pergunta pelo sentido. Nós a formulamos da seguinte forma: Existe, entre aquilo que subjaz a tudo sobre o qual o ser humano sabe algo e a sua própria vida, uma relação por força da qual a vida possa se saber afirmada, e que a distingue como fato entre todos os outros fatos? Ou seria essa vida um fato "cego" (incapaz de ser iluminado por qualquer coisa) como qualquer outro numa realização regulamentada por leis gerais, de modo que apenas o indivíduo precise lhe atribuir uma peculiaridade [*Bewandtnis*] *para si* – juntamente com alguns poucos outros cujas vidas encontraram um apoio em sua própria?

Todas as religiões e a maioria das doutrinas da vida expressam uma afirmação fundamental e determinam, de alguma forma, uma relação afirmativa não só entre os seres humanos, mas também entre o todo e a vida individualizada. Elas não o fariam se não soubessem que, nos pensamentos da vida consciente, o medo e a suspeita de que o desejo por uma afirmação desse tipo pudesse ser em vão estão tão inculcados quanto o esforço imprescindível de se assegurar dela. Perguntamos então se, aquém da autoridade de textos sagrados e fundadores de religiões, pode existir alguma garantia como potencial de convicção que, nesse sentido, estaria de acordo com a religião.

Na vida ativa das pessoas, o conflito entre as duas possibilidades está presente apenas subliminarmente e raramente chega a manifestar toda sua tensão. Mas das resistências e negações que a vida sofre e da fragilidade de todo equilíbrio de identidade que ela possa adquirir, parte um impulso poderoso para explicar e levar esse conflito a uma resolução. Conhecemos também momentos lúcidos de abertura de uma perspectiva em que esta ou aquela das possibilidades contrárias alcança uma evidência cristalina, que jamais é esquecida. Raramente, porém, a vida se encerra num momento desse tipo. E a profundeza da qual parte a fundamentação das duas possibilidades contrárias exige que não permitamos que uma compreensão definitiva se torne dependente desse tipo de esclarecimentos momentâneos. Precisamos alcançar um entendimento da origem de ambas as perspectivas de vida e uma consciência fundamental na qual consigamos encontrar um lugar para ambas as possibilidades. As altas religiões e as grandes filosofias se mostraram à altura dessa tarefa. Segundo uma das formulações de Hegel, o conhecimento do todo precisa partir de um desespero que leve a cabo a si mesmo.

Como, porém, se manifesta a dimensão ética da vida nessa dinâmica mais abrangente do entendimento? Ela mesma é dimensionada em níveis e, por isso, desdobra dentro de si mesma uma tensão entre estes. Isso, porém, não a impede de contribuir um ganho de estabilidade para toda a vida – principalmente quando a subjetividade não permite, em prol desse ganho, que sua pretensão inerente a uma mudança no tipo de disposição se realize. É justamente a primazia incomensurável da corretidão ética perante todos os outros interesses que restringe o peso desses interesses, permitindo, assim, uma autossatisfação, após o fracasso de uma balança de identidade. De forma alguma ela é idêntica com a felicidade e a vida bem-sucedida, e pode até ser resignada. Mas ela permanece inatacável para sempre.

Essa autossatisfação não se desfaz nem mesmo quando, no conflito em que a pergunta pela afirmação fundamental da vida nos envolve, a resposta niilista começa a predominar. Na consciência ética, a vida consciente adquire um saber sobre si mesma. Esse saber não é refutado se o ser si mesmo permanece sem um fundamento da garantia de sua correspondência ao todo do qual ele surge, de modo que seu autoentendimento permanecesse sem qualquer proteção independente dele mesmo. Mesmo assim, é evidente que, no caso em que a vida perde a perspectiva de uma afirmação fundamental, também a consciência ética é submetida à suspeita de [ser] uma ficção. Já que essa consciência pretende efetuar uma mudança na disposição de ação na vida não como força de efeito factual, mas apenas pela via da reivindicação da norma, é possível que, sob a suspeita de que a norma é apenas projetada sobre o sujeito por meio de um mecanismo intransparente, o esforço de uma mudança de disposição possa esvaecer. Pode então surgir, e até mesmo ser ambicionada, uma disposição que se esquiva da norma e se diz insensível diante dela.

Quando, porém, a consciência ética não é encapsulada e podada, ela adquire uma importância para a compreensão fundamental sobre a vida. No entanto, é preciso avançar com cautela em sua interpretação. Pois até mesmo pensadores de primeira ordem, como, por exemplo, Kant, tendiam a tirar conclusões rápidas e de grande extensão da incondicionalidade realmente vinculada à norma ética fundamental. Pois, como já mencionamos, não podemos afirmar que a consciência ética como tal exclui a possibilidade da suposição de que a vida consciente possa, em seu fundamento, permanecer sem qualquer perspectiva de uma proteção e afirmação. Nessa consciência, o sujeito recebe um esclarecimento sobre *si mesmo*, não sobre seu fundamento. Teríamos o princípio de um esclarecimento sobre esse fundamento na consciência ética se tivéssemos de supor que a norma do bem é validada por esse fundamento por um ato adicional. Isso, porém, dissolveria também a relação interna entre subjetividade e consciência ética. Precisamos pensar que a força obrigatória da norma se fundamenta completamente naquilo que *constitui* o sujeito como tal. A pergunta sobre como precisamos pensar o fundamento da subjetividade permanece sem resposta, justamente por causa da validade da norma. Por isso, uma vida na boa vontade continua possível mesmo perante uma imagem escurecida do mundo. Essa vida realiza o que sabemos ser essencial à vida consciente; e ela se tranquiliza na experiência de sentido, que ela adquire exclusivamente a partir de si mesma e para e perante as outras pessoas que levam sua vida juntamente com ela no mesmo tipo de entendimento. Ninguém tem, portanto, o direito de acusar de imoralismo aquele que chegou a uma postura niilista frente à vida.

Se tivéssemos de tirar uma conclusão referente ao fundamento de toda a subjetividade a partir da consciência ética, ela precisaria ocorrer segundo o padrão de um conhecimento teórico. Como tal, ela contrariaria todas as fundamentações que mostram que esse fundamento não pode ser conhecido. Naturalmente, vale também para uma relação de fundamentação que estabelece relações entre pensamentos sem pretensão de conhecimento, que o fundamento precisa ser pensado numa relação adequada ao fundamentado. Em todo caso, precisamos, portanto, supor que o fundamento contém também a capacidade de fazer emergir o sujeito, no qual se fundamenta a consciência da norma ética. Mas disso não segue que também a validade da norma parta desse fundamento – do mesmo modo que não se segue, da capacidade do fundamento de fazer emergir um sujeito de pensamento ordenado e semanticamente orientado, que no próprio fundamento ocorra esse tipo de pensamento. Segue da condição de adequação para a relação de fundamentação apenas que, na base do mundo, tal como o conhecemos, e do conceito de matéria concebido por nossa ciência física, a vida consciente jamais poderá ser explicada adequadamente. Pois não importa como interpretemos as teorias dessa ciência – elas não contêm nada que explique a origem e o desenvolvimento de uma inteligência autoconsciente.

Existem, porém, ainda outras justificativas por meio das quais a consciência ética influi sobre o autoentendimento da subjetividade e que poderiam lhe dar uma orientação. Não se trata de conclusões tiradas a partir do fato dessa consciência. Trata-se, antes, de motivos liberados por reflexões e experiências prático-morais, que nos levam a construir e a aceitar suposições sobre a constituição do mundo no qual os sujeitos existem. Seu papel na filosofia pode ser remetido a Platão e, mais tarde, a Rousseau.

Um desses motivos resulta da preocupação de que todo esforço da boa vontade, também no cumprimento de sua responsabilidade, possa permanecer sem efeito. Outro motivo se apoia na indignação diante da sugestão de que, no destino do ser humano, não existiria nada que compensasse o favor do acaso e a força de imposição. Quem realmente persegue um objetivo não pode acreditar, ao mesmo tempo, que nem mesmo conseguirá se aproximar dele. Uma pessoa que age na base da responsabilidade ética não pode partir do pressuposto de que esse objetivo não é favorecido de forma alguma no mundo e que tudo age contra ele. Uma pessoa que vê seres humanos, e até crianças, submetidos a sofrimentos ou até privados de sua vida em prol de alguma satisfação de prazeres precisa, como pessoa ética, querer poder reagir a essa situação não só com pensamentos de resignação sobre o decurso de um mundo no qual as vidas de vítimas e criminosos nada mais são do que fatos sem sentido – e no qual, por acaso, alguns sofrem e outros conseguem alcançar a satisfação de seus prazeres que os impulsionam. Mas uma pessoa que alega mais do que isso manifesta assim uma fé, por mais frágil que seja, em uma concordância entre a vida humana e um tipo de ordem de sentido na organização do mundo.

Nas reflexões que nos levam a esse tipo de resultados, vemos a ação de motivos que partem exclusivamente da consciência ética, resultando, porém, em pensamentos de construção metafísica: o fundamento que possibilita a nossa vida e o todo, ao qual pertence também esse fundamento, agora é relacionado ao mundo no qual vivem os seres humanos e compreendido como fundamento de uma ordem de sentido nesse mundo. Nesse tipo de mundo, nossos objetivos finitos estariam em harmonia com seu decurso no todo. Nesse tipo de mundo, também as vidas que, aparentemente, se encerram de forma incompleta e em necessidades de vida estariam garantidas por uma afirmação que, como tal, pode ser experimentada em cada vida. Mesmo que terminem definitivamente, elas não estão perdidas. Independentemente do que isso signifique – tudo indica que nós, após ponderarmos tudo, realmente precisemos pensar assim.

Os motivos dos quais emerge uma reflexão que parte da consciência ética estão, evidentemente, relacionados a outra reflexão que impregna toda a dinâmica da vida consciente, de tal modo que, no conflito das respostas à pergunta pela natureza da vida, favoreçam uma das duas alternativas contrárias: Eles nos preparam para reconhecer uma peculiaridade na vida humana e para vê-la ativa nela. Se a vida seguir exclusivamente a via do entendimento que parte da consciência ética, resta-lhe apenas a pergunta sobre se ela será bem-sucedida na tentativa de dar uma expressão a essa peculiaridade, uma expressão suficientemente clara, convincente e comovente para a vida no todo de sua consciência, ao ponto de lhe permitir não só se colocar nessa perspectiva, mas também submeter-se a ela em seu autoentendimento sob todas as circunstâncias e contra todas as objeções – ou seja, de alcançar uma clareza em relação a si mesma da qual ela possa sempre e a qualquer momento prestar contas perante si mesma e perante todos.

A aliança entre a preocupação da vida e os motivos arraigados na consciência ética nos permite compreender ainda melhor o poder da dimensão religiosa na história da humanidade. As religiões sempre vinculam uma doutrina ética a uma doutrina universal de vida. Aquelas doutrinas declaradas obrigatórias e autoritárias tiveram de ser formadas de tal modo que permitissem uma compreensão diferenciada e aprofundada da dinâmica da vida humana. Quando perdiam essa força, o balanço niilista da vida passava a ter uma chance também na cultura pública. Evidentemente, muitas vezes esse balanço – e vemos isso em Nietzsche – era superado por uma afirmação reconcepcionada da vida. Para ela – e também para as próprias religiões – a possibilidade de um balanço niilista nada mais era do que uma fase de *transição* necessária para uma afirmação crível da vida. Na história da cultura, existem apenas pouquíssimos autores que excluem qualquer afirmação da vida, mas de tal forma que tentam obter uma visão geral da dinâmica da vida e esclarecê-la, para que possam então dizer o que significa levar uma vida à luz de tal balanço. Leopardi e Albert Camus são dois desses poucos. Mas foram justamente eles que não se entregaram à desconstrução da consciência ética. Isso é notável e uma confirmação do vínculo entre subjetividade e eticidade que desenvolvemos aqui.

Parece ser característico do nosso tempo que ele suponha, como que naturalmente, um balanço niilista da vida, mas que ele banalize esse balanço, fazendo de conta que consegue permanecer totalmente tranquilo. Ele já não justifica ou proclama mais o balanço, mas o pratica e o sugere por meio dos estilos de vida aparentemente relaxados e dos mundos de imagens e signos deslumbrantes, que parecem tirar todo o sentido das perguntas sobre a peculiaridade [da vida humana], entregando as consequências ao seu decurso natural. Esse modo de solapar e minar, tão poderoso quanto atônito, priva as doutrinas tradicionais, que haviam oferecido à vida uma perspectiva de sua afirmação, de seu fundamento. É por isso também que se tornou impossível introduzir na comunicação pública uma tentativa de afirmação de uma perspectiva de vida. Todas as tentativas significativas do nosso tempo de acatar uma pergunta pelo sentido (que surja da própria vida) e focá-la com uma afirmação seguiram essa tendência e tomaram como ponto de partida um diagnóstico profundo da atualidade e um diagnóstico das tendências niilistas que nela dominam. Esse tipo de diagnóstico só consegue convencer se ele conseguir desvelar também as raízes do balanço niilista na vida consciente. Mas é justamente nesse contexto que surgem também todas as perguntas filosóficas fundamentais que estas preleções tentam analisar.

Para a consciência do ser humano na vida diária, porém, ao contrário de como a cultura pública se apresenta, nem o balanço afirmativo nem a conclusão niilista podem se tornar uma simples naturalidade. Também a ameaça da perda definitiva de sentido lhe é uma possibilidade onipresente que jamais pode ser selada seguramente. No cotidiano da ação, a contraposição [*Widerspiel*] das tendências a um autoentendimento definitivo tem de ser mantida no subsolo da realização da vida, ao que se liga a esperança de que sua brisância não tenha de ser resolvida. Mas todo ser humano sabe de maneira quase tão certa quanto que ele sabe de algum modo algo sobre si mesmo: sua vida pode e presumivelmente se encontrará alguma vez em circunstâncias nas quais essa contraposição é instalada sem amortecimento e nas quais toda prática de deixar as coisas como estão [*Dahingestelltseinlassen*] colapsa. Por isso, os seres humanos também não podem, de modo algum, estar de acordo com a sua vida real na ignorância aparentemente tranquila e pública frente à reflexão acerca de uma afirmação da vida. Eles o podem menos ainda se se esforçaram, em seu pequeno círculo, por uma prática ética aprofundada, sem terem esperado por isso um prêmio de *status*. Essa tensão esclarece muito da crise na qual a vida pública dos estados industriais ocidentais recaiu, da resistência e da recusa com as quais as suas formas de vida também se defrontam em outras culturas, quando se tenta, lá, fornecer as condições para seu bem-estar.

Mas sabemos agora, também, como é difícil conseguir um balanço definitivo da vida se o seu perfil não é estabelecido por uma religião ou, melhor ainda, esclarecido no nível do tempo de maneira convincente e vivido penetrantemente. Isso é ainda mais difícil se, em algum momento, as muitas tensões que surgem na dinâmica da vida se tornaram manifestas, e se nada pode valer como pré-decidido em relação a qualquer uma das opções de um tal balanço. Ninguém que não tenha antes preservado esse balanço em situações extremamente desafiantes pode considerar ter uma posse firme dele. Uma vez que ele não pode ganhar sua estabilidade do mesmo modo do conhecimento teórico, ela precisa derivar de sua origem nas tentativas opostas de autoentendimento. Na vida desregulada de nosso tempo, nenhuma dessas tentativas é negada [*verwehrt*]. Em contrapartida, é natural, nessa vida, deprivar essas tentativas de crenças de que se trate nela de algo realmente sério. Essas tentativas também podem se emaranhar umas nas outras e se complicar ao ponto de se tornarem um redemoinho.

A consciência ética é, de fato, afetada por uma tal situação, mas nunca é completamente arruinada por ela. Ela é afetada por pelo menos duas razões: ela está imediatamente ligada com um esclarecimento do ser humano sobre si próprio enquanto sujeito. Nessa medida, ela é sensível a qualquer resposta às perguntas enraizadas no sujeito sobre o fundamento e o sentido; mas, por isso, ela é especialmente sensível também a uma situação na qual a resposta correspondente parece ser suspensa e um acordo mudo chega mesmo ao ponto de tirar essa pergunta inteiramente de jogo. Ela também é afetada porque as tensões que surgem nela têm de, a partir de agora, ser resolvidas sem suporte em doutrinas de vida que sejam apoiadas publicamente e que se encontrem em consonância com a consciência desse tempo.

Mas a consciência ética não é fundada apenas na consciência de uma norma de ação, consciência que pode ser enganada, mas não dissolvida. O esclarecimento que o sujeito obtém sobre si mesmo com ela se torna, assim, parte de sua autoimagem e podem dar à vida consciente, juntamente com a norma e também sob tais relações públicas, uma estabilidade que é constituída diferentemente de qualquer outra balança de identidade. Por mais que seja natural às relações públicas considerar essa autoimagem ilusória e corrompê-la – deve-se esperar que a sua força de atuação [*Wirkungskraft*] seja sempre novamente provada e preservada na vida de cada ser humano individual e justamente do assim chamado homem "simples".

Todavia, também vimos que não se pode alcançar um balanço último da vida apenas com a consciência ética e nem por meio de seu desdobramento interno. Seres humanos podem conseguir um tal balanço de vida sem poder expressá-lo ou relacioná-lo à dinâmica da vida como um todo. Quando, porém, isso realmente ocorre, a autocomunicação [*Selbstmitteilung*] de uma vida já entra no campo gravitacional no qual a filosofia tenta ou deveria tentar conseguir e dar uma orientação. Tal balanço atentará e dará peso a todas abordagens que podem se tornar atuantes no curso da vida. Ele tentará, se ele vê a vida sob a proteção de uma afirmação produtora de sentido, sempre também compreender como isso deve se realizar em uma dinâmica que pode levar até a confusão ou até uma autotrivialização que deve proteger da confusão.

Se um tal entendimento, porém, também pode ser trazido a uma forma conceitual e à forma de passos explícitos de fundamentação, ele tomou, então, a figura da filosofia. Até agora, e também nesta terceira preleção, tratava-se de explicar, segundo um modo de proceder que visa reunir filosofia transcendental e filosofia existencial, a constituição e a dinâmica da vida consciente, assim como as dimensões nas quais o seu autoentendimento se realiza. Na quinta preleção trataremos, então, de pensamentos de um todo que são, ao mesmo tempo, pensamentos sobre o fundamento da subjetividade. Tais pensamentos têm de ter em comum com os pensamentos enraizados na consciência ética que eles não devem ser tratados como um conhecimento e, todavia, não são arbitrários. Eles têm de, em seguida, ser removidos de um conceito de mundo que, tal como ocorre em nosso conceito primário de mundo, pressupõe de fato um sujeito, mas que não consegue mais integrar sujeitos dentro de si. Eles precisam, então, ser pensamentos de um todo que inclui a subjetividade juntamente com as dinâmicas nela fundamentadas – mas que a inclui de tal modo que surge assim, no ser humano, a possibilidade de se entender como sujeito e como pessoa ética afirmada nele.

IV
A SUBJETIVIDADE NO SER
COM OUTROS*

1 Fundamentação transcendental

As três primeiras preleções desenvolveram um esboço daquilo que constitui a vida do ser humano na medida em que esta se realiza no saber de si mesma. As preleções começaram também a desdobrar, a partir desse fundamento, uma imagem mais diferenciada de sua vida consciente. Como tal, o esboço teve de partir primeiro de um ponto de vista estático: A partir da constituição interna de um saber centrado no saber de si mesmo de um indivíduo, ocorre uma investida dupla – a investida no saber em direção ao todo de um mundo e a investida contrária em direção a um fundamento da subjetividade. Esse fundamento não pode ser encontrado num saber, muito menos num saber daquilo que é real no mundo. No entanto, também este fundamento precisa ser relacionado ao todo explorado no saber do mundo.

Segue, portanto, deste esboço, de modo imediato, que a subjetividade não pode permanecer restrita ao caráter estático desse desenho. Nessa investida dupla e na tarefa de reunir suas direções contrárias em que a investida ocorre, já está contido o fato de que a subjetividade se realiza numa dinâmica que se desdobra de maneiras múltiplas. O mundo como tal precisa ser projetado, e aquilo que ele abarca precisa ser apropriado ou explorado. Pensamentos em conflito uns com os outros vão ao fundamento da vida própria. Eles constituem o núcleo em torno do qual um balanço geral da vida poderia se construir, razão pela qual a sua evidência se desloca também com a mudança do humor [*Gestimmtheit*] e a mudança de suas situações. Na maioria das vezes, a vida só

---

* [N. dos T.]: *Mitsein* em alemão, cuja tradução literal é "ser com".

consegue reunir fundamento e mundo na forma de esboços, cuja sutileza quase sempre transcende a capacidade da vida de prestar contas a si mesma e a outros na forma de argumentos.

Com tudo isso, porém, designamos apenas o mínimo daquilo que constitui a dinâmica da vida consciente. Nas primeiras preleções já ampliamos e diferenciamos sua imagem. Na segunda preleção, o ponto de partida havia sido a individualidade do sujeito que o obriga, ao mesmo tempo, a se posicionar em seu mundo. Nesse contexto, tivemos de especificar a atividade do sujeito em direção ao agir do sujeito como pessoa. A terceira preleção teve de partir daí, pois só podíamos fazer jus ao seu tema, a consciência ética, se relacionássemos a personalidade do agir à inacessibilidade do fundamento da subjetividade. Disso resultou a descoberta de outra dinâmica, própria à consciência ética. Ela exclui a possibilidade de limitar a ética a uma explicação monofásica dessa consciência.

Durante todas essas investigações, entraram em vista também as múltiplas relações do sujeito humano com seus próximos. Nesta preleção, pretendo introduzir os modos do ser com outros numa ordem que os vincula à subjetividade do ser humano e que nos permite demonstrar sobretudo a presença da subjetividade *nos* modos do ser com outros. Começamos com uma argumentação transcendental, que toma como ponto de partida uma precondição fundamental de todas as nossas investigações já feitas.

Também nas preleções anteriores, a subjetividade sempre foi compreendida e aplicada não só como condição de constituição do saber, mas também como constituição do sujeito individualizado. O companheiro [*Mitmenschen*] só pode existir para o ser humano individual; apenas para o sujeito individual pode existir um "alter ego", para usar uma expressão filosófica. Mesmo que o modo em que o sujeito é ciente e tem saber de si mesmo possa ser separado de sua concretização e ser tratado como tema numa investigação, que também tem uma fundamentação transcendental, ele só pode ser saber real como saber de um sujeito individual.

O modo de saber do sujeito individualizado não é apenas condição imprescindível para que possamos falar de um ser com outros de muitos sujeitos. É também a condição suficiente para que cada sujeito possa, a partir de si mesmo, desenvolver pensamentos de estar relacionado a outros sujeitos, de tal modo que seja sujeito ao lado de sujeitos. Esse é o mínimo numa abundância de modos de um possível ser com outros. Com esse tipo de saber ainda não se deu nenhuma relação com outros indivíduos reais. Ele oferece apenas um fundamento para que essas relações possam ocorrer em toda sua multiplicidade.

As condições a partir das quais esse saber se constrói em torno da individualidade do sujeito exigiriam a sua própria investigação. Esta precisaria desenvolver em maior detalhe os seguintes aspectos: ao mesmo tempo em que surge o saber de si mesmo, no qual o sujeito se constitui como tal, também o pensamento da individualidade precisa vir a ser empregado com todas as suas implicações. Ele precisa estar à disposição quando a criança humana aprende a se posicionar em relação a outros por meio do emprego do "eu". Entendemos isso facilmente quando levamos em consideração que a autorrelação sapiente, contanto que permaneça a mesma para todos os casos de pensamento, ocorre juntamente com a constituição do mundo uno. Na relação com esse mundo, indivíduos sempre são destacados explicitamente de outros indivíduos. Mas também o sujeito que realiza essa distinção se distingue, assim, dos outros que ele distingue uns dos outros. Ele não seria capaz de fazê-lo se ele não se entendesse como indivíduo também para si mesmo, i.e., em sua autorrelação.

No entanto, nada em sua autorrelação indica que só possa existir um único indivíduo que se encontre nesse tipo de autorrelação sapiente – como, por exemplo, a unicidade é posta no pensamento da montanha mais alta, da totalidade das coisas ou também do chamado "Eu Absoluto". Contanto que haja algo desse tipo, ele só pode ser real uma vez. Se, porém, o sujeito já não é, por razões conceituais, esse tipo de indivíduo exclusivo, então está contida na autorrelação sapiente como tal a implicação do pensamento de alguma ordem em que muitos sujeitos consigam coexistir. Esse pensamento é abstrato e, como tal, se esquiva de qualquer representação concreta. Ele só se formará juntamente com a experiência do ser com outros real. No entanto, ele está interna e essencialmente vinculado ao ser para si dos indivíduos. Por isso é que qualquer vínculo entre ser si mesmo e ser com outros se fundamenta nele, e não por meio de experiências tão variáveis em ampla gama, de modo que ele não pode ser suspenso em nenhuma abstração adicional em prol de uma consciência de um eu absoluto e, por isso, necessariamente solitário.

As preleções anteriores sempre partiram dessa implicação. Dela não se segue, porém, que esse tipo de ordem de coexistência de sujeitos esteja realizado naquele mesmo mundo que se abre ao sujeito simultaneamente com sua autorrelação sapiente. Ainda seria possível pensar que um mundo sempre se abre apenas para um único sujeito. Nesse caso, teríamos de distinguir o mesmo número de mundos como o número de sujeitos que distinguimos em qualquer ordem.

Damos um passo em direção a um ser com outros de sujeitos no mesmo mundo quando refletimos sobre as razões das quais se segue que um sujeito também precisa se *posicionar* em seu mundo. Que isso precisa ocorrer ao mesmo tempo em que um saber do mundo se abre, já resulta do fato de que é impossível compreender num só instante o todo que constitui o mundo juntamente com tudo aquilo que está contido nele. Pois na contemplação do todo sem seleção e perspectiva, o sujeito não permaneceria o mesmo ao longo das fases de sua relação com o mundo. Ele seria inserido na mesma constância contida no pensamento do todo como tal, e nesse sentido ele não seria mais o mesmo sujeito na multiplicidade indeterminada dos estados de seu saber relacionado ao mundo. O todo do mundo não pode ser apreendido na intuição como uma imagem de formato enorme. O mundo como totalidade transcende necessariamente qualquer todo de uma intuição. Precisamos dizer também que um sujeito só é concebido adequadamente se lhe atribuirmos uma sequência *determinada* de seus estados epistêmicos em relação ao mundo, que, em seus pensamentos, ele sempre antecipa como um todo. Num primeiro sentido, o sujeito se posiciona em relação ao todo do mundo por meio dessa sequência.

Isso já sugere que seria possível uma sequência totalmente diferente de estados da relação com o mundo, com o mesmo mundo. Consequentemente, o mesmo mundo poderia ser explorado também de modo completamente diferente; portanto, teríamos de distinguir dessa sequência específica de exploração outras sequências de exploração completamente diferentes, mas igualmente ordenadas. Também em relação a estas poderíamos ainda pensar que se trate apenas de alternativas na relação com um mundo para o mesmo sujeito solitário, de modo que o sujeito permaneceria o mesmo, mas que sempre só conseguiria realizar uma única de todas as sequências possíveis da exploração do mundo. No entanto, não existe mais nenhuma razão que se opõe a compreender as alternativas como as possibilidades de uma relação com o mesmo mundo que podem ser realizadas por um *outro* sujeito. Pois cada sujeito está definitivamente *preso* a um único caminho. A possibilidade de outros caminhos de exploração, que ele mesmo assim consegue vislumbrar, pode ser pensada pelo sujeito como realizada apenas por meio de outros sujeitos que lhe são semelhantes em sua constituição. Portanto, o sujeito se relacionará a outros sujeitos como aqueles que exploraram um mundo comum por outros caminhos, os quais ele consegue imaginar como aqueles que poderiam ter sido os seus.

Alcançamos agora o ponto em que nossas reflexões podem se voltar para o grande tema filosófico da relação entre tempo e subjetividade. Pois a sequência da exploração do mundo não é apenas temporal. Na relação a outros caminhos da exploração do mundo, que poderiam ter sido os próprios, é preciso recorrer ao mesmo tempo à unidade de um único tempo para todos os sujeitos de um mundo. Mas qualquer que seja o esclarecimento que possa ser alcançado sobre a subjetividade quando entramos no labirinto da reflexão sobre o tempo – é possível desviar o caminho para o entendimento sobre o ser com outros dos seres humanos desse labirinto.

O fato de que o sujeito precisa se posicionar em seu mundo significa mais do que o fato de que ele explora seu mundo sempre em uma sequência especial e de que ele precisa se apropriar, nessa sequência, de tudo que pertence a esse mundo. A sequência é organizada não só como a sequência de passos numa dedução lógica. Ela depende também de determinada *posição* no todo do mundo a partir da qual o mundo como um todo se abre ao sujeito. No sujeito como tal está contida a razão pela qual um todo pode se transformar em horizonte a partir do qual todas as situações especiais são compreendidas. Nesse sentido, precisamos dizer que o sujeito se contrapõe ao seu mundo. Mesmo assim, esse horizonte só é projetado e eficaz em sua exploração de tudo que lhe vier ao encontro se o sujeito também atribuir a si mesmo uma posição dentro de seu próprio mundo. A sequência na construção de sua relação com aquilo que o mundo abarca precisa, portanto, ser definida também no sentido de que ela se desenvolve em relação a essa posição no mundo.

Disso se segue, porém, também que essa posição é necessariamente *fixada*. Ela está tão pouco à disposição do sujeito quanto a forma da construção de seu mundo em geral. No mundo dos seres humanos, essa posição é determinada pelo corpo da pessoa em tempo e espaço. Todo sujeito, independentemente do tipo, que se relaciona consigo mesmo ao nosso modo, precisa, portanto, ao explorar um mundo, estar posicionado em seu mundo por meio de algum tipo de corpo – qualquer que seja a constituição do mundo e quaisquer que sejam as leis às quais a corporeidade esteja submetida nele. Assim, já está determinado também o modo como vários sujeitos podem ser reais no mesmo mundo e sob quais condições fundamentais os modos de seu ser com outros precisam se formar.

Da mesma forma se explica que os sujeitos se encontram numa relação consigo mesmos também dentro do horizonte de seu próprio esboço do mundo e, portanto, como conteúdos do mundo. Sua autorrelação no saber certamente não é viabilizada diretamente pelo saber que a pessoa tem de seu corpo. Falar do corpo "próprio" já pressupõe esse tipo de autorrelação. Contanto que os sujeitos estejam cientes da condição e da sequência na formação de sua relação com o mundo, eles se atribuem um corpo. Com isso, porém, eles sabem também de si mesmos como um conteúdo do mundo entre outros. Mas eles não *são* esse corpo, eles são encarnados e representados nele. O verbo "encarnar", porém, suscita a impressão equivocada de que precisaríamos imaginar essa relação como resultado de uma ação ou ocorrência à qual o sujeito estaria submetido. Mas também o outro modo de expressão segundo o qual os sujeitos "têm" um corpo não consegue caracterizar adequadamente essa relação singular. Essa inadequação evidencia o fato de que os sujeitos só podem atribuir um corpo a si mesmos num modo peculiar a essa relação.

Essa relação não pode, ao contrário do corpo, ser encontrada no mundo. Ela é apenas uma implicação de sua autorrelação. Portanto, pertence àquilo em vista do qual todo pensamento de uma forma do mundo que abarca em si conteúdos do mundo precisa permanecer incompleto. Apenas quem se encontrar nessa autorrelação conseguirá entender que outros são por si sós de modo igual e que, portanto, também "têm" um corpo.

Os problemas filosóficos do ser com outros do ser humano giram em torno dessa interação entre as autorrelações. Aproximamo-nos dessa problemática apenas na medida em que, a partir da relação dos sujeitos com o mundo, foi esclarecido como devem ser introduzidas no mesmo mundo as primeiras precondições para uma relação entre sujeitos – a partir, a saber, do fato de que os sujeitos precisam atribuir a si mesmos também perspectivas especiais em relação ao seu próprio mundo e uma posição neste. Assim, seu corpo determina também uma condição para todo o resto que também pode ser concluído a partir de sua autorrelação em vista de seu ser com outros. Na realização da vida, essa relação é totalmente natural. Isso não significa, porém, que podemos ignorá-la também na reflexão sobre a vida e simplesmente pressupô-la nas premissas das quais partimos. E é justamente isso que acontece onde a língua é apresentada como horizonte último da investigação filosófica.

Mas também com a corporeidade como estado de coisas, que permanece fundamental e imprescindível tanto para toda e qualquer autorrelação quanto para toda relação dos sujeitos entre si, um ser com outros entre sujeitos ainda não ocorreu de fato, nem foi justificado de modo suficiente. No entanto, ela lança uma luz sobre as ambiguidades e as tensões entre o ser para si do ser humano e sua corporeidade. Elas são tão familiares a todo ser humano quanto o próprio fato fundamental da corporeidade. A inevitabilidade do vínculo com sua corporeidade se torna motivo de irritação para o ser humano sempre que se evidencia que o corpo, como coisa natural, está sujeito a coerções naturais que precisam permanecer sem qualquer importância para a subjetividade. Então nada lhe resta senão se acostumar com o inevitável ou protestar em silêncio contra um cativeiro sem possibilidade de fuga. Esse vínculo até mesmo o arrasta até a beira de um abismo, quando a deterioração do corpo anuncia e impõe o fim da vida consciente, mesmo que a dinâmica na qual essa vida se realiza de forma alguma tenha se esgotado, negando e privando-a, assim, de uma meta que ela ainda buscava alcançar com força adequada. No entanto, é também o corpo por meio do qual toda relação do ser humano com o mundo se realiza. Sem ele, ele permaneceria, sem todas as alegrias do ser com outros, preso numa solidão insuperável. E tudo que se realizasse na dinâmica de sua subjetividade, permaneceria sem efeito e sem resposta além de si mesma.

2 Sujeitos a partir da intersubjetividade?

Todas essas reflexões sobre a compreensão do ser com outras do ser humano acatam tudo aquilo que fora determinado previamente por meio das preleções anteriores, com a intenção de permitir uma transição da subjetividade do ser humano individual para um ser com outros dos sujeitos. Essa transição só pode ser realizada se voltarmos para as relações que são tão evidentes para a vida humana. Precisamos tratá-las como se existissem alternativas – na esperança de encontrar rastros daquilo que consiga explicar essa evidência. Quando, porém, tentamos questionar coisas que nos são autoevidentes, torna-se imprescindível abandoná-las e se envolver com reflexões abstratas. Elas contrastam com aquilo que é evidente e confiável na relação do ser humano com o mundo, e esse contraste, na perspectiva que parte da vida vivida e visa à linguagem da filosofia, só pode ser descrito como gritante. Pois nesse nível do decurso justificativo, essa linguagem abstrata perde necessariamente o contato com a língua e com as expectativas nas quais o ser com outros dos seres humanos se realiza. Isso sempre alimentará a suspeita de que esse procedimento inverte a sequência correta dos passos. Em consequência disso, muitos sugerem simplesmente partir da evidência inegável, que deveria ser questionada e então explicada pela investigação filosófica. Essa sugestão está sempre vinculada a uma inversão da ordem explicativa: Espera-se que, se respeitamos a evidência do autoevidente, seria possível encontrar também uma abordagem para esclarecer e recusar aquilo que, supostamente, devia ter lançado uma luz sobre aquilo que nos parece autoevidente.

No nosso caso, as sugestões que seguem esse padrão dizem basicamente que o ser com outros do ser humano deve ser aceito como fato elementar e basal, para então chegar à compreensão mais simples e não artificial do ser si mesmo do ser humano. Cada uma dessas sugestões adquire sua força por meio de uma crítica a todos os empreendimentos que, como acontece também aqui, tentam encontrar uma transição do ser si mesmo para o ser com outros: essas críticas não só veem no ser com outros um fato inquestionável, mas procuram também chegar a ele por meio de uma sequência de fundamentação. Elas pressupõem esse fato já na própria argumentação. No entanto, fazem isso de modo mais ou menos oculto, razão pela qual suas argumentações precisam ser desmascaradas como raciocínio circular.

Nós já tivemos de nos ocupar com uma das muitas sugestões de aceitar o ser com outros dos seres humanos como ponto de partida de toda justificativa quando expomos o que essas preleções esperam de seu emprego na subjetividade. A essa altura precisamos retomá-la mais uma vez. Nesse mesmo contexto, analisaremos duas outras sugestões que seguem um padrão semelhante. A sugestão que já expomos parte da comunidade linguística, as outras pretendem demonstrar que a distinção entre o ser si mesmo de um sujeito e outra subjetividade, que ele distingue de si mesmo, é precedida por uma dimensão de qualidades ainda indistintas de vivência e experiência.

Existem duas razões que justificam analisar mais de perto justamente essas sugestões. De um lado, elas se apoiam em fatos que nenhum entendimento sobre o ser com outros dos seres humanos pode contestar ou perder de vista. Aquilo que elas trazem ao palco como fatos fundamentais para esse entendimento demarca estados de coisas que também não podem ser ignorados por um modo de entendimento que parta da subjetividade e dos quais ela mesma precisa prestar contas. Por outro lado, essas sugestões precisam ser avaliadas também por meio de uma tarefa cuja solução apresenta uma importância especial para o procedimento que parte da subjetividade. Trata-se de uma tarefa que não é só de interesse para a teoria filosófica, mas também para a própria vida consciente – i.e., a tarefa de viabilizar e preservar a unidade de uma comunicação na multiplicidade de suas realizações. Precisamos, então, perguntar se as sugestões que se oferecem como alternativa ao sujeito como ponto de partida possuem qualquer esperança de fazer jus a essa tarefa. Os modos do ser com outros do ser humano apresentam uma grande diversidade em seus tipos e também no grau de profundidade com que interferem na formação dessa vida. Além do fato de que o vínculo da vida humana com os modos do ser com outros exige uma explicação no sentido geral, surge também a pergunta sobre como o ser humano consegue se compreender como o *mesmo* em todos os modos de seu ser com outros. Afinal de contas, ele poderia se ver na multiplicidade de seu ser com outros como que agindo no palco de um teatro, no qual ele se apresenta em diferentes papéis nos diferentes jogos de interação.

No entanto, essa pergunta põe também o modo de entendimento que parte da subjetividade da vida perante algumas dificuldades. Podemos antecipar aqui que esses problemas não poderiam ser solucionados se partíssemos da posição do sujeito na vida consciente como poder próprio sobre essa vida. Mas nos opusemos a essa noção desde o início. Explicamos repetidas vezes por que a subjetividade humana precisa sempre se entender como condicionada em todas as suas formas. A isso está ligado o fato de que as fundamentações que partem da subjetividade não podem nem sequer se aproximar de uma corrente de atos de autoprodução da subjetividade. Já deixamos claro que essas fundamentações podem apontar modos completamente diferentes de condicionalidade e que, por isso, não atribuem ao desdobramento da subjetividade nenhuma dinâmica [que se dá] em apenas uma única dimensão. Isso, porém, não se opõe ao fato de que o ser humano como sujeito, mesmo assim, consegue alcançar uma compreensão unificada e um esboço fundamental igualmente unificada para a sua vida consciente. Partir da subjetividade certamente só faz sentido se lhe atribuirmos uma importância central na realização da vida consciente. Isso, porém, não significa que ela mesma seja a fonte de todo esclarecimento sobre tudo. Por outro lado, se partirmos dela, podemos ser levados a fontes de entendimentos que nos permitem um esclarecimento adicional sobre a própria subjetividade.

A língua é o meio de entendimento mais importante entre os seres humanos. É, além disso, o único meio pelo qual os pensamentos recebem uma especificação precisa de seu conteúdo e no qual tanto pensamentos quanto intenções podem se tornar acessíveis a outros seres humanos em toda sua clareza e em todos os seus emaranhamentos. Wittgenstein também desenvolveu argumentos que demonstram que seria impossível a um sujeito desenvolver uma língua exclusivamente para seu uso pessoal. Isso já bastaria para dar a forma de uma fundamentação na base da comunidade linguística do ser humano à sugestão de basear todas as explicações, também a da subjetividade, no ser com outros do ser humano. Por isso, a língua e a compreensão de que a exploração do mundo pelo ser humano adquire seu perfil específico a partir da forma de sua língua materna sempre já forneceram o argumento mais forte contra a orientação da filosofia pelo sujeito solitário.

Muitos acreditam que a fundamentação dessa crítica já possa ser detectada no modo de expressão linguística à qual precisa recorrer também a filosofia do sujeito. Para poder falar da autoconsciência, na qual ela pretende se fundamentar, ela precisa empregar o pronome pessoal "eu". Como pronome, porém, ele está inserido no sistema das expressões singulares, no qual ele se vê ao lado do "você" e do "nós". Se o uso do "eu" só fizer sentido onde também for possível usar o "você" e o "nós", então aquilo que é expresso com o "eu" também está inserido na comunidade linguística na qual uma interação com um "você" e a expressão coletiva para essa comunidade são igualmente possíveis. Duas variantes da teoria linguística sobre a originalidade do ser com outros se distinguem até pela preferência que as duas atribuem a um dos respectivos pronomes pessoais correlacionados ao "eu". O "nós" permite introduzir a natureza social do ser humano como evidência inicial; o "você", a dependência do ser humano da intimidade pessoal com o outro.

Talvez essa argumentação baste para solapar uma posição cética segundo a qual não pode existir uma convicção fundamentada da existência de outros sujeitos senão daquele que se comunica consigo mesmo sobre o emprego do "eu". Ela permite partir do pressuposto de que, sempre que o pronome pessoal "eu" é usado, não existe dúvida quanto à existência de uma comunidade linguística. Podemos ver nisso uma grande vantagem do método investigativo que parte dessa evidência. Pois, orientando-se pelo modo de uso de outras expressões linguísticas, ela pode esclarecer modos da subjetividade e da intersubjetividade e, assim, se firmar sobre um solo que não é ameaçado por conclusões que imediatamente nos levam para a região de teorias expostas a um risco muito maior. Se, porém, este for o pano de fundo da ênfase colocada na importância fundamental da comunidade linguística, ocorre também uma anulação da esperança de que um esclarecimento filosófico teria um alcance maior, assim como a perda do interesse por uma compreensão de fatos fundamentais.

Reconhecemos isso também no fato de que a língua comum aparenta ser um fato fundamental, mas não inato ao ser humano. Ele nasce apenas com a capacidade de aprender uma língua. Há muito sabemos sem qualquer dúvida que o recém-nascido desenvolve desde cedo um comportamento inteligente e que a comunicação com ele se inicia ainda antes de podermos falar do início da aquisição de uma língua. Esse estado de coisas é confirmado pelo fato de que podemos demonstrar por que o sistema desenvolvido de uma língua, na qual as diferentes expressões singulares (entre elas os pronomes pessoais) remetem umas às outras, só pode ser dominado por um ser humano ao qual podemos atribuir mais do que uma fase inicial rudimentar de autoconsciência.

Isso se evidencia especialmente nas condições sob as quais o emprego da expressão "eu" se inicia. Já mostramos acima que, com ela, a criança passa a usar não apenas a forma geral em que os outros costumam falar de si mesmos. Essa expressão, que a criança passa a usar depois de outros pronomes pessoais, sempre aponta também para o fato de que um ser humano em seu papel como locutor expressa também algo de si mesmo. O emprego do "eu" pressupõe, portanto, uma autoconsciência desenvolvida. E é justamente por isso que ele é inadequado para torná-la compreensível.

Aquele que ressalta a importância reveladora da comunidade linguística e ao mesmo tempo pretende sustentar a pretensão de deduzir a subjetividade a partir da interação linguística precisaria partir de um ponto inferior com sua explicação. Ela não pode ser adquirida como conhecimento que possa ser extraído do sistema linguístico e de seu domínio com a mesma clareza que, talvez, um procedimento de análise linguística permita. Ela precisa recorrer a um procedimento explicativo que volte atrás do emprego linguístico desdobrado para, justamente por essa via, tornar compreensível o desenvolvimento da autorrelação do ser humano que o uso linguístico desdobrado já pressupõe. A psicologia social do behaviorismo apresentou um modelo para tanto na obra de George Herbert Mead. Meio século mais tarde, na concentração na genealogia do ser si mesmo, Jürgen Habermas o presenteou com um eco que recebeu muita atenção: Numa interação elementar de agentes, ainda totalmente orientada pelos instintos, as reações articuladas na forma de ruídos representam o fundamento para a autorrelação dos agentes – porque esses gestos sonoros dirigidos ao outro são percebidos da mesma forma pelo agente que os emite como aquele que os recebe. Aquele, portanto, que, como agente, inicia esse tipo de gestos, é, por meio de sua realização, alcançado pelos seus próprios gestos. Com isso, ele não é só iniciador, mas ele mesmo se percebe como iniciador por meio da recepção de seus próprios gestos sonoros.

Essa explicação é, evidentemente, uma construção. Sua evidência só se sustenta em dependência da intenção que ela busca realizar. O fundamento para essa construção é o fato de que os sons produzidos pelo ser humano alcançam seus próprios órgãos sensuais em quase a mesma forma como alcançam os de seu destinatário, razão pela qual eles se distinguem de outras manifestações gestuais. Chegamos a essa tentativa de deduzir a autoconsciência da autopercepção quando partimos de um modelo da autoconsciência que, à primeira vista, é confirmado por vários pontos: Na autoconsciência, um sujeito se transforma em seu próprio objeto. O sujeito ativo age, portanto, sem consciência de si mesmo; chegar à consciência de si mesmo não pode, então, ser o propósito de sua atividade, razão pela qual ele precisa se tornar objeto de si mesmo por meio de sua passividade. A produção e a recepção de suas próprias produções sonoras se encaixam bem nesse modelo. Isso satisfaz o pressuposto cuja confirmação a construção buscava desde o início: O ser humano não alcança sua autoconsciência por conta própria. Ele deve a sua autoconsciência, que pretende defini-lo como ser solitário, a uma interação com outros.

Assim que reconhecemos a vantagem estratégica que essa construção oferece, torna-se fácil reconhecermos também seus pontos fracos. O primeiro ponto dessa longa série é que o ser para si é dividido em um sujeito inconscientemente ativo e em um sujeito que se conscientiza de si mesmo por meio de sua receptividade. O último ponto é o pressuposto segundo o qual a autoconsciência surge com a percepção do uso acústico de sua própria voz. Basta pensarmos no papel da voz na história de desenvolvimento da primeira infância para que essa construção perca sua plausibilidade. Se uma pessoa sem qualquer autoconsciência produzisse um som perante outra pessoa, ela jamais alcançaria uma autoconsciência por meio da audição do som produzido por ela mesma. Pois o fato de que nós também ouvimos a nós mesmos na nossa própria fala é justamente excluído da atenção do interlocutor adulto. No máximo, o locutor, ao dar atenção àquilo que ele mesmo diz enquanto ainda fala, se vê obrigado a se distanciar de seu ato de fala – a estabelecer uma distância que se parece com o ser para si numa reflexão teórica. Mas certamente não é dessa forma que a autoconsciência é gerada originalmente. Aquela autoconsciência que – ao contrário da produção de um som dirigido [a alguém], por exemplo, num gesto de ameaça – já está vinculada ao próprio uso da língua só se torna objeto da atenção e, assim, é transposta simultaneamente para outro modo de realização.

Reflexões críticas desse tipo sempre só servem para suspender pretensões de conhecimento baseadas em deduções genéticas, nesse caso, de ter deduzido a autoconsciência de algo mais originário, da interação entre interlocutores de uma língua sonora, que não precisa necessariamente apresentar a diferenciação plena do sistema proposicional. Esse tipo de crítica não precisa servir como preparativo para expressar outra pretensão de conhecimento do mesmo tipo, mesmo que contrário a esse primeiro. Esta visaria à compreensão da interação a partir da autoconsciência dos sujeitos como fato secundário em relação a ela, que se desenvolve a partir de sua subjetividade.

A fundamentação do ser para si dos sujeitos na interação possui a forma de uma explicação que pretende tornar compreensível o desenvolvimento da autoconsciência. Quando um raciocínio de fundamentação filosófica parte da subjetividade, esse tipo de fundamentação não precisa assumir a forma desse tipo de explicação genética. O programa filosófico de Fichte, porém, realmente visava a esse tipo de meta. Ele nunca o realizou, e nunca se tornou evidente qual via ele teria escolhido para fazê-lo. Mas a crítica ao interacionismo como suposição básica também não significa que o raciocínio de fundamentação inverso deva ser considerado como mais promissor e que ele precise ser escolhido como alternativa natural. Acredito, antes, que isso deveria nos incentivar a questionar o próprio procedimento de fundamentação, que, por meio de deduções explicativas sempre tentam fornecer, como o fez também Fichte, uma "história pragmática do espírito humano".

Quando a dedução da subjetividade a partir da interação fracassa, resulta disso que a própria interação a partir da qual a explicação deveria ter sido adquirida só pode ser realizada se a autorrelação do agente for incluída. Extraímos, então, como resultado positivo da crítica primeiramente a constatação desse fato complexo. Em vez de resolver esse fato inversamente a partir da subjetividade e assim reconstruí-lo inversamente, existe a possibilidade de reconhecê-lo como tal também em relação à subjetividade. O fracasso da demonstração da dedução da subjetividade a partir da interação pode resultar no reconhecimento de que existe uma dependência mútua entre as duas. Tão pouco quanto a subjetividade possa ser explicada a partir da interação, pode a subjetividade se tornar realidade sem a interação. O raciocínio que, como aqui, parte da subjetividade pode reconhecer esse fato complexo como tal. Se formos levados a esse reconhecimento pela via do abandono da pretensão segundo a qual esse fato deve ser visto apenas como um elemento para então deduzir dele o outro, conseguiremos distinguir a interação entre eles também da relação entre aquilo que constitui e aquilo que é constituído.

O reconhecimento da dependência mútua não significa, porém, que isso já neutralize a necessidade de uma explicação do fato complexo como tal. Só que agora o que precisamos explicar é algo completamente diferente – não a autoconsciência por si só, mas a autoconsciência em seus múltiplos entrelaçamentos. Isso pode significar que também a explicação precise partir de um ponto totalmente diferente. A dedução a partir da interação sob a égide do behaviorismo fora concebida no amplo contexto de alguma explicação naturalista da subjetividade. Se quisermos preservar a estabilidade desse contexto, precisamos procurar outro tipo de explicação naturalista.

Já que agora precisaríamos partir do pressuposto de que tanto a subjetividade quanto a interação surgem num único e mesmo contexto, transferiríamos as condições explicativas para alguma fase inicial da ontogênese do ser humano, o que faria jus também a todos os outros diagnósticos. Além disso, podemos buscar também uma explicação neurológica e tentar demonstrar que uma interação inteligente nem mesmo possuiria uma base neuronal sem o desenvolvimento de uma autorrelação. No entanto, todas essas explicações são muito mais hipotéticas do que a do behaviorismo, que pode pelo menos se dar a aparência de extrair sua evidência da experiência imediata.

Se partirmos da subjetividade, a investigação permanece até mesmo quando seu desdobramento é vinculado à interação, mas ela se abre para alternativas à explicação naturalista da emergência da vida consciente. Principalmente quando a identificação ontogenética do fato complexo precisa permanecer vinculada à sua explicação neurológica, esse tipo de explicação se torna, porém, uma extrapolação de amplo alcance. Mesmo secundada pelo estado de conhecimento científico atual e por convicções fundamentais atuais, ela ainda está muito distante de uma explicação verdadeira. Assim, ela não consegue obstruir o caminho de inferências deduzidas a partir de reflexões que têm a autorrelação do ser humano como tema. O fato de que essa autorrelação possuísse uma base ou um lado natural não foi ignorado pelos estoicos nem por Leibniz. Mesmo assim, Leibniz conseguiu compreender essa autorrelação e o vínculo que todos os seres que se encontram nessa autorrelação mantêm entre si a partir de uma concepção metafísica – com fundamentações que foram superiores pelo menos em seu tempo. A aplicação da investigação à autorrelação mantém aberto o caminho para ambos os tipos de explicação, que se encontram em conflito um com o outro. Mas justamente isso significa que o conflito diz respeito à vida dos seres humanos não somente como algo distante e exterior. Pois sua própria vida está inserida nesse conflito, contanto que ele se fundamente no conflito aberto entre essas possíveis autointerpretações que sempre volta a irromper nesta vida.

3 Ser com outros antes de ser si mesmo?

Com isso, inserimos as conclusões metodológicas resultantes da crítica à dedução da subjetividade a partir da interação na perspectiva mais ampla que delas pode resultar. Poderíamos, então, retomar o fio que havíamos seguido já no início da subjetividade até a fundamentação da necessidade de sua encarnação.

Mas a explicação interacionista da gênese de autoconsciência é apenas um de muitos modos para justificar a precedência da intersubjetividade em relação ao ser si mesmo do ser humano. Na ampla literatura sobre o tema, podemos reconhecer a expressão de uma das tendências fundamentais da filosofia da primeira metade do século XX. É provável que o interesse por ela continuará a persistir por algum tempo. Essa literatura se dedica a abordagens bem diversas, tanto em termos de seu procedimento quanto em sua orientação por conteúdos. Por isso, ela se divide em arquipélagos que se caracterizam internamente por controvérsias vívidas e, para fora, pela falta de contato – como, por exemplo, o debate francês sobre a *alterité*, o anglo-saxônico sobre *other minds* e as variantes alemãs da filosofia do diálogo. Aqui não podemos nem mesmo apresentar um resumo dessas posições, por mais generalizado que fosse. Após a crítica à explicação interacionista, porém, devemos mencionar os traços fundamentais de pelo menos duas outras posições – porque estas permitirão acrescentar observações sobre todas as abordagens desse tipo.

Já foi feita a tentativa de evitar a distinção entre sujeitos individuais. Segundo Max Scheler, uma dimensão da diversidade de diversidades *vivenciadas* antecede ao fato de que esses sujeitos atribuem a si mesmos estados próprios apenas a eles mesmos. Essa dimensão ainda não se diferenciou em uma esfera própria de um sujeito e naquilo que deve ser atribuído a outros sujeitos. Apenas sensações físicas como fome e dor seriam originalmente vinculadas a uma esfera própria. De resto, a diferenciação ocorreria de tal forma que o sujeito próprio e os outros sujeitos emergiriam num mesmo processo de um fluxo ainda não diferenciado de consciência. Isso forneceria então uma base para que pudéssemos aceitar a presença da esfera própria de outros sujeitos para cada sujeito individual. Agora, já nem todas as relações pessoais entre eles precisariam ser remetidas a deduções analógicas ou a atos de apreensão. Nenhum sujeito precisaria inferir, cada um seria capaz de saber de forma imediata que outros sujeitos agem na base de estados internos que se assemelham a seus próprios estados e se dirigem a ele mesmo ativamente, sujeitos que, só por isso, lhe são compreensíveis.

Uma abordagem completamente diferente ocorre quando uma tese filosófica se concentra e se fundamenta desde o início na relação na qual os seres humanos se dirigem uns aos outros na segunda pessoa do singular – usando o "tu", que, pelo menos na língua alemã [*du*] indicava até pouco tempo atrás proximidade íntima e, muitas vezes como sua forma de decadência, camaradagem. "Eu *mesmo*" só sou e o sou apenas contando que o outro, que é o *meu* outro, dirija a palavra a mim e eu lhe responda e, assim, passamos a, juntos, ser um para o outro. Nenhum de nós é um *objeto* sobre o qual falamos. Aquilo que tu és, contanto que eu me dirija a ti, não é uma ocorrência no mundo, não é um "ele" ou uma "ela": tu pertences, assim como "eu mesmo", a uma esfera completamente diferente. Eu só posso me encontrar e compreender como aquele eu transcendental anterior e acima de tudo do qual trataram os idealistas por volta de 1800 porque sei da minha fundamentação em uma relação e num vínculo com um "tu". Visto que isso vale reciprocamente para cada um que possui sua realidade nesse tipo de relação, a relação precisa ser considerada anterior àquele que se encontra nela. Ela não pode ser gerada por ninguém; antes é, como diz Martin Buber, o "entre" que vincula toda ação do eu ao recebimento daquilo que parte daquele que, para mim, é um tu e para o qual eu também sou um tu.

As duas posições têm em comum o fato de que elas postulam algo anterior à conscientização do ser humano como "eu". Esse algo, porém, também possui o *status* de uma vivência. O que lhe é anterior é, porém, definido por elas como algo completamente diferente e pertence a fases completamente diferentes no desdobramento da dinâmica da vida consciente. A pluralidade de vivência que ainda não é dividida segundo os sujeitos que a vivenciam pode ser atribuída à primeira fase da vida. A relação do eu com o tu, na qual cada um é, com o mesmo peso de vida, fonte de sentido de vida para o outro, pode ser atribuída a uma primeira maturidade da vida. Mas ambas as posições insistirão que aquilo em que elas se concentram possui uma relevância geral. Sem alguma indivisão na vivência nenhum outro pode ser acessado como tu; sem um adulto que dirige sua palavra à criança que permite a esta antecipar o "tu" maduro, o desenvolvimento do ser si mesmo nem mesmo é iniciado. Outra diferença resulta no fato de que, quando a indivisão precoce é citada como argumento, entra em vista a diversidade de todos os sujeitos compreensíveis como resultado do desenvolvimento que dela parte. Quando a relação do eu com o tu é vista como dimensão fundadora da experiência, a intersubjetividade de meros sujeitos sempre será compreendida como forma deficiente do verdadeiro ser com outros, mesmo quando ela incluir a acessibilidade imediata desses sujeitos uns aos outros.

Podemos conceder a essas duas abordagens ao ser com outros do ser humano que elas colocam em destaque algo que precisa ser reconhecido como fato e em sua relevância para um entendimento sobre esse ser com outros. O comportamento em relação a outros realmente não se baseia em conclusões que primeiro convencem o agente da existência do outro e daquilo que se passa nele. E os seres humanos têm uma relevância uns para os outros que não poderia ser compreendida se dispusessem de seu ser com outros como dispõem de qualquer outra habilidade. Ambos os fatos realmente representam um desafio para qualquer entendimento sobre seu ser si mesmo, que explica por que eles puderam se tornar a razão para suspeitar de que a filosofia como um todo estivesse num caminho errado e para querer devolver a humanidade ao caminho correto com a sua ajuda.

Novamente, porém, como já no caso do interacionismo, esse caminho errado é atribuído a uma filosofia que tem a subjetividade como princípio. Ela é acusada de querer partir da subjetividade como algo autossuficiente. Por isso, o caminho mais promissor para se esquivar dessa filosofia parece ser a demonstração da descendência da subjetividade de algo mais fundamental. Assim, resulta necessariamente a tese segundo a qual o saber do sujeito de si mesmo é antecedido por algo que só precisa ser percebido para poder explicar sua emergência. Mas é justamente essa a tese da qual precisamos nos libertar.

O fato de que também essas demonstrações que se baseiam na descendência do ser para si são fadadas ao fracasso se evidencia já numa rápida análise de seu modo de argumentação. A tese segundo a qual os muitos sujeitos resultam de uma pluralidade de vivências indivisa não pode, como no caso do interacionismo, ser refutada como teorema circular. Mas ela exige que aceitemos um estado de coisas como realidade fenomenologicamente demonstrável, uma realidade tão misteriosa quanto a desdenhada criação do mundo do sujeito a partir de um único Eu Absoluto. A tese da indivisão original na vivência é a contraparte a essa tese de Fichte em inversão exata. O dialogismo precisa aceitar a denúncia de que ele sobrecarrega a sua evidência, cuja importância vital não é questionada, quando ele contesta que, já na percepção do fato de alguém dirigir a palavra a mim, está implicada alguma autorrelação daquele ao qual a palavra é dirigida. Não existiria ninguém que fosse um tu para mim, se ele não fosse, ao mesmo tempo, também um outro, se, portanto, eu não pudesse dizer que "ele", meu "tu" não é para mim um outro diferente de mim. Podemos distanciar ao máximo a relação com um "tu" do saber modelado segundo o conhecimento teórico. A implicação conceitual da alteridade não pode, porém, ser separada do ser com outros, mesmo se ele, como fenômeno em seu próprio direito, pertencer a uma esfera diferente do conhecimento e da reflexão distanciada. Nesse sentido, em cada encontro entre o "eu" e o "tu" – também naquele que possui a mais profunda relevância para a vida de ambos – o ser para si de ambos é pressuposto como constitutivo, também para essa relevância como tal. A relevância teórica desse estado de coisas não é diminuída pelo fato de que, em vista do peso humano do encontro entre o eu e o tu, ela possa parecer trivial. Se a excluirmos, também a forma e a dinâmica interna do encontro entre o eu e o tu não poderão ser compreendidas adequadamente.

Ambas as posições que acabamos de examinar precisam ser atribuídas ao movimento fenomenológico. Um de seus lados mais vulneráveis é que ele sempre favoreceu a tendência de, partindo da interpretação de fenômenos, passar diretamente para construções ousadas, que apresentam uma carga enorme de relevância humana e, ao mesmo tempo, pretendem ser sustentadas por esta. Outro exemplo disso, que é extremo de outro modo, é a teoria da intersubjetividade de Emmanuel Lévinas. Em nome da incondicionalidade da obrigatoriedade que o encontro mais simples com um ser humano impõe ao seu próximo, ele exaltou a experiência do "tu" à preferência irrestrita perante qualquer tipo de ser si mesmo. Quando nos deparamos com esse tipo de interpretações, sempre podemos demonstrar que elas submetem os fenômenos a uma estilização exagerada e que elas ignoram as alternativas interpretativas que fazem mais jus ao fato fenomenológico cuja preservação foi o motivo original da construção.

4 Determinação do lugar do naturalismo

Todas essas considerações e seus resultados nos levam a formular uma sentença fundamental, cuja demonstração, se é que ela é possível, precisaria ser feita num contexto muito mais amplo: Sempre que se apela a fatos como aquilo a partir do qual se desenvolve a autorrelação de uma vida consciente, podemos sempre demonstrar também que, neles, já está contida uma autorrelação desse tipo e que essa autorrelação é imprescindível para sua constituição interna e sua compreensibilidade. A vida consciente se realiza numa dinâmica multidimensional; e essa dinâmica está vinculada a uma multiplicidade de outros elementos – também com elementos que são não só modificações dessa autorrelação – não só externa, mas, em muitos casos, também necessariamente. Mas sem integrá-lo simultaneamente à autorrelação como tal e às suas modificações, tudo que pretende antecedê-lo e está vinculado a ele ou não pode ser tematizado ou não pode ser descrito sem uma perda de compreensibilidade.

O fato de que o ser si mesmo está sujeito a uma dinâmica significa justamente que podemos diferenciar níveis de sua realização. Também no mesmo nível dessa realização ele é diferenciado de muitos modos da autorreferência – por exemplo, no conhecimento distanciado e no agir emaranhado em situações e circunstâncias. Mas o ser para si como tal é sempre algo inteligente e, além disso, ponto central de desempenhos inteligentes. Todo o resto se relaciona por meio dele e é compreendido naturalmente como algo que pertence a "mim" e que deve ser atribuído a mim – pois é dele que parte e depende essa formação de unidade elementar na vida humana. Por isso, ele precisa ser distinguido de tudo que precisa ser *ex*cogitado e daquilo que, de alguma forma, como todas as teorias, se coloca à disposição ou poderia estar à disposição.

Sem dúvida, muitas fases em que esse ser para si ainda não ocorreu antecedem à conscientização da vida no processo ontogenético do ser humano, que começa com sua concepção. As autorrelações que agem nelas podem inicialmente ser as retroalimentações objetivas, semelhantes a circuitos integrados, que são típicos a todas as formas de vida. Logo, porém, elas são encobertas por uma percepção viva ou podem ser transformadas em uma percepção desse tipo. Na simbiose do recém-nascido, da qual surge a autoconsciência, ocorre uma formação mais elevada, que podemos chamar de "sensação". Não podemos tratar aqui de todas essas pré-formas da autorrelação consciente.

Reconhecer sua realidade significa, porém, algo completamente diferente de levantar a pretensão de querer *explicar* o saber de si mesmo *a partir* de algo que o precede num sentido vivenciável. Essas fases são as precondições sob as quais a vida se transforma em vida consciente. Mas a transição para essa vida ocorre de forma espontânea – espontânea no sentido de que não conseguimos encontrar na sequência das fases em direção à vida consciente uma causa suficiente para que a forma da vida consciente seja alcançada.

No entanto, isso também não significa que a conscientização da vida deva ser atribuída à intervenção de um *Deus ex machina*. Mostramos já no início do curso de fundamentação destas preleções por que o pensamento que visa, ao mesmo tempo, ao autoentendimento se orienta por duas direções contrárias: pelo conhecimento de um mundo e por pensamentos que buscam encontrar o fundamento do qual surge a própria subjetividade. Essa duplicidade permanece também em vigor quando a subjetividade não é mais compreendida como forma simples do ser para si, mas como realização dinâmica centrada na continuidade do ser para si. Se o ser para si não deve ser compreendido a partir de fases que antecedem a essa realização, então precisamos concluir que o fundamento que ele pressupõe para si mesmo só pode ser procurado numa dimensão que pode ser diferenciada dessa realização.

Pensamentos que procuram escrutar essa causa também só podem seguir duas direções. Uma delas remete à pesquisa dos fundamentos naturais da vida consciente, a outra incentiva extrapolações do conceito de sujeito fundadas naquilo que pode ser adquirido através da análise do próprio sentido de sujeito. A preleção anterior ofereceu o esboço de um exemplo do segundo modo de pensar com sua explicação da consciência ética. O primeiro modo de pensar é representado hoje em dia pelas pesquisas microbiológicas e neurológicas sobre a base natural da consciência. O ponto comum de ambas as abordagens é, porém, aquilo que ao mesmo tempo as diferencia do interacionismo e das teses fenomenológicas sobre o ser com outros – elas *não* se limitam à dimensão em que a vida consciente se realiza.

Entender o ser para si do ser humano como fato natural significa compreendê-lo como integrado na imagem científica do mundo subatômico, ou seja, deduzi-lo de algo real que, como que protegido por uma cortina de ferro, jamais será acessível à vida consciente em sua própria realização. O esclarecimento que ela assim recebe sobre si mesma vai contra a tendência de entendimento que lhe inere. No mundo subatômico, dominam as leis da correlação de estados, que se distinguem das leis da atuação de forças sobre os corpos. É possível que façam parte delas também leis da covariação, que podem ser descritas como análogas a formas de consciência. O saber de si mesmo, porém, que caracteriza a vida consciente, não pode ser descrito com regras de covariação. Por isso, nem mesmo as descobertas no mundo subatômico, que parecem nos aproximar da compreensão da consciência, conseguem eliminar a fronteira entre a base material da consciência e o modo em que ela mesma se compreende.

Algo semelhante vale para a dupla hélice como portadora do código genético e os neurônios-espelho, que supostamente explicam o acesso a fenômenos estranhos ao psíquico. Esse tipo de descobertas notáveis pôde provocar a impressão durante uma década de que a solução do enigma fundamental é apenas uma questão de tempo. Mas sempre surgem novos problemas que evidenciam a mesma fronteira em outro lugar. Muitas vezes, como acontece também no caso dos neurônios-espelho, a própria explicação dos resultados supostamente sensacionais permite reconhecer que a pretensão de explicação vinculados a eles é apenas a consequência de uma descrição insuficiente do problema.

Na verdade, o fato de que todo ser para si tem um fundamento natural é trivial. Nem mesmo o metafísico mais obstinado ou o monge mais alienado pode negá-lo. Quanto mais, porém, ele é pesquisado, atraindo tentativas sutis de explicação, mais favorece a opinião de que, em algum momento do futuro próximo, a explicação naturalista do espírito será bem-sucedida. Até aqueles que consideram impossível que essa explicação seja encontrada (desde Dubois-Reymond até Colin McGinn) tendem a pressupor que exista um vínculo fixo entre a realidade subatômica e a vida consciente. Isso, por sua vez, pode fortalecer a opinião de que o naturalismo só pode ser combatido por meio de uma crítica epistemológica ao método da ciência natural, que, consequentemente, se alia a uma dedução da subjetividade a partir do ser com outros. Pois apenas assim, acredita Jürgen Habermas, seria possível manter intacta a dimensão humana do entender a si mesmo frente à alienação naturalista.

Mas todas essas deduções se evidenciam como falhas. A subjetividade do ser humano é um fato último; mas, mesmo assim, um fato que não pode ser fundamentado em si mesmo. Isso confere à explicação naturalista da subjetividade a partir de uma dimensão diferente uma plausibilidade adicional, mas isso também fortalece a justificativa de manter aberta uma alternativa à explicação naturalista. Pois a explicação naturalista exige uma autorrevisão da autoimagem do ser humano. Ela não consegue se inserir diretamente no processo de vida real do ser humano. E também aqueles que hoje exigem essa revisão conseguem reconhecer que isso lhes causa certas dificuldades, mas não conseguem explicar como essa revisão poderia ser aplicada com toda consequência ao ponto de poder ser realizada na própria vida. Assim, precisam continuar a exigir que a compreensão teórica seja separada da prática de vida e que a prática seja imunizada contra essa compreensão. A prática da vida tornar-se-ia, assim, uma realização imprescindível, mas sem garantia de conhecimento. No entanto, ela mesma é impregnada e apoiada por uma compreensão que não sobreviveria à ruína da pretensão de verdade que nela está contida. Uma explicação que levaria a essas consequências não poderia ser aceita se ela se apresentasse apenas como exigência de não fechar os olhos ao que, supostamente, é evidente para todos. Na história do pensamento, o naturalismo nunca se apresentou como mero apelo às evidências, mas como dedução lógica da demonstração de que todas as tentativas de pensamento que se esquivam da explicação naturalista do espírito fracassaram e jamais poderão ser bem-sucedidos. Assim, o naturalismo adquire um tipo de autenticação completamente diferente, mas também se envolve num campo completamente diferente de considerações e controvérsias. Sob esse ponto de vista, a compreensão naturalista da vida consciente precisaria ela mesma querer que ela não fosse degradada a um lugar-comum, como aparenta acontecer atualmente, pois ninguém mais ocuparia os papéis de seus antagonistas. Mesmo que hoje dificilmente alguém seria tão convincente quanto o foram Platão, Leibniz e Kant, que, em seus respectivos tempos, quase calaram o naturalismo, é de interesse teórico e vital que seus papéis não permaneçam vacantes.

Faz parte do diagnóstico do modo de explicação naturalista que ele resulta da conexão entre dois fatores. Ambos têm seu lugar sob o teto esboçado na primeira preleção: Ele vincula o retorno da subjetividade, em seu pensamento, para trás de si mesma em um fundamento do qual ela surge com um avanço da imagem natural do mundo para uma imagem científica. Talvez essa localização possa contribuir para atribuir à resistência contra a autointerpretação naturalista, resistência da qual a vida consciente aparentemente não se deixa dissuadir, uma boa razão que possa ser deduzida de modo imediato da abordagem da explicação naturalista.

Nestas preleções esboçamos os traços fundamentais para uma alternativa à autoimagem naturalista. Também esta alternativa retrocede a um ponto anterior à dimensão dos fatos que se evidenciam de modo imediato nesta vida. A investigação da subjetividade sobre seu próprio fundamento, porém, é aplicada em pensamentos que visam à compreensão do processo da subjetividade como consequência desse fundamento e que possam demonstrar seu efeito nesse processo da subjetividade *como* entendimento de si mesma. Isso inclui que a subjetividade possa ser compreendida também na unidade da formação multidimensional do seu processo. Como exemplo podemos citar mais uma vez a relação entre o conceito de sujeito e a consciência ética, que foi o tema da preleção anterior.

Diferentemente da fixação naturalista no vínculo entre a relação fundamental do sujeito e a imagem científica do mundo, os pensamentos sobre o fundamento da subjetividade podem ser *apenas* pensamentos. Seu teor não possui um correlato imediato nem na imagem primária nem na imagem científica do mundo. Disso resulta necessariamente que a maioria recorre, para não os levar em consideração para a sua vida, ao argumento segundo o qual eles, ao contrário dos fatos do saber experiencial, se apresentam como abstrações distantes da vida. Apenas quando eles são desdobrados para si mesmos torna-se possível desdobrar a partir deles uma imagem do mundo experimentado na qual a subjetividade e seus processos têm seu lugar. Numa imagem desse tipo, o véu da estranheza, por trás do qual se escondem o conceito primário do mundo e ainda mais a forma científica do mundo, se levantaria – esse véu é invisível, sim, mas é percebido a todo momento por meio da consciência da própria falta de localidade. Nessa imagem, os fatos em que se apoia a explicação naturalista da subjetividade precisam ser respeitados e levados em consideração – da mesma forma como Platão não ignorava os fatos que sustentavam a imagem atômica do mundo e da mesma forma como Kant foi incentivado pela descrição do mundo de Newton a esboçar os traços filosóficos fundamentais que permitiam relacionar o mundo de Newton a uma descrição alternativa do mundo.

A extrapolação do fundamento da subjetividade compartilha com a explicação naturalista também o fato de ambas não verem a subjetividade como algo autossuficiente. Ambos os empreendimentos, que são contrários um ao outro, são motivados pela convicção de que, em seu processo, a subjetividade precisa ser vista como sempre condicionada e também se vivencia como tal. Os dois empreendimentos se diferenciam no fato de que a extrapolação do fundamento em pensamentos não solapa a autoimagem da subjetividade, mas a fundamenta e que ela não leva à suspensão, mas à atribuição fundamentada de autoatividade. A próxima preleção deixará isso mais claro.

No que diz respeito à inclusão da subjetividade, o esclarecimento do conceito de sujeito, juntamente com a extrapolação do fundamento, nos leva a ver e compreender os sujeitos em seu processo como condicionados de *múltiplas* formas. Essa multiplicidade, porém, não suspende a unidade do entender a si mesmo. E esse desempenho gerador de unidade da relação com seu fundamento tem um efeito imediato sobre o entendimento do ser humano sobre os modos de ser com outros.

O ser humano está, como já mencionamos, inserido em modos completamente diferentes de ser com outros. Alguns desses modos pertencem à esfera da preservação de sua existência física, em outros ele se realiza como sujeito e, ao mesmo tempo, em relação àquilo a partir do qual ele se entende em sua subjetividade como tal. Sua ambição precisa ser não se adaptar a essa multiplicidade como um autômato de reação flexível. Como sujeito, seu objetivo é compreender a unidade de sua vida não só como continuação factual em suas mais diversas funções. O sentido mínimo do sujeito, determinado pela insistência na continuidade do saber de si mesmo, precisa ser realizado também por meio de um sentido de unidade da subjetividade. Ele é tanto tema da filosofia quanto é objetivo do esforço da própria vida – pelo menos em relação aos dois modos divergentes de levar sua vida como sujeito na convivência com outros. Na preleção anterior, vimos que essa tarefa se impõe já dentro da dimensão do problema da consciência ética. Respeitar o próximo e ver como sua própria vida se realiza num próximo também são dois modos eticamente completamente distintos do ser com outros. Sua relação não pode ser determinada nem pelo registro de suas diferenças nem por meio do estabelecimento de uma hierarquia entre eles. É apenas uma compreensão da dinâmica da subjetividade que permite esclarecer essa relação sem que o esclarecimento ignore a consciência da dimensão profunda daquela diferença.

5 O corpo vivo como condição do ser com outros

O fato de que os seres humanos têm consciência de si mesmos e que, por isso, são sujeitos, é um fato elementar e inconteste. Apesar de fundamental e, à primeira vista, bem simples, vimos que esse fato é, em si, bastante complexo, mas que, mesmo assim, nenhuma análise consegue remetê-lo a algo mais simples. A complexidade vinculada a ele se multiplica quando levamos em consideração que, apesar de surgir sob determinadas condições, incluindo aquelas que podemos chamar suas prefigurações, ele ocorre de modo espontâneo e se desdobra numa multiplicidade de modos de saber e de conduta. Podemos designá-los como modificações da autorrelação sapiente.

O fato de que os seres humanos se relacionam com outras pessoas pertence, tanto quanto sua autorrelação, aos fatos cuja validade podemos aceitar como elementar. Diferentemente do caso do saber de si mesmo, é absolutamente evidente que esse ser com outros é complexo e apresenta muitas modificações. E diferentemente do caso da autoconsciência, não precisamos nos dar ao trabalho de demonstrar essa complexidade. Além disso, vemos que também as pessoas simples são abertas para perguntas que digam respeito ao seu ser com outros – para a pergunta, por exemplo, sobre por que algumas pessoas lhe são acessíveis, e outras não, ou se realmente é possível confiar em outra pessoa sem qualquer ressalva.

É igualmente inconteste que a importância que as pessoas atribuem aos modos de seu ser com outros em sua vida está vinculada com sua autorrelação – também para aqueles que pretendem deduzir todo ser para si de um modo do ser com outros. Mas a multiplicidade de formas tanto do ser com outros quanto do ser para si oferece, no entendimento de sua relação recíproca, muitos pontos para divergências e controvérsias. Nas seções acima, tentamos retraçá--las na medida em que foi necessário esclarecer as precondições para podermos, partindo da subjetividade, tratar dos modos do ser com outros do ser humano.

Já devemos descartar a dedução genética do ser com outros a partir do ser para si segundo o modelo daquele tipo de dedução vislumbrado por aqueles que pretendiam fundamentar o ser si mesmo no ser com outros. O ser para si não resulta nem de um ser com outros mais originário nem é consequência de uma interação que, juntamente com o ser para si, resulta na experiência do ser com outros. A isso corresponde, como veremos mais adiante, um outro fato, i.e., que o ser para si não pode se fundir com outro ser-para-si nem mesmo numa forma mais sublime de ser com outros. Do fato de que jamais podemos considerar o ser para si fundamentado em si mesmo poderíamos deduzir também que ele não pode ser deduzido de nenhuma precondição externa.

Para uma compreensão da intersubjetividade que tem como ponto de partida a subjetividade, a indedutibilidade da subjetividade precisa também ter consequências para a explicação dos modos do ser com outros. Ela só poderá mostrar em que sentido os modos do ser com outros estão conectados a momentos da constituição da subjetividade e quais modos da realização da subjetividade são realizados também nos modos do ser com outros. Poderíamos então achar que a demonstração de um vínculo entre ser si mesmo e ser com outros se esgote na demonstração da existência de uma série de correlações entre os dois. De fato, a investigação dos entrelaçamentos entre ser para si e ser com outros é a alternativa metódica aos programas de dedução predominantes nessa área. *Partir* da subjetividade na demonstração da correlação significa, porém, vincular a ela uma expectativa de alcance maior. No emaranhamento das correlações, a subjetividade é o ponto de referência central – no sentido de que, em relação a elas, os modos do ser com outros podem ser inseridos na perspectiva da unidade de um único contexto de entendimento. É a partir da subjetividade, não a partir dos modos de seu ser com outros, que o ser humano pode se compreender na unidade de sua vida consciente. Isso não poderia ser assim se não coubesse à subjetividade uma prioridade também na estruturação dessa vida.

Essa afirmação, porém, não significa que o peso da importância que cabe à autorrelação na realização desta vida seria de importância secundária perante a importância do ser com outros para ela. A atribuição de uma posição dentro de uma estrutura de correlações nada diz sobre a importância vital dos elementos inseridos nessas correlações. Pode até ser a precondição necessária para não só evidenciar, mas também explicar a importância vital incomensurável e superior dos modos do ser com outros, por exemplo, da amizade ou do amor.

A demonstração de uma correlação que ocupa uma posição esclarecedora na subjetividade não só não significa uma atribuição de peso de relevância, ela tampouco resulta numa tese sobre a sequência genética de fases do desdobramento do ser com outros. Essa demonstração em nada impediu o reconhecimento do fato de que a emergência espontânea do ser para si ocorre sob condições externas. Em nada dificulta vê-lo em concordância com o conhecimento corriqueiro segundo o qual os modos do ser com outros para o ser humano em desenvolvimento são de importância decisiva para o processo dessa emergência. O ser para si não precisa anteceder ao ser com outros para que possamos atribuir ao primeiro uma posição central nos modos do ser com outros.

Após todos esses esclarecimentos e diferenciações, retomamos as considerações que, partindo da relação da subjetividade com o mundo, nos levaram à dependência de um corpo por parte do sujeito individualizado. Numa sequência de passos, que novamente nada mais podem ser senão esboços de argumentações, precisamos agora fazer a transição dessa posição para o ser com outros dos sujeitos encarnados. Será útil lembrar-nos de que as considerações antecedentes já nos forneceram uma série de abordagens para vincular a multiplicidade dos modos desse ser com outros à constituição e à dinâmica da subjetividade. Entre estes e além da encarnação, sobre a qual uma via da exploração do mundo está vinculada a uma posição no mundo, estas três foram relevantes: A subjetividade se vivencia como fundamentada – de um modo que se esquiva de uma determinação objetiva. Como entidade individual, ela sempre se insere também numa dimensão em que indivíduos são diferenciados uns dos outros. A subjetividade emerge de modo espontâneo, e essa emergência se vê submetida a condições, mas sem que essas condições possam ser vistas como causa da subjetividade. No contexto do processo da formação de identidade de pessoas e na explicação da dinâmica inerente à consciência ética já falamos sobre outras abordagens desse tipo.

Se entendermos o mundo como totalidade daquilo que um sujeito pode considerar real num único sistema de relações, só podemos conceituá-lo se o compreendermos como pensamentos fundamentados na constituição do próprio sujeito. Como totalidade, porém, ele se encontra, ao mesmo tempo, numa distância fundamental em relação a qualquer concepção especial de determinada realidade que um sujeito seja capaz de realizar dentro do horizonte da totalidade e em relação a ela. Dessa tensão, fundamentada no próprio sentido de sujeito, resultam tensões adicionais. Uma delas é a diferença entre o próprio corpo [*Körper*] como objeto e o corpo vivo [*Leib*]* do sujeito.

Se o ser humano é posicionado em seu mundo por meio de seu corpo, então sua relação com esse corpo não pode coincidir com a relação com qualquer objeto, por mais próximos que imaginemos os dois. Pois é por meio do corpo que sua relação especial com aquele mundo é mediada. No entanto, também não pode ser totalmente alheia a uma relação com um objeto. Pois o corpo medeia a relação especial com o mundo justamente pelo fato de pertencer ao mundo. É uma particularidade da língua alemã que ela é capaz de expressar essa diferença fundamental diferenciando o *Leib* do ser humano de seu *Körper*. O *Leib* é objeto apenas no sentido de que ele também pode ser contemplado como *Körper*; no entanto, não pode ser compreendido como mero *Körper*.

Essa distinção, que se tornou relevante para a filosofia apenas no século XX, demarca uma região ampla que não pode ser sondada plenamente por descrições fenomenológicas e investigações da psicologia e da neurologia. Nenhuma investigação empírica conseguirá suspender essa diferença, pois faz parte dos fundamentos da relação do ser humano com o mundo – e certamente isso também não acontecerá quando nutrimos a esperança de que, por meio do aprofundamento no campo de pesquisa neuronal, a dissolução dessa diferença ocorrerá automaticamente.

O corpo vivo não pode funcionar como um aparato da mediação do mundo, cujos produtos e informações só precisaríamos reunir e harmonizar. Precisamos nos conscientizar dele como tal. Pois todas as vias de mediação da exploração do mundo precisam confluir nele para a subjetividade e, assim, atribuir ao sujeito uma posição em relação ao mundo. Por isso, o corpo vivo precisa estar impregnado de um tipo de saber sensorial. Ele não é composto de elementos, mas segmentado em regiões. Sua relação se modifica segundo a posição e a sensibilidade de seus membros – também para aquele que nunca pôde perceber seus membros como membros de um corpo. Nessa presença da esfera própria do

---

* [N. dos T.]: Na língua alemã, *Körper* se refere ao aspecto físico. *Leib* sempre denota uma relação do corpo com algo, seja este a alma ou a consciência, ou até mesma a autorrelação do corpo com o corpo.

corpo vivo, que os psicólogos chamam de propriocepção, podemos reconhecer uma contraparte à autorrelação no saber. Mas ninguém deveria ceder à tentação de considerar a autorrelação do ser humano explicada pela propriocepção, pois o sujeito é capaz de mudar a autopercepção pela simples contração de alguns músculos que o coloca numa posição ereta. Em alguns casos raros, a propriocepção também pode se dissolver. Então, o sujeito pode aprender, por meio de artifícios complicados, a reordenar sua relação corporal com o mundo por meio de recursos diferentes das percepções externas do próprio corpo.

O fato de o sujeito ter consciência de seu corpo vivo e o modular, mediante a propriocepção, por meio de impulsos de ação, é uma das precondições para cada movimento espontâneo e intencional do corpo. Esse tipo de movimentos do corpo são ações basais. Elas podem ser executadas para alcançar um fim, podem ser parte de uma prática habitual ou também ser realizadas prazerosa ou compulsivamente. Em todo caso, não é necessária outra ação para causar sua realização. Se quisermos beber, precisamos antes abrir a boca. Mas para que ela se abra, basta querê-lo e iniciar a ação, não é preciso ainda outra coisa para ocasionar a ação.

Essa presença no corpo não mediada por qualquer outra coisa é também precondição para que o sujeito adquira, por meio de suas esferas sensuais, as precondições para uma fase no desdobramento de sua exploração do mundo, que, como sabemos, deve ocorrer de acordo com seu posicionamento em seu mundo. Aquilo que se insere nessas esferas é, apenas no modo da extracepção, igualmente presente sem mediação quanto o próprio corpo. Assim como os membros do corpo vivo como um todo de uma atribuição são permeados por um sentir, torna-se consciente, na extracepção, não só um conjunto de impressões desvinculadas, mas sempre uma imagem integrada de um ambiente.

Por isso, precisamos supor que mecanismos muito complexos subjazem a essas integrações, que não podem ser separadas de seus elementos – mecanismos estes que o próprio sujeito não conseguiria manusear. A suposição segundo a qual seria o próprio sujeito que constrói pessoalmente sua percepção corporal interior, o processo de suas iniciações de ações e suas imagens de percepção nos leva imediatamente a um círculo. Pois o sujeito não poderia realizar a construção se aquilo que pretende ser construído já não existisse como plano para a construção. E, no máximo, uma construção poderia realizar a presença em um corpo qualquer, mas não no próprio. E à construção de uma relação com o mundo sempre antecederia o fato de que o sujeito que realiza a construção já precisaria saber-se posicionado em seu mundo. Podemos deixar em aberto que tipo de processos seriam aqueles que antecedem à formação da imagem de percepção e da propriocepção. Eles só podem ser inferidos, mas não ser elevados à consciência.

Com a imediação contida na propriocepção, nos atos basais e no contato com o mundo, tratamos apenas parte daquilo que o sujeito atribui a si mesmo por meio de seu corpo. Ainda não falamos de autopercepções como dor e excitação prazerosa ou dos aspectos físicos de humores e sentimentos. Na percepção alheia de pessoas, elas representam aquilo que é atribuído primeiramente a elas – após a imagem de sua aparência física – pelos outros. Isso pode nos levar a supor que precisamos tratar disso aqui. Mas o tema dessa preleção é o ser com outros dos sujeitos, não a modalidade corporal da autorrelação.

Mesmo assim, o corpo como mediador da própria posição do sujeito em seu mundo possui um significado maior para o entendimento sobre os fundamentos físicos do ser com outros. Pois as reflexões sobre ele evidenciam que precisamos atribuir ao sujeito uma presença imediata em seu corpo vivo, mas também que o sujeito como tal permanece distinto da propriocepção de seu corpo vivo. Isso nos dá a possibilidade de nos aproximar da solução de um problema que sempre tem mantido a teoria da intersubjetividade num estado de inquietação: Por um lado, a relação das pessoas entre si é totalmente imediata; por outro, é de tal modo que a distância entre aqueles que se encontram numa relação desse tipo e que é dada por meio de sua diferença não pode ser suspensa – a despeito da aparente suspensão da separação das pessoas na ação coletiva e a despeito de sua aparente fusão nos atos do ser com outros intensivo.

Autopercepções se localizam ou se estendem sobre partes do corpo vivo. São, portanto, abarcadas pela propriocepção do corpo ou fundamentadas nela. Se não quisermos dizer que sentimentos e humores são, eles mesmos, modificações da condição de corpo vivo, eles provocam sim de forma imediata uma modulação do corpo vivo. Provavelmente, só podem ser experimentadas de modo reduzido quando a consciência do próprio corpo vivo se perdeu. O ser humano traduz seu humor espontaneamente em postura e movimento corporal, não ao modo em que ele executa quaisquer atividades, mas exclusivamente para expressar seu humor. Assim, o corpo vivo serve como meio no qual também a dinâmica da subjetividade encontra uma primeira expressão – expressão esta que jamais pode ser guiada completamente por intenções. E essa expressão também não é percebida apenas pelo outro ser humano. O próprio ser humano se vivencia como prejudicado quando aquilo que põe seu corpo espontaneamente em movimento é interrompido. E ele possui a capacidade e a tendência de se representar em seu estado emocional também perante si mesmo.

Tudo isso antecede ao comportamento sob condições do ser com outros. Nele, porém, estão contidas as precondições necessárias para que os seres humanos possam interagir uns com os outros sem a necessidade de terem de procurar esclarecimento uns sobre os outros por meio de indícios. No entanto, isso ainda não explica esse ser com outros. O fato de que o corpo vivo, como corpo, precisa poder ser percebido segundo o tipo da percepção externa também não explica isso. Nisso, a propriocepção é harmonizada com a imagem externa de si mesmo. Mas, na percepção externa do próprio corpo vivo, esquivam-se do sujeito quase que completamente suas qualidades de expressão espontânea. Todos conhecem aquilo que nos faz estranhar e que nos deixa maravilhados diante de gravações em filme ou áudio com nossas qualidades e nossos atos de expressão quando as vemos pela primeira vez.

Outras pessoas, porém, percebem não só um corpo que elas sempre interpretam com argúcia – e estranhamente sempre de modo certeiro – como corpo vivo de um sujeito. Elas sempre percebem de modo imediato o corpo vivo de outra pessoa em uma postura especial na qual sua subjetividade encontrou uma expressão, por mais limitada que seja. Isso só é possível quando ocorrem dois processos complementares, que se desdobram sem qualquer iniciação por um agente e que se realizam imediatamente: A tradução da autopercepção em uma expressão corporal e a percepção da expressão como tal, i.e., em relação a um estado que só pôde ser atribuído a si mesmo por aquele que originalmente sabe dele. Esses processos antecedem tanto à consciência quanto àqueles processos por meio dos quais se formam as extracepções relacionadas ao corpo vivo.

É necessário dar-se conta do alto grau de complexidade que precisamos atribuir a esses processos. E não podemos esquecer que eles precisam transcender a diferença entre percepção própria e percepção alheia, que não pode ser anulada por nós. Apenas assim reconheceremos que deles nada sabemos, sem ceder à tentação de modelá-los segundo os padrões que criticamos acima e assim situá-los num nível muito mais elevado do que naquele em que eles realmente ocorrem.

Daquilo que foi dito acima podemos citar toda uma série de razões para, dentro de uma teoria da subjetividade, considerar aceitável uma situação que, tanto quanto esta, não satisfaz a necessidade de uma explicação nessa medida:

A transmissão de todo ser com outros por meio do nível elementar da corporalidade do ser humano é inegável. Todas as tentativas de explicação filosófica que ignoram isso se emaranharam em círculos ou em impertinências muito mais graves. O raciocínio no início da subjetividade não é do tipo de uma dedução na forma de explicações. E já na explicação do princípio de partida, da própria subjetividade, tivemos de desistir de qualquer tentativa de uma dedução explicativa.

6 Linguagem e cultura

Os processos da tradução de estado interior em expressão e de expressão em compreensão da autopercepção por outros, dos quais acabamos de falar, não se limitam aos seres humanos. A interação de primatas não pode ser descrita como mera reação comportamental recíproca. Isso significa que esses processos juntos representam uma precondição elementar para o ser com os outros de sujeitos, mas que eles não têm como precondição uma subjetividade desenvolvida. O fato de que esses processos estão tão profundamente arraigados na filogênese poderia nos levar à suspeita de que é por meio deles que se torna algo natural para o ser humano aquilo que poderia ter sido uma grande surpresa: o fato de ele estar cercado por outros iguais a ele.

Mas até mesmo uma tartaruga que solitariamente saiu de seu ovo esperaria, contanto que fosse inteligente o bastante – mesmo quando não procurasse por outros de sua espécie para se procriar –, encontrar seres iguais a ela. O fato de que o ser humano conhece a si mesmo e a si mesmo como indivíduo e o fato de que ele compreende seu caminho no mundo em sua especificidade já inclui os outros iguais a ele em seu pensamento. A grande surpresa poderia ser para ele não o fato de que esses outros realmente existem, mas o fato de que eles o cercam em tamanho número e que, de algum modo, eles lhe são compreensíveis de forma tão imediata.

Essa surpresa não ocorre, e isso se deve simplesmente ao fato de que o ser humano cresce em direção à sua subjetividade e se vê diante da necessidade de continuar a crescer em seu desdobramento. Ele não a possui desde o início, tampouco ela surge em seu estado de maturidade. Sua emergência espontânea é uma ocorrência dentro de sua vida, que se torna vida consciente por força dessa ocorrência. Essa vida, porém, não é autossuficiente, ela necessita de cuidados e de orientação. Assim, os processos por meio dos quais outros se tornam acessíveis uns aos outros são acionados em fases primordiais da vida em crescimento. E esses processos são, desde cedo, encorajados também por aqueles que cuidam e orientam essa vida. Uma das condições para ser um companheiro [*Mitmensch*] começa a se cumprir ainda antes da criança alcançar a vida consciente para então conseguir se comunicar a partir dessa vida.

Disso, porém, não se segue que o ser humano se entende como reunido aos outros assim que adquire saber de si mesmo. Segue-se também que o modo com que sua orientação para a vida consciente se realiza e no qual aqueles que o orientam compreendem essa orientação precisa anteceder a ele e a qualquer um que, em algum momento, precisou dessa orientação. Portanto, uma condição para que a subjetividade possa emergir em seres finitos em fase de crescimento é não só a intersubjetividade, mas também um convívio orientado pela prática, uma *cultura*.

A necessidade de cultura para a vida consciente se segue certamente não apenas da necessidade de uma prática que permita que a próxima geração consiga crescer em direção a essa vida. Ela está arraigada não só à gênese da vida consciente; mas, de modo completamente diferente, também à sua constituição, à sua exploração da autointerpretação e à necessidade da estabilização de seu modo comportamental na diversidade das dimensões de sua ação. Aquele que cresce numa cultura se familiariza com ela primeiramente por meio do modo em que ele recebe cuidados e orientação – e aqui primeiramente por meio de posturas e gestos e aquilo que se expressa neles.

Tudo isso deixa claro que a existência dos outros é algo que esse tipo de sujeito jamais questiona, mesmo que sua existência não possa ser demonstrada. Seu saber dela é resultado de um processo que, para ele, é tão marcante quanto incompreensível. Sua eficácia antecede até àquele outro processo por meio do qual o sujeito cresce em direção à vida consciente. E também sua referência a outros sujeitos está incorporada em sua constituição. Essa constituição não lhe garante que essa referência se concretize no convívio com eles, razão pela qual a sua mera análise também não nos permite chegar à garantia de sua realidade por meio de uma demonstração. Mesmo assim, ela se torna e permanece fundamental para o decurso de sua vida.

No entanto, o ser com outros não é natural ao sujeito como trivialidade lógica ou no sentido em que isso tem sido reivindicado de modo quase unânime pela teoria do século XX – como tipo de artigo fundamental daquilo por meio do qual a contemporaneidade teórica precisa ser definida. Quando alguém duvida de sua naturalidade, seja em seriedade teórica ou em uma emergência da vida, este não precisa ser diagnosticado com um distúrbio nos fundamentos de sua subjetividade. Antes precisamos dizer que aquele para o qual o convívio com outros adquiriu o caráter de uma naturalidade trivial jamais terá acesso às formas mais profundas do ser com outros. Pois para essas experiências é essencial que aquilo que se tem em comum com o outro permaneça indissociável do próprio ser si mesmo, mas que nisso, e justamente também por isso, a existência do outro se revele ao ser humano sempre de novo em sua facticidade inquestionável.

Se, porém, já partirmos da língua, a comunhão de locutores é sua implicação necessária. Por isso, a referência a essa comunhão é também uma estratégia muito fácil que visa a emudecer a pergunta pela certeza dos outros. A língua oral, da qual são derivadas todas as línguas escritas, pressupõe, porém, os processos de expressão e reconhecimento. Ela os usa num nível mais elevado, no qual a articulação da expressão é determinada por regras e por um conhecimento já refletido da ocorrência expressiva. Aquele que cresce em direção a uma vida consciente, se vê primeiramente exposto a uma língua. Se ninguém dirigisse a palavra a ele e ele não tivesse pessoas falantes ao seu redor, ele nunca alcançaria o emprego da língua. Ele precisaria primeiro inventá-la juntamente com a capacidade de entendê-la – um projeto verdadeiramente sobre-humano. Mesmo assim, nem sua inteligência nem sua autorrelação podem ser explicadas a partir da ocorrência da expressão linguística. Aquilo que demonstramos acima em relação ao emprego do pronome pessoal "eu" vale para o uso linguístico em geral.

No entanto, a língua não é apenas um meio de comunicação de coisas anteriormente articuladas em silêncio. Para a ocorrência expressiva como um todo vale que aquilo que vem a ser expresso não é indiferente em relação à própria expressão, ou seja, que a expressão se forma juntamente com aquilo do qual ela é sua expressão. O fato de que o pensamento se articula involuntariamente em constante referência à sua expressão linguística é apenas um caso especialmente significativo do mesmo fato fundamental.

Nesse caso vale inversamente que a inteligência recebe possibilidades por meio da língua, cuja realização ela jamais teria conseguido sem esse meio da língua. A fim de desenvolver pensamentos em sua mais delicada diferenciação, é preciso inseri-los na língua e ponderá-los e fixá-los nela. Sem a forma proposicional não existiriam pensamentos de objetos. Ela não pode ser dissociada da inteligência, por isso, precisamos supor que ela se insere na forma linguística a partir da inteligência. Por isso, é também provável que ela é ou podia ser compreendida e empregada já antes e independentemente do uso linguístico. No entanto, é apenas no contexto do domínio da língua que ela pode se tornar um sistema consistente e universalmente aplicável da identificação e caracterização de objetos (que possa ser aplicado de modo transparente e refletido).

No que diz respeito à relação entre língua e subjetividade, porém, a língua contribui com algo que é de máxima importância para a vida humana. Ela permite que a subjetividade como tal seja acessível *para outros*. Nisso ela se distingue fundamentalmente da compreensão da ocorrência expressiva. Em toda compreensão de expressão, aquele que compreende acessa algo que não diz respeito a ele mesmo. A dor e a tristeza do outro comovem por meio de sua expressão sem que precisem ser compartilhados. Cada expressão é vinculada de modo imediato com a esfera própria de uma vivência e, ao mesmo tempo, fundamento para que isso seja compreendido pelo outro, sem que este precise executar a mesma vivência. A subjetividade própria daquele que compreende se vincula ao compreendido na medida em que seu próprio potencial de experiência como tal é atualizado, mas na distância dupla em relação ao outro e à sua própria vida. Isso vale até mesmo quando a expressão do outro, como no caso da expressão de agressividade, ativa imediatamente uma postura de defesa. Na expressão, que é a primeira coisa a atrair a compreensão, podemos sempre perceber também algo de toda aquela vida na qual aquilo que se expressa surge e se insere. Mas todo o contexto no qual a subjetividade se realiza em seu ser para si e na dinâmica que surge a partir do ser para si não pode ser inserido numa expressão e ser compreendido a partir desta.

Isso é também consequência do fato de que a vida consciente se vê emaranhada em ambivalências. Em cada ser humano existe uma disposição para harmonizá-las, e um modo da harmonização pode ser visto na expressão facial de cada retrato. Mas uma vida só seria compreendida se também a realização da ocorrência de harmonização se inserisse na expressão. Nesse caso, porém, seria necessário se aproximar tanto do ser para si daquele cuja vida encontrou essa expressão que, em decorrência disso, a distância ao próprio ser para mim se dissolvesse. Se isso ocorresse, a diferença dos sujeitos, que é constitutiva para toda compreensão expressiva, seria suspensa. Se, porém, a diferença do ser para mim dos sujeitos permanecer estável, a expressão de toda a vida se divide em uma multiplicidade de elementos expressivos, dos quais cada um possui o potencial de ativar potenciais de experiência da vida de cada um. Nesse caso, aquele que procura compreender seria obrigado a primeiro recuperar a unidade a partir de sua própria vida.

A língua é um meio de expressão muito especial. Suas regras são empregadas de modo espontâneo e sem um conhecimento explícito delas. Trata-se também de um emprego quando este nasce a partir de uma intenção, mesmo que de modo diferente do que na ocorrência expressiva normal. Está inserida no sistema linguístico como um todo a comunicação da perspectiva do sujeito sobre o "eu", a primeira pessoa no singular – também onde as sentenças afirmativas articuladas exigem a fundamentação por meio de razões. Pois faz parte da justificativa não só a distância em relação à vida própria do sujeito, mas também a necessidade de ele se apropriar das razões. Disso resulta, para a língua, a possibilidade de articular nela mesma o ser para mim de um sujeito como tal – de tal modo que, na forma da comunicação linguística, se encontra uma resistência contra a harmonização do ser para mim dos outros por meio da ativação de potenciais de experiência. Essa conscientização do próprio ser para mim, que precisa ser diferenciada de uma objetivação, é realizada pela língua também para o próprio locutor – em seu diálogo consigo mesmo e na articulação linguística de seus pensamentos. Ela pode surgir espontaneamente, mas também ser visada explicitamente pelo pensamento concentrado.

Minimizamos, então, os desempenhos da língua se perfilarmos sua forma proposicional apenas sob o ponto de vista de sua capacidade de viabilizar ou estabilizar uma determinação verídica do objeto. Certamente existem numerosas formas de atos de fala, que exigem que o locutor assuma outros papéis que não aquele em que ele afirma algo. Mas a própria proposicionalidade já está vinculada a uma possibilidade dupla: a de fundamentar afirmações sobre o mundo e a de tornar acessível a própria subjetividade como tal tanto para os outros quanto para si mesmo. A minimização pode ser reconhecida facilmente sempre que este segundo desempenho é designado de emprego "expressivo" da língua. A língua como tal é sempre expressão. Mas ela viabiliza sobretudo uma forma de expressão que permite diferenciar entre a presencialização da subjetividade e uma ocorrência expressiva.

Disso podemos deduzir que, na língua como tal, já existe o potencial original para uma tendência dupla e contrária em seu desenvolvimento futuro: a tendência em direção à ciência e a tendência em direção à poesia. Pois ela viabiliza igualmente a estabilização da relação com o mundo e a presencialização da subjetividade. Na língua falada, as duas tendências não podem ser separadas completamente. Pois a subjetividade visa necessariamente ao conhecimento do mundo e a uma compreensão por força da qual ela mesma consiga se compreender em um todo. E no conhecimento do mundo de constituição linguística se inserem sempre também traços que resultam da forma linguística como ocorrência expressiva. Independentemente de como a relação entre os dois precise ser definida – o fato de ela existir evidencia que a língua é um bem da cultura.

Ela o é também no sentido em que o conceito da cultura teve de ser explicado a partir do contexto em que a vida consciente precisa crescer. Quando os pais dirigem a palavra à criança, ela o entenderá primeiramente apenas como ocorrência expressiva. Os pais, mesmo tendo conhecimento disso, usarão a força expressiva da língua com intensidade especial. Juntamente com o desdobramento de sua inteligência, a criança então começará a compreender a língua dos pais como tal. E, pela via de tentativas de sua apropriação a partir de sua própria criatividade na forma da língua infantil e sua revisão, finalmente ela chegará a usar corretamente a forma normal de sua língua materna em conformidade com suas regras. Ao mesmo tempo, a criança se apropria da divisão do mundo e das abordagens para a sua interpretação, que estão inseridas na forma linguística. Por ora, é difícil imaginar uma alternativa a isso, e certamente ela não pode ser considerada. Mesmo assim, a criança adquire desse modo a possibilidade de defender seu pensamento autonomamente perante outros – e, por fim, também o fundamento de construir independentemente uma imagem do mundo e de usar a capacidade de articulação da língua para este fim. Simultaneamente, ela também adquire a possibilidade de dar àquilo que a comove e que ela vê como ver os outros a forma distanciada da expressão, que é, ao mesmo tempo, comunicação pretendida. No contexto mais amplo desse processo, podemos inserir também a explicação da adoção tardia do emprego do pronome pessoal "eu", que já desenvolvemos na preleção anterior.

Para a criança, permanecerá significativo que ela cresceu e alcançou a autonomia quando outros se dirigiram a ela por meio do emprego das qualidades expressivas tonais da língua. Creio que deve ser possível demonstrar um vínculo entre essa experiência e o senso infantil para figuras linguísticas poéticas, por exemplo, para a rima.

Isso, por sua vez, poderia nos ajudar a explicar por que, após o domínio da língua, permanece um limite em sua capacidade de presencializar a subjetividade. Na base disso podemos explicar a tendência de superar esse limite. Como já mencionamos, a língua se distingue, por meio da possibilidade da presencialização da subjetividade, de todas as formas elementares de expressão. Essa sua capacidade não pode ser separada de sua forma proposicional, à qual vinculamos uma orientação primária e dominante da intenção pela determinação do objeto. Assim, também se insere com ela, na presencialização linguística da subjetividade, que não seria possível sem uma distância em relação à sua realização, também uma adequação da subjetividade à forma fundamental da relação objetivadora com o mundo, ou seja, um distanciamento. Esta pode então ser experimentada como limitação de sua força para a presencialização. Com base nisso, é possível explicar um aspecto na forma da obra de arte, pelo menos da obra de arte musical: Ela efetua a suspensão também dessa limitação.

Isso, porém, não pode ser entendido no sentido de que as obras de arte devem ser compreendidas como um retorno para a força expressiva original do gesto tonal. Elas sempre pressupõem o distanciamento multiforme que foi executado com o desenvolvimento da inteligência e do uso linguístico. Elas tentam, portanto, se elevar acima desse distanciamento, não, porém, voltar atrás dele. Isso explica também em que sentido a obra de arte pressupõe em si mesma a forma proposicional sem usá-la explicitamente e sem ser compreendida a partir desta de forma adequada.

7 Indivíduos em ordens sociais

A criança aprende sua língua materna em contato direto com poucas pessoas de referência; e talvez nenhum vínculo em sua vida posterior se igualará a essa proximidade de vida. Mas a língua não é criada por aqueles que a transmitem para a criança. No passado, ela lhes foi ensinada da mesma forma. E ela não serve à preservação da intimidade familiar. A simbiose entre criança e pais se dissolve, ao mesmo tempo em que uma esfera ampla de interações de longo alcance se abre para a criança. Pois mesmo antes de a língua ter sido traduzida para a forma artificial de uma escrita e para então exercer seu efeito sem a mediação por meio de um locutor, era possível alcançar grandes grupos com mensagens linguísticas e estabelecer consonância e cooperação entre pessoas muito distantes – por meio de uma ordem, de uma proclamação ou da transmissão de mensagens e narrativas de boca a boca. A língua não é, portanto, apenas um meio para o contato individual. É também um meio de comunicação no grupo grande e por grandes distâncias. Na mesma medida em que o aprendizado da língua exige o contato individual, a criança cresce dentro de um grupo maior e, com isso, de uma cultura. Ela intervém também no modo em que as pessoas empregam o talento natural de gestos expressivos.

Podemos entender a língua como uma instituição, se distinguirmos as instituições de ordens sociais como, por exemplo, associações e empresas, que impõem padrões de papéis sociais. A língua coordena expressões e atos de compreensão e dispensa a necessidade de igualar intenções a reações numa relação equiparável num esforço específico. Em sua forma proposicional, ela até independe totalmente da atualidade de qualquer relação desse tipo – com a consequência indireta de que também todas as interações linguísticas podem estar orientadas por uma relação ao todo do mundo e, mesmo assim, funcionar quase sem qualquer esforço. No início do ser com outros dos sujeitos, que se desdobra juntamente com seu ser si mesmo, entra em vista, por meio da língua, a relação dos sujeitos com associações maiores de pessoas, em que sua vida se realiza, e também com a sua posição no mundo como um todo.

A língua não pode ser uma instituição igual a uma família que foi instaurada por seres humanos. Sim, ela recorre desde o início à inteligência do ser humano, e as línguas se desenvolvem por meio de desempenhos da inteligência. Visto, porém, que a instituição original de uma língua pressupõe a capacidade de entender uma língua e, portanto, a própria qualidade da língua, os inícios da instituição da língua só podem ser explicados a partir de razões que antecedem a qualquer conduta de vida dirigida por intenções e reflexões. Sem recurso a esse tipo de um âmbito amplo de ocorrência expressiva, os modos do ser com outros humanos não podem ser compreendidos, mesmo que aquilo que lhes é próprio não surja exclusivamente dele. Nesse âmbito, a língua já oferece uma perspectiva para o desdobramento de relacionamentos sociais que transcendem o âmbito da interação de pessoas cujas relações e padrões relacionais podem ser contemplados a qualquer momento.

Essa região próxima de ação social é segmentada por muitas outras instituições, como, por exemplo, as ordens de parentesco. Há muito, porém, um tipo de ordem bem diferente age sobre ela. Esse tipo de ordem não é familiar, transparente e natural da mesma forma para as pessoas. Aquelas instituições que lhes são familiares também restringem as possibilidades de ação dos indivíduos, oferecendo-lhes, ao mesmo tempo, vias de conduta sem as quais eles não seriam capazes de encontrar uma autonomia. Mas as ordens que não pertencem a essa região próxima são experimentadas de forma completamente diferente como limitadoras e, em comparação com as ordens da região próxima, como poderes estranhos. Apesar de se manifestarem na própria língua, elas se apresentam na forma de representantes como carteiro, policial e cobrador. As ordens que são representadas por eles, pelo fato de, ao contrário das instituições familiares, não se esgotarem na realização de ações compreensíveis, se representam como aparatos gigantescos, mas invisíveis, que, numa ordenação e reordenação aparentemente intangível, interferem no ambiente familiar – potentes e fascinantes ao mesmo tempo por força de sua solidez que transcende todas as relações pessoais.

As relações que se formam entre os indivíduos e as ordens múltiplas nas quais os indivíduos são inseridos, e também sua mudança ao longo do tempo, são objeto das ciências sociais. Duas perguntas, que levantam também problemas filosóficos, visam aos fundamentos dessas ciências: Qual é o *status* de ordens sociais no todo da realidade do qual temos conhecimento? Como devemos compreender fundamentalmente a relação dos indivíduos com essas ordens? A primeira pergunta se apresenta inicialmente como pergunta da ontologia, mas pode ser formulada também no contexto de uma contemplação epistemológico-metodológica. Nesse caso, podemos defini-la como pergunta sobre a origem dos conceitos do coletivo e sobre se esses coletivos, como indivíduos de grande formato, podem ser tematizados e explicados como coisa singular de existência própria, ou só podem ser compreendidos como conjuntos de interação que, sob perspectivas mutáveis, atraem um interesse de conhecimento. Cada resposta à segunda pergunta pela relação entre indivíduos e ordens sociais sempre resultará numa tentativa de resposta à primeira pergunta. Isso suscita o problema do qual essas preleções precisam tratar, pois diz respeito à subjetividade dos sujeitos como tais, que sempre precisa ser o ponto de partida de suas reflexões. Assim, já se tentou compreender os modos do ser com outros dos seres humanos a partir de sua subjetividade. De maneira correspondente, precisamos ponderar, agora, como sua inserção em ordens sociais pode ser compreendida a partir de sua subjetividade.

Esse tipo de reflexões precisa tratar de duas tarefas: Precisamos perguntar em que medida os sujeitos são determinados em seu ser com outros pelas ordens sociais e em que medida o fato de eles se experimentarem como inseridos nesse tipo de ordens se contrapõe à tentativa de orientar perguntas filosóficas fundamentais pela subjetividade e pela vida consciente do indivíduo. Antes, porém, precisamos ponderar se e como podemos mostrar que a possibilidade da formação de instituições sociais e de estruturas anônimas está arraigada na constituição da subjetividade. A estrutura de ordens que se esquivam da região próxima da vida e da ação, e que podem penetrar e dominar essa região, é um resultado que surge do processo de vida daqueles seres que se encontram numa relação com sua própria vida, que é marcada pelo seu saber de si mesmo.

140

Portanto, precisamos partir do pressuposto de que essa coincidência não é acidental, ou seja, que eles não são simplesmente acometidos pelas ordens às quais eles são sujeitos.

A existência dessas ordens não pode ser explicada simplesmente pelo fato de essas organizações servirem à autopreservação e ao aumento do conforto de uma vida que dispõe da capacidade da produção inteligente e especializada de bens. A eficiência dessa sua capacidade é, evidentemente, aumentada, quando processos de produção abarcam grandes espaços e longas cadeias e quando partes funcionais da organização de sua autopreservação são mantidas autônomas e, ao mesmo tempo, vinculadas umas às outras. Segundo esse modelo, a própria organização social seria um aparato instalado de forma adequada ao seu propósito. Esse tipo de explicação pode parecer lógico para aquela compreensão de subjetividade que vê a subjetividade como caracterizada pelo poder próprio e pelo domínio do mundo. Mas a autonomia autorreferencial, na qual todos os processos da subjetividade realmente transcorrem, sempre traz consigo o reconhecimento dos limites que são impostos à sua espontaneidade não de fora, mas sim que a possibilitam de dentro dela mesma. É provável que seja mais fácil compreender as grandes formações sociais a partir de uma compreensão pela via da subjetividade. Na medida, pois, em que essas ordens não sejam fatos naturais, elas são tão impostas aos sujeitos quanto nascem deles mesmos.

Na medida em que sujeitos são pessoas, eles agem em seu mundo. No entanto, só podemos falar em agir quando as ações do corpo vivo não são provocadas automaticamente e quando são iniciadas por motivos que poderiam ser ponderados pelo sujeito, mesmo quando não são ponderados. Correspondentemente, uma ação social é mais do que um comportamento que transcorre apenas com referência a outras pessoas ou em coordenação com outras pessoas. Pois a coordenação na ação social não ocorre como num cardume por meio de um impulso, e é sempre acessível à reflexão. Isso, por sua vez, só é o caso quando cada uma das pessoas tem em mente também a subjetividade das outras pessoas às quais sua ação se refere ou com as quais ela é coordenada. Pessoas precisam ter conhecimento de outras pessoas como sujeitos e planejar e justificar sua conduta na base desse conhecimento. Desse fato fundamental, resulta também uma relação entre a subjetividade do ser humano e a possibilidade de seu posicionamento em ordens sociais de outro tipo em que sua vida está inserida. Pois precisamos perguntar como devemos compreender a vida do ser humano para que essa inserção possa ser compreendida juntamente com sua autorrelação como sujeito.

A ação social é, em seu caso elementar, uma relação recíproca, uma ação em relação a ou com o consentimento de outras pessoas, que, por sua vez, se comportam da mesma forma em relação ao agente: Elas concorrem com ele, agem em conjunto com ele ou tentam obter seu consentimento em relação a uma coisa qualquer. Todas as ações se referem, portanto, num sentido amplo, a fins ou objetivos que devem ser alcançados na ação ou por meio da ação. Nesse sentido, também a dança de casal é uma ação social com objetivo, apesar de seu objetivo coincidir com sua realização. Esse tipo de ações é cercado e impregnado de uma atividade de tipo totalmente diferente. Evidentemente, as ações no mundo têm como orientação o mundo, ou seja, percepções e todos os complexos desempenhos cognitivos por força dos quais as percepções se inserem numa relação com o mundo. Algo semelhante vale também para aquilo que confere uma dimensão social à ação, de modo que esta possa se transformar em ação social. As dimensões dessa socialidade não resultam da ação, tampouco quanto a relação com o mundo das percepções. E como essa relação com o mundo, elas se fundamentam em ações que, por sua vez, recebem sua estruturação da autorrelação dos sujeitos. Se obscurecermos esse contexto e se compreendermos a ação em seu significado cotidiano, é preciso compreender a socialidade da ação de modo limitado àquilo que, segundo o modelo da escolha de preferência racional, constitui a ação em si e, portanto, também a ação em ordens sociais. Com suas ações, as pessoas buscam alcançar objetivos, e nisso elas são determinadas por motivações que se manifestam como simples impulsos ou em estratégias de longo alcance. Sua ação é racional porque podem recorrer, em cada situação de ação, a preferências entre suas motivações, e porque tentam escolher aquele modo de ação sob as circunstâncias dadas que parece apropriada para realizar o objetivo pretendido. Um exemplo para esse tipo de ação é o aproveitamento máximo em decisões econômicas sob a condição de recursos restritos.

Esse tipo de ação adquire a dimensão social de três modos: A pessoa individual age em situações e na gama de padrões de ação que foram criados por outras pessoas, e ela sabe disso. Na realização de sua ação, ela precisa levar em consideração outras pessoas e é restrita pelos espaços de ação destas. Sua ação visa a objetivos que só podem ser realizados se eles se inserirem na totalidade das condições sob as quais situações de ação se formarão no futuro.

Estruturas sociais que, diferentemente, por exemplo, da instituição da língua, se esquivam em grande parte do horizonte de vida e da experiência da pessoa individual, se fazem valer na tríade desses aspectos no início e no final.

A situação, por exemplo, em que uma ação se realiza, é determinada pela ordem jurídica de uma coletividade. E os objetivos da ação do indivíduo que visam à otimização do próprio lucro agem para que se forme um mercado, enquanto os agentes individuais, sob a condição de que esse realmente seja criado, também incluem em seu cálculo o mercado, sua respectiva ordem e seu funcionamento.

É evidente que esse tipo de abordagem à dimensão social da ação precisa aceitar como dadas as estruturas sociais anônimas para o caso de ação individual sob as quais a ação se realiza. Elas não podem, porém, ser explicadas a partir da própria ação. Permanece também incompreensível como a ação, a partir de sua própria constituição como ação social, pode se inserir numa relação com elas. Se, porém, tentarmos, apesar de tudo, explicar as ordens a partir da própria ação, precisamos entendê-la ou como instalação planejada com um objetivo, ou como consequências que resultam de forma não planejada, ou como efeitos involuntários das ações de muitas pessoas em situações entrelaçadas, para então agirem sobre as ações individuais como precondições. Ao primeiro tipo de explicação corresponde a concepção da fundação do Estado por meio de um tratado; ao segundo, a explicação do mercado de Adam Smith, que, como que criado por uma "mão invisível", mas sem qualquer ato criativo externo, surge do emaranhamento do efeito de inúmeras intenções de ação. Ambos os modelos, porém, só conseguem ser levados a algum sucesso pela via de uma diferenciação de fases da gênese da ordem. Isso resulta de uma simples referência a um regresso, que ocorre num emprego não diferenciado desses modelos: A fundação do Estado pela via de um contrato de dominação tem como precondição a instituição do contrato, e o mecanismo do mercado possui precondições institucionais que veem à existência, e não como um de seus efeitos colaterais, a partir da concorrência na calculação de lucro.

Quando reconhecemos isso, não conseguimos mais compreender as instituições e outras ordens anônimas exclusivamente como consequência de interações entre pessoas. Poderíamos fugir do círculo de, no fim, continuar a recorrer a elas como precondições meramente factuais da ação social de pessoas, a partir da qual elas precisam ser explicadas. A fim de atribuir a elas a possibilidade de surgir também independentemente da interação involuntária de um grande número de agentes, poderíamos, como o fazem alguns teóricos da língua, postular como sua precondição um equipamento ontogenético constante da espécie para o estabelecimento de formas de ordem de grande extensão espacial. Ou poderíamos supor que as ordens sociais não devem ser analisadas como consequências de interações complexas, mas que elas ocorrem como nova fase da coordenação desse tipo de ações. Mas uma vez que passam a existir, o modo de comportamento dos indivíduos é determinado também por elas. Há muito tempo, o filósofo inglês C.D. Broad tornou popular o termo "emergência" para a ocorrência regular de ordens de nível mais alto na natureza, ocorrência esta que não pode ser deduzida das condições antecedentes.

Mesmo que as ordens aparentem surgir espontaneamente em todos os âmbitos do mundo experiencial e mesmo que o termo "emergência" sugira a inserção desses fatos numa teoria explicativa, é quase impossível ignorar que esse modo de inserção de instituições na descrição daquilo que reconhecemos como real não pode ser reconhecido como explicação num sentido mais ou menos preciso de explicação. Ou supomos que complexões desconhecidas de eventos causem aquilo que chamamos de "emergência", ou falamos de "emergência" quando, sob condições específicas, ocorre algo inexplicável. Uma objeção de tipo semelhante pode ser feita contra a descrição de ordens sociais como sistemas autopreservadores e sistemas que se diferenciam nessa autopreservação. Todas essas estratégias têm em comum o fato de atribuírem às ordens sociais uma autonomia frente à interação dos indivíduos que agem dentro dessas ordens. Como única alternativa a todas as estratégias desse tipo resta o programa da explicação das ordens sociais como efeito que surge da vinculação complexa de muitos decursos de ação.

Esse programa, porém, se emaranha constantemente na dificuldade de, em alguma fase de suas explicações, ter de partir de ordens estabelecidas dentro das quais se acumulam as ações. Quando isso se torna inegável, resta apenas a possibilidade de limitar ao máximo a emergência nas ordens pressupostas da explicação e de não recorrer às ordens emergentes como causas de outros fatos relacionados às ordens. Por isso, o debate metodológico sobre essa pergunta não tem como não recorrer a argumentações complexas. Além disso, seremos obrigados também a decidir entre as alternativas que precisam ser ponderadas, se a alternativa escolhida demonstra sua utilidade na análise de ordens sociais reais e em relação à empiria.

Nós, porém, consideramos o ser com outros dos seres humanos em ordens a partir da subjetividade dos agentes e, por isso, não precisamos nos preocupar com essas argumentações. Por ora, isso nos alivia da necessidade de assumir uma posição em relação à possível independência das ordens sociais perante a acumulação das ações e em relação ao grau dessa independência. Tampouco precisamos tentar aqui lançar luz sobre esse problema sob a perspectiva daqueles conceitos de unidade que a próxima preleção tentará iluminar.

No entanto, precisamos formular uma condição que precisa ser satisfeita se quisermos atribuir uma realidade própria às ordens sociais: O lugar em que essas ordens demonstram sua realidade independente precisa ser sempre a ação real e, portanto, também a subjetividade dos indivíduos abarcados por esse tipo de ordens.

Seria muito natural se representar o acervo de ordens sociais como objetos num formato grande que lhes permite se elevar acima dos indivíduos como paisagens ou até mesmo continentes. Estados e impérios realmente se estenderam por espaços imensos. Hoje, o ser humano e cidadão individual se vê exposto às atividades de poderosas associações e potentes agentes econômicos que se fazem presentes em todo o planeta e se parecem com pólipos hipertróficos. Mas a representação de ordens sociais como objetos com extensão ou objetos-arquipélagos é apenas uma ilusão. A ilusão se torna mais intensa ainda porque a maioria das ordens não é experimentada como produto dos indivíduos. Gostam então de dizer que os indivíduos estão integrados nessas ordens, que, possivelmente, as ordens lhes são impostas e que eles se encontram presos nelas. Esse tipo de formulações quase inevitáveis apresentam as ordens como algo que cerca os indivíduos como um espaço fortificado. No entanto, não existe nenhuma ordem social fora dos indivíduos que pertencem à respectiva ordem.

Essa afirmação pode parecer paradoxal se levarmos em consideração que acúmulos enormes de realidade estão vinculados a ordens sociais e dependem destas – grandes construções, sistemas de irrigação e vias de transporte, arsenais de exércitos, depósitos de metais nobres, redes eletrônicas e estruturas de regras. Documentos e autos que garantem o funcionamento da ordem lotam arquivos enormes. E também o modo de ação das instituições não se limita à cunhagem de convicções. Elas agem, como os indivíduos, como centros de força no mundo material; e um de seus principais modos de ação é o exercício de todas as formas de poder e violência física. Tudo isso evidencia por que os indivíduos sempre experimentaram e experimentam o poder esmagador das instituições e ordens sobre sua vida.

Mas não é em todas essas realidades que as instituições têm a sua sede. Estas se servem apenas daquelas e as transformam em meios de seu funcionamento. Podemos dizer também que as ordens encontram sua expressão nelas e que, por meio delas, as ordens adquirem uma constância e eficácia que elas não conseguiriam obter exclusivamente pela via das interações. Línguas também são um padrão altamente complexo de possíveis comunicações que nenhum indivíduo é capaz de utilizar completamente. Ainda antes da invenção da escrita, elas são capazes de adquirir – por meio, por exemplo, da transmissão coletiva dos textos sagrados para a próxima geração – uma grande estabilidade em grandes espaços físicos e temporais. No caso da língua, porém, é evidente que as línguas – a despeito de todos os léxicos, aparelhos de gravação e grandes bibliotecas – não têm outra existência senão nos indivíduos de uma comunidade linguística. Um pouco diferente é o caso das normatizações que se apoiam em autos da instauração, desde sistemas jurídicos até regras de ortografia. Elas não podem ter validade sem sua fixação em documentos de estatutos físicos. Mas basta lembrar aqui tradições jurídicas anteriores à invenção da escrita e o modo de pronúncia de uma língua para reconhecer que eles também não se distinguem fundamentalmente da língua, cuja realidade está vinculada completamente à pessoa individual. Evidentemente, as pessoas se encontram encarnadas e são, elas mesmas, como também suas ações sociais, reais no mundo. Sem isso, seu entrelaçamento com as coisas e as relações do mundo não seriam compreensíveis. Mas isso não vale para a origem das ordens de sua ação.

Temos, então, mais uma razão para deixarmos em aberto a pergunta sobre se todas as ordens sociais se explicam como o entrelaçamento de inúmeras ações e interações de pessoas ou se elas possuem uma realidade própria. Se se aceita que as ordens sociais não possuem uma realidade concreta própria, segue-se disso que essa pergunta precisa sempre se orientar pela constituição das pessoas como agentes e por suas interações. Precisamos, então, desprender-nos da ideia de que uma ordem que não nasce das interações dos agentes precise surgir-lhes como um mundo ou ser uma realidade na qual eles se encontram. Mas se excluirmos isso, isso não exclui a possibilidade de deduzir a ordem de outra forma que não como produto de interações e como precondição dada por entrelaçamentos de interações antecedentes. Pois mesmo que a pergunta pelo *status* de ordens independentes se limite aos agentes individuais, permanece a possibilidade de pensar as ordens como emergentes sob condições, mas como independentes, tão abertas quanto sob o domínio da representação de ordens como quase-objetos. A emergência de uma ordem independente precisa, então, ser compreendida apenas como surgimento espontâneo sob condições – como surgimento de um modo de ação *nos próprios indivíduos* e, ao mesmo tempo, de um modo de compreensão que está vinculado à realização desse modo de ação.

146

Na história do desenvolvimento dos indivíduos, são muito frequentes eventos que se apresentam como um tipo de emergência no indivíduo. Nós mesmos tentamos demonstrar que, apesar de ocorrer sob condições, a autoconsciência não pode ser deduzida daquilo que antecedeu à autoconsciência na criança e em suas interações. Em todos esses desenvolvimentos no indivíduo é sempre possível alegar que, apesar de não serem dedutíveis internamente, eles podem encontrar uma explicação adequada nas potências e nos processos neuronais no cérebro. Essas explicações, porém, deixam em aberto se esses processos, por sua vez, exigem como precondição uma emergência de modos de ordem neuronal ou não. Desse modo, poderíamos explicar também a viabilização de novas formas de interação e de uma disposição à orientação em e por ordens sociais de grande extensão dentro dos indivíduos. O jogo de xadrez, por exemplo, é evidentemente uma forma de interação. Mas ele está, de modo igualmente evidente, arraigado na força de reflexão e imaginação dos indivíduos e não possui existência senão neles.

Ninguém pensará que ordens sociais possuem uma existência totalmente independente dos indivíduos. Seria até contraditório querer atribuir a esse tipo de ordem uma existência sem qualquer relação com os indivíduos. Isso, porém, não exclui a possibilidade de atribuir-lhes uma realidade quase concreta na qual os indivíduos são apenas incluídos. Se, porém, demonstrarmos que todas as ordens (também as possivelmente emergentes) só têm sua realidade em e entre os indivíduos, exclui-se necessariamente uma representação no âmbito daquilo que poderia merecer uma ponderação: Ordens sociais não podem exercer diretamente um efeito real sobre as ordens. Isso estabelece uma sentença fundamental para a explicação de todos os fatos sociais: Na compreensão da transição de forma de ordem para forma de ordem é preciso tomar o caminho pela compreensão dos indivíduos que estão incluídos nessas ordens. Ordens podem exercer uma influência sobre indivíduos e impor uma forma à sua vida. Elas podem fazer isso até mesmo quando sua existência não pode ser desvinculada dos indivíduos. E elas são capazes disso ainda mais quando todos os indivíduos precisam crescer numa forma de vida ou quando surgem ordens de modo emergente que, em sua criação, se esquivam completamente da vontade de disposição dos indivíduos. Mesmo assim, as ordens não surgem diretamente de ordens, mas apenas de mudanças nos indivíduos que estão inseridos na ordem – mesmo se ocorressem nos indivíduos sob condições às quais o conceito da emergência pretende se referir. A sociologia e ainda mais a teoria da história correm o risco constante de violar essa sentença fundamental. Na maioria das vezes, isso não ocorre abertamente, mas de modo oculto. E frequentemente são necessárias análises complexas para evidenciar a falácia.

8 A subjetividade em ordens sociais

No esclarecimento das relações que vinculam a ação dos indivíduos com as ordens sociais, as ciências sociais reconhecem seu problema teórico fundamental no domínio da relação entre ação e ordem. Na diversidade dessas relações, desses entrelaçamentos e em sua mudança formal ao longo da história, eles têm seu depósito inesgotável de temas para sua pesquisa. O fato de que todos esses temas estão expostos à alta complexidade da área faz com que concepções fundamentais sobre a relação entre ação e ordem procurem organizar o modo de procedimento da pesquisa para então acompanhar e explicá-lo com uma reflexão metódica.

A filosofia deixará, de preferência, esse processo [se dar] por conta própria. A pergunta fundamental sobre a relação entre indivíduo e ordem a interessa – ainda mais quando ela desdobra sua própria pergunta a partir da subjetividade. Mesmo que ela dê total liberdade à pesquisa sociocientífica, ela precisa tratar de seu aspecto metodológico com reflexões próprias. Na reflexão sobre a subjetividade, ela tocará na relação entre ação e ordem apenas em um de seus aspectos. Este, porém, não precisa ser irrelevante para a reflexão metodológica das ciências sociais, pois pode aproveitá-lo para trazer à luz um défice em sua autocompreensão e sua forma linguística. Em todo caso, ele precisa ser incluído no entendimento do ser com outros das pessoas como sujeito.

Quando a relação das pessoas com as ordens nas quais elas vivem é abordada como relação entre *ação* e ordem, isso tem como consequência a tendência de perceber o modo em que as pessoas podem se compreender e se compreendem dentro de ordens sob uma perspectiva limitada. Tomando a ação como ponte de partida, ignoramos como as pessoas como sujeitos se posicionam no mundo *antes* de qualquer ação. A diversidade desse autoposicionamento é, porém, uma das precondições para que elas compreendam sua relação com as ordens sociais e como, portanto, elas conseguem orientar sua própria ação na relação com esse tipo de ordens.

Exploraremos agora um pouco essa relação. Lembramos, em primeiro lugar, os resultados aos quais chegamos em preleções anteriores referentes a esse posicionamento dos sujeitos. À primeira vista, trata-se de fatos fundamentais irrelevantes ou até mesmo banais da vida consciente. O fato de serem tão simples quanto fundamentais nos leva, mesmo assim, a um ponto de partida para uma análise da situação dos seres humanos na multiplicidade das ordens sociais e nos conflitos que surgem entre essas ordens e nos quais os seres humanos podem se emaranhar.

Como sujeito e, portanto, por força de sua autoconsciência, o ser humano se vê perante tudo sobre o qual ele pode ter um pensamento. É justamente por meio dessa autoconsciência que ele se sabe inserido num mundo ao qual ele pertence. Diante do pano de fundo do conflito entre essas duas afirmações desdobram-se também todos os conflitos aos quais o ser humano se vê exposto em seu ser com outros. A primeira abordagem para entendê-los sob essa luz é adquirida quando entendemos que esse conflito se desdobra a partir de uma referência diferente a ordens implícitas em seu saber de si mesmo.

Em sua autoconsciência, o sujeito sabe de si mesmo como um indivíduo. Essa individualidade implica que ele é diferente de todos os outros sujeitos. O fato de sua autoconsciência em relação ao seu saber ser o fato mais fundamental tem como consequência que ele se sabe diferente de todos os outros sujeitos, sejam estes possíveis ou reais, sem que, com isso, já saiba se esses outros sujeitos realmente existem e como sua diferença pode ser determinada mais precisamente. O sujeito sabe apenas que todo o conjunto de coisas experimentadas e sabidas, que é o seu, não pode ser o de outro sujeito. Isso valeria também se quiséssemos supor que outros sujeitos fossem capazes de fazer experiências totalmente idênticas se possuíssem exatamente os mesmos conteúdos de saber.

Disso se segue de modo imediato que cada sujeito real como tal precisa pensar uma ordem de sujeitos dentro da qual os sujeitos são distintos uns dos outros. Essa ordem não é idêntica à ordem em que ele realmente encontra outros sujeitos. Se o sujeito não soubesse se posicionar dentro de uma ordem real, o pensamento de ordem vinculado ao seu "ser sujeito" não poderia ser concretizado. Esse pensamento, porém, é o fundamento para que o sujeito consiga se posicionar e se manter como mesmo sujeito em cada encontro com outros sujeitos como ponto de ancoramento singular de seu mundo próprio. Assim, o sujeito atribuirá a cada outro sujeito que ele encontra uma posição na mesma ordem em que ele se sabe posicionado como sujeito. Mas essa ordem precisa ser diferenciada de cada ordem em que seus sujeitos realmente se encontram.

O pensamento dessa ordem nada mais é do que a consequência lógica do vínculo entre a unidade interior e a unicidade [*Einzigkeit*] que cada sujeito apresenta em sua relação consigo mesmo, com a individualidade que ele também sempre atribui a si mesmo. A atribuição de individualidade implica que a unicidade interna do sujeito não fundamenta a reivindicação de unicidade em geral, mas que ela acompanha a possibilidade de poder pensar e reconhecer a unicidade de outros sujeitos, sendo que, assim, cada um desses sujeitos passa a possuir a mesma unidade e individualidade em relação a si mesmo. Visto que essa ordem não é visível aos sujeitos como tais, que ela não pode se tornar conteúdo do mundo ao lado de outros, expressa-se nisso nada mais do que a unicidade do sujeito em sua relação com todos os conteúdos do mundo. Mas o pensamento dessa ordem mais primordial dos sujeitos confere ao sujeito a possibilidade de um distanciamento de todas as outras formas de ordem nas quais ele se encontra em relações reais dentro de seu mundo e com outros sujeitos que pertencem a esse mundo. Por isso, não existe ordem em seu mundo que não pudesse ser transcendida pelo sujeito em pensamentos – mesmo quando ele está inserido nele de modo imprescindível.

Isso vale tanto para as ordens de grande extensão quanto para as ordens do âmbito de vida mais próximo, que ocorrem cada uma de modo diferente quando o sujeito tem seu mundo como um todo não só como correlato de seu saber de si mesmo, mas ao mesmo tempo está posicionado nesse seu mundo. Precisamos distinguir do todo dos pensamentos do mundo o caminho em que cada sujeito apreende os conteúdos do mundo. Ao pensamento de um todo do mundo está, porém, vinculada a diversidade inesgotável desses caminhos possíveis para a sua exploração; e a cada um dos caminhos pode ser atribuído outro sujeito. Quando os caminhos se cruzam, esses sujeitos podem se encontrar. No entanto, cada caminho tem também um ponto de partida no mundo. Já expomos nesta preleção que os sujeitos estão vinculados a esse caminho e ao seu ponto de partida por meio de sua encarnação.

Um sujeito real só pode encontrar outros sujeitos reais por meio da mediação da encarnação, tanto a sua quanto a do outro. Vimos que todas as tentativas de circundar os problemas fracassam necessariamente. Isso significa que cada relação de um sujeito com outros sujeitos precisa ter como ponto de partida a presença física de outros. Apenas depois ela pode assumir também uma das formas de presença indireta. Na autorrelação dos sujeitos, porém, está contido um recurso à coexistência de sujeitos em formas de ordem completamente diferentes do que daqueles da interação direta.

Animais podem viver em manadas que se separam de outras manadas. Algumas espécies como, por exemplo, as abelhas e formigas podem se orientar também sob uma especialização complexa de trabalho por meio de sistemas de informação potentes, e os indivíduos de algumas espécies podem se reunir num único lugar do mundo. Mas nenhum outro ser vivo transcende igual ao ser humano, em sua referência à ordem social, desde o início de todas as experiências em seu entorno. Assim, em sua orientação por ordens sociais de todo o tipo, ele é flexível e capaz de coordenar muitas ordens de tipos diferentes.

Não podemos compreender isso simplesmente como um dos muitos efeitos de sua racionalidade. A realidade o capacita a compreender e identificar fatos individuais em relação a todos os fatos possíveis. Mas quando o próprio sujeito se pensa e compreende como inserido em ordens, o recurso a essas ordens precisa estar arraigado em sua autorrelação. Essa autorrelação, porém, está vinculada com sua racionalidade em um único contexto funcional. Mas as deduções racionais só podem levar o sujeito a deduzir ordens que exercem uma influência sobre sua vida a grandes distâncias. A relação com esse tipo de ordens não precisa ser deduzida por meio de reflexões. A abertura em relação a elas já ocorre quando o ser humano se depara com um mundo como sujeito e aprende a se impor em seu ambiente como indivíduo.

Comete um equívoco aquele que acredita que seja possível explicar o fato de pessoas viverem em reinos e altas culturas e, depois, em sociedades modernas complexas exclusivamente na base de processos históricos e dinâmicas sociais. Pois esses processos seriam incompreensíveis se não correspondessem a um potencial que se formou nos seres humanos por meio de sua autorrelação. A isso não se opõe o fato de que a ativação desse potencial esteja vinculada ao decurso de uma ocorrência histórica e da formação real de ordens sociais de grande extensão.

Quando esse potencial é ativado, fazem-se valer no ser humano também as tensões que surgem entre o âmbito próximo de sua vida na presença física, sua independência e um senso de ordem de grande extensão. Esse senso de ordem poderia até abarcar mundos; mas, ao mesmo tempo, lhe apresenta o fato de que ele se encontra inserido em ordens reais e de ação remota não só como coerção alheia. Pois é justamente ao alcançar sua independência é que ele sabe também que ele não é único nem onipotente nela. Assim, seu saber de si mesmo está vinculado a pensamentos nos quais a esfera das relações se abre para ordens que não podem se esgotar no âmbito próximo de sua existência física – uma relação com ordens nas quais ele está inserido em sua independência, mas também com ordens que restringem essa independência por meio de sua ação remota.

A teoria metódica que os sociólogos desenvolveram em relação aos fundamentos de sua própria ciência e que continua a ser discutida no âmbito de muitas controvérsias, parte, como já mencionamos, do pressuposto de que o seu problema-chave é a determinação da relação entre *ação* e ordem. Essa atribuição precisa, então, ter como efeito uma limitação do olhar ao problema sobre se a ação é compreendida como ação consciente e orientada por um objetivo por meio da qual o ser humano pretende realizar algo no mundo. No ser humano como sujeito, porém, realiza-se ainda outra atividade que a palavra "ação" descreve apenas de modo impreciso. Ela não recorre a recursos para alcançar um objetivo, tampouco tem em vista um objetivo que ela pretende realizar no mundo. Se tiver um objetivo, este seria a estabilidade de sua relação complexa com a realidade e a diversidade das ordens às quais a própria vida pertence. Esse tipo de ação não se realiza como ação planejada, mas como conexões de disposições que precisam se desdobrar sem que possam ser geradas. No entanto, são necessários esforço e controle atento para que aquilo que é mais processo do que ação não se realize de modo abreviado, enfraquecido ou deformado. Assim, aquilo que aqui chamamos de ação é mais semelhante à aquisição espontânea de saber do que a uma prática ciente. Nela, a referência ao eu é ainda mais proeminente do que nessa prática. Pois a atividade visa a nada mais do que à estabilidade do "ser sujeito" em relação a todas as dimensões da vida e do ser com outros da pessoa no mundo no qual ela se posiciona.

Mesmo assim, esse processo interfere em todos os modos da ação social no sentido real e mais restrito da ação. Muitos modos da ação e interação não podem ser compreendidos sem referência a ordens que partem da mesma fonte que inclui também no processo da estabilização do ser sujeito. Precisamos, então, envolver-nos com esse processo, descrito imprecisamente como ação interna, se quisermos entender tudo que está envolvido quando uma pessoa assume ou se encontra num papel.

Falamos sobre a balança de identidade já na segunda preleção, para o qual tende a vida consciente em sua dinâmica, que precisa se impor no mundo. Trata-se do mesmo processo que agora, sob o ponto de vista da subjetividade em seu ser com outros e em sua relação com as ordens desse ser com outros, volta a exigir nossa atenção. Se definirmos a ação apenas na base da decisão racional referente a objetivos e meios sob a precondição das condições estruturais, que também se referem a esse tipo de decisões no sentido de que elas limitam e redirecionam suas possibilidades, então também o sujeito dessa ação se tornará tema da análise em uma forma empobrecida. Por mais que então nos esforcemos para incluir suas motivações e seus interesses em sua complexidade – a dinâmica de sua subjetividade já foi excluída do problema científico em seu ponto de partida.

De forma alguma pretendo sugerir com isso que se tente o caminho inverso de explicar toda ação orientada por um objetivo exclusivamente na base da dinâmica da subjetividade. Pois essa ação é uma consequência da encarnação da pessoa que precisa preservar a si mesma e seu posicionamento no mundo, de modo que o mero fato de que a pessoa age se faça valer razões e forças específicas à ação e precisam ser levadas em conta na explicação da ação. Portanto, precisamos evitar qualquer tipo de reduções. Para tanto, precisamos voltar nossa atenção para o entrelaçamento das dimensões, para assim evidenciar como a subjetividade das pessoas na organização de sua ação se faz valer, mas sem deduzir toda a ação de sua dinâmica.

Por isso, as ordens da ação social precisam sempre ser contempladas sob dois aspectos: sob o aspecto do entrelaçamento dos modos de interação, nos quais elas se formam e estabilizam, e sob o aspecto das funções que são realizadas por meio delas. A consequência disso é que não devemos aceitá-las apenas como forças da natureza, mas como pretendidas e criadas com boas razões e, em alguns casos como as instituições, com muito planejamento. A combinação dos dois aspectos permite explicar também as normas impostas com a ordem. Como exemplo, pode servir a economia do dinheiro, que se estabeleceu há muito tempo – como forma de ordem inevitável, mas que exige de muitas instâncias de controle, e aceita em virtude de seu desempenho, para a troca de bens e valores.

Nossa intenção aqui não é, porém, iniciar a tentativa de um esboço para uma tipologia de ordens sociais. Essas ordens só foram tematizadas no contexto da dinâmica que parte da subjetividade. Essa dinâmica é empregada de forma intensificada no ser com outros dos seres humanos, que precisa se orientar e posicionar dentro da diversidade dessas ordens sociais, enquanto as ordens não poderiam ter surgido nessa complexidade sem a relação diversa dos sujeitos individuais com a ordem.

Cada modo de ser com outros implica uma ordem – desde a intimidade simbiótica até o pensamento indefinido, mas universal de um conceito de todos os sujeitos vinculado à independência do sujeito individual. No espaço entre esses extremos, o sujeito pode se saber e experimentar como incluído e como agente nas ordens de qualquer dimensão. Podemos encontrar uma prova disso em sua autoconsciência, no sentido de que ele sabe de sua própria posição em seu mundo como uma entre muitas outras, sabendo também que os caminhos para atravessar o mundo podem se cruzar e se entrelaçar – de muitas formas e de tal maneira que eles podem incluir ou excluir o próprio sujeito. A estrutura fundamental desse tipo de diversidade precisa existir e ser preparada na própria autorrelação. Apenas assim ela pode se transformar em experiência do mundo social real.

A ordem sempre incluída nos pensamentos age sobre o ser si mesmo independente como um tipo de conceito limite. Por causa dela, os sujeitos são capazes de modo imediato, i.e., sem dependerem de conclusões, de se enxergarem como posicionados em ordens sociais de grande extensão. Pois do fato de que os sujeitos se comportam sempre em relação ao todo de um mundo não segue de imediato que eles compreendem também o horizonte de vida e efeito que chamamos de "sociedade" – isso vale também quando ele ultrapassa em muito a esfera na qual os sujeitos interagem diretamente com outros sujeitos. Partindo da implicação de ordem no sentido do sujeito, os sujeitos podem saber-se posicionados de muitos modos nesse tipo de ordens: como que expostos à sua onipotência, como integrados a elas, como aqueles que se beneficiam delas ou como quem age nelas, mas também como seus portadores ou fundadores.

A consciência de se encontrar passivamente submetido às ordens em um dos modos mencionados é mais provável quanto mais extensa, anônima e incompreensível a ordem for. Podemos recorrer mais uma vez à economia do dinheiro como exemplo. Mas no conceito de limite da ordem dos sujeitos existe o potencial de que, nos sujeitos, possa se fazer valer a tendência de se reencontrar numa ordem de grande extensão, ou seja, de se identificar com esse tipo de ordens como o seu membro. A estrutura das ordens sociais não precisa ser compreendida passo a passo segundo o decurso da extensão da eficácia das ordens. Uma criança tem uma facilidade maior de se imaginar num reino do que compreender a estrutura de seu próprio parentesco e de se identificar como membro dele.

A autoidentificação na ordem grande se encontra em concorrência permanente com a inserção no grupo pequeno. Também pessoas que parecem se esgotar completamente em sua família possuem uma relação com a grande ordem. Esta só foi marginalizada por sua atenção. Mas cada atividade remunerada insere as pessoas em ordens que transcendem seu próprio grupo pequeno. Essas ordens têm seu lugar no amplo espaço intermediário entre o ser com outros, onde todos agem perante os olhos dos outros, e aquela ordem que mais se estende sobre a realidade experienciável e que, por isso, mais se aproxima da ordem de todos os sujeitos. E também na relação com essas ordens no espaço intermediário, desde o grupo de colegas, a associação, a empresa e o município até às autoridades e o exército, forma-se uma gama multissegmentada de graus e tipos de inserções em ordens. Todas elas precisam ser equilibradas umas com as outras e ser equilibradas sempre de novo. Quando isso ocorre, a pessoa pode assumir sua tarefa de adquirir e preservar um equilíbrio de identidade em seus papéis. E assim se forma seu perfil individual nas ordens de seu ser com outros.

É fácil reconhecer que ao grau da inserção em ordens estão vinculados também graus do distanciamento de outras possibilidades e graus de identificação. A precondição de ambos é a autorrelação da subjetividade. Visto, porém, que as inserções estão sujeitas a um processo de desdobramento e da ponderação constante, esse processo gera também um aumento da autodistância da pessoa em seus papéis e nas ordens às quais esses papéis pertencem. Como a pessoa age e como ela se entende em sua ação é tão determinado por esse processo de busca por um equilíbrio interno nos modos de seu ser com outros quanto pelos objetivos que ela busca alcançar na realização de seus papéis. Essa busca é tanto uma ocorrência na qual os sujeitos se encontram quanto um empreendimento que exige sua força intelectual e sua força para desbravar caminhos e para obter uma boa ordem para sua própria vida.

Isso nos rende o ponto de partida para uma investigação que pesquisaria as modificações da subjetividade que resultam da alteração do equilíbrio nos muitos modos de seu ser com outros. Essa investigação poderia ser de grande alcance. Pois ela teria de explorar um território que, até agora, tem sido iluminado melhor pela literatura e pela psiquiatria. Até mesmo o modo de procedimento dessa investigação precisaria ser explicado em maior detalhe. Pois o processo da vida consciente não é um fato que possa ser desdobrado por uma descrição minuciosa ou por enquetes. Seria preciso colocar-nos pessoalmente em seu lugar e vincular a investigação às tendências do autoesclarecimento e do autodistanciamento que impregnam o processo como tal.

Mas precisamos nos deter no início desse empreendimento. Quero acrescentar apenas mais uma reflexão que diz respeito à tendência de inserção em ordens sob o conflito entre as grandes ordens e as ordens de proximidade. A atribuição do indivíduo à ordem de grande formato resulta não só como possibilidade, mas também como tendência da independência dos sujeitos. Ela é relevante também porque liberta não só a visão, mas também os movimentos da vida de seus limites. Nenhum dos atos fundadores de modos de grande extensão do ser com outros, aos quais pertencem também as grandes religiões do mundo, teria sido possível sem ela.

Em tempos mais recentes, porém, foram feitas experiências sobretudo com a força destrutiva que pode ser liberada pela identificação na ordem grande. Essa identificação pode resultar da tentativa de escapar do conflito entre a força de ligação da proximidade e a incursão a uma ordem de todo ser si mesmo – e assim levar à tentativa de transferir a intimidade da vida face a face para a grande ordem. Disso segue imediatamente o caráter de aparência [*Schein*] do resultado dessa transferência, mas também a tendência obstinada de não o questionar até que o produto da síntese de intimidade e poder que deseja abarcar o mundo decaia por conta própria. Já na formação dos reinos mundiais, os conquistadores puderam recorrer a uma tendência para a universalização do poder de ordem em seus súditos. As ideologias dos séculos XIX e XX aproveitaram essa tendência, levando-a ao extremo e exigindo que qualquer ser com outros partisse dessa grande ordem. Sem recorrer à capacidade da subjetividade de criar distância – em medida muito maior do que isso sempre acontece naturalmente na superação das ordens da proximidade – é impossível dominar essa possibilidade destrutiva. Ela promete a possibilidade de escapar do círculo limitado da eficácia de sujeitos finitos por meio de sua inclusão na eficácia de um grande poder de ordem, que também pode ser um poder contrário. Não é preciso recorrer a uma missão religiosa para iniciar esse mecanismo destrutivo. Mas esta pode servir interna e externamente para a justificação da conduta que resulta do mecanismo.

Uma perspectiva, que nos dá também uma esperança justificada, resulta do fato de que estaria surgindo uma civilização mundial que partiu da consciência da posição marginal do ser humano no universo e da ameaça que ele representa para si mesmo. Se ela se desenvolver em uma ordem real de autopreservação da vida humana, ela amenizará a capacidade de ordens de pequena extensão de criar uma carga ideológica, e ela mesma se transformará nesse tipo de ordem que não oferece ponto de contato para se transformar em uma substituição da experiência do ser com outros da proximidade. E ela não precisa necessariamente ser experimentada apenas no frio de uma megalópolis global. Pois em última análise, também todas as ordens de proximidade só poderiam ser preservadas dentro desse tipo de ordem global. Como organização de preservação, e não de autoengrandecimento, e na base do autoposicionamento da humanidade em um evento cósmico, poderia crescer nela ainda a possibilidade de uma integração da vida dos seres humanos. E é apenas por meio de uma fundamentação desse tipo na experiência que ela seria capaz de transformar o pensamento indefinido dos limites de uma ordem de todos os sujeitos em uma ordem social que desdobra seus efeitos nas formas da ação social.

Essas reflexões permitem entender a conquista que a formação de nações foi no passado: Superar os limites da pátria e criar um contexto da ação e da compreensão mútua na própria ação que conferiu às ordens econômicas e políticas da Modernidade um ancoramento na vida das pessoas. Caso contrário, essas ordens só poderiam ser compreendidas em sua função, de resto, porém, teriam sido experimentadas como "estruturas de aço" alheias à vida. Aquilo que as nações conquistaram no passado de forma preponderantemente espontânea, a União Europeia pretende alcançar por meio de um esforço de transmissão de conhecimento histórico. Aquilo que, por si só, é fadado a ser uma tentativa vã só pode ser realizado se a Europa aprender a se compreender como inserida em um evento ao qual toda a humanidade é submetida, para então, a partir dele, conceber-se de forma nova.

Quando a ordem que, no passado, agia como a ordem de maior alcance da vida perde sua força de vinculação sem ser substituída por uma ordem social de maior alcance, isso tem consequências para os modos de realização da ação social. Com o ancoramento da vida em uma ordem no âmbito da maior incursão dessa vida, cresce também a distância dos sujeitos em relação às muitas ordens de médio alcance. Poderíamos até pensar que a anonimidade na última dimensão de ordem e a alienação em que ela ocorre aumentasse a disposição de reconhecer a relevância das ordens de dimensão limitada para a própria ação. Mas o recuo que parte da facticidade alheia do último horizonte aproxima os sujeitos de seu âmbito próximo e de sua capacidade de manipular, da melhor maneira possível, e manobrar entre as coações das necessidades factuais. Aquilo que poderia ser a esfera de uma ordem de ação independente se transforma então em um daqueles muitos âmbitos em que é necessário praticar as capacidades estratégicas com intenção de maximizar os lucros. A tarefa de uma balança de identidade é até facilitada. Mas o preço a ser pago por isso é uma dinâmica bloqueada da subjetividade, que precisa se negar este seu estado em prol de uma mobilidade externa e imposta de seus empenhos variáveis.

9 Ordem social e ética

As reflexões das duas últimas seções partiram do problema fundamental das ciências sociais, que diz respeito a como as relações entre ação social e ordem devem ser compreendidas. Seu objetivo era fazer transparecer dentro e por trás daquilo que chamamos de "ação" os processos da subjetividade – e, juntamente com estes, o entrelaçamento desses processos com a relação das pessoas com as ordens sociais.

O sentido de "pessoa" que pressupomos foi acatado da perspectiva socio-científica e não discutido separadamente. A dinâmica da subjetividade que foi tematizada nesse contexto sempre foi do tipo que também poderia ser tematizado segundo as exigências metodológicas da psicologia social. No contexto dessas últimas considerações, não tivemos de nos preocupar com problemas de natureza genuinamente filosófica, mesmo que todos eles devessem receber seu espaço na teoria da subjetividade que argumenta de modo filosófico. Para recuperarmos o vínculo com a preleção anterior e chegarmos a considerações que se orientem pela próxima preleção, precisamos primeiro nos lembrar da explicação da consciência ética, que foi o tema da terceira preleção.

As perguntas fundamentais da ética também podem ser respondidas sob pontos de vista essenciais para a psicologia social, ou seja, sob premissas naturalistas. A terceira preleção, porém, pretendia demonstrar que a consciência ética não pode ser tematizada e explicada adequadamente nesse tipo de análise. Inserimos sua análise na argumentação da teoria da subjetividade para assim solucionar um antigo problema que sempre manteve a reflexão filosófica sobre o bem no sentido ético num estado de inquietação: A facticidade irresolúvel própria à consciência ética pode ser compreendida se reconhecermos nessa consciência ao mesmo tempo um esclarecimento do sujeito, que se sabe removido de seu próprio fundamento, sobre a constituição que lhe é essencial. Apenas assim a facticidade irredutível do saber ético pode ser harmonizada com o fato de que, com ela, a pessoa não se vê sob uma lei que lhe é imposta nem sob uma necessidade natural, que lhe seria igualmente imposta – mas que é antes justamente naquela facticidade, como ela desde sempre foi atribuída à consciência, que ele se percebe e consegue se entender.

Evidentemente, essas fundamentações ultrapassam os limites dentro dos quais se sustenta ainda um conceito de um sujeito, do qual precisamos partir se quisermos introduzir à definição da ação social uma dimensão de subjetividade.

As conclusões às quais chegamos nessas fundamentações precisam agora ser atribuídas às considerações sobre a relação entre ação social e ordem social.

Antes de mais nada, precisamos observar que a análise da consciência ética se concentrava na subjetividade da pessoa em sua individualidade. Ao contrário da opinião de muitas escolas filosóficas, a constância da validade da norma fundamental para a ação não pode ser compreendida como instituição social. Mesmo que o código moral de uma sociedade possa ser descrito como esse tipo de instituição, ele acaba se revelando como ancorado na constituição da pessoa individual. Apenas a força factual para a imposição externa da norma, não, porém, ela mesma, e nem as expressões particulares da consciência normativa podem ser explicadas como consequência da institucionalização da moral e na base de suas condições históricas.

A consciência ética pressupõe um sujeito desenvolvido na consciência de sua independência. Portanto, pressupõe também que, nele, os modos do ser com outros, que relacionam esses sujeitos uns com os outros, já se desdobraram. Por meio da norma ética fundamental, esses sujeitos realmente se relacionam uns aos outros de modo novo e particular. Isso, porém, ocorre a partir da consciência ética de todos os indivíduos, dos quais cada um se sabe subordinado a essa norma juntamente com suas ações e disso tira suas conclusões. No entanto, as pessoas não teriam se transformado nos indivíduos que assim cooperam se elas não tivessem sido criadas nas instituições de uma cultura. Assim, cresceram num ser com outros que, como qualquer evidência da presença real dos outros, se realiza na imediação do encontro de face a face. Na gênese dos sujeitos, a relação *face to face* é fundamental, enquanto as instituições [por sua vez] interferem nos modos em que esses encontros transcorrem.

Toda ordem ética parte igualmente da consciência dos indivíduos. No entanto, ela se transforma imediatamente numa tal ordem que não está restrita à interação *face to face*. Antes, abarca imediatamente cada uma dessas interações com a constância e a universalidade de seu princípio de ordem, universalidade que segue dessa constância. Esse princípio de ordem coincide com aquele pensamento de uma ordem de todos os sujeitos, implícito já na simples autoconsciência dos sujeitos como indivíduos. Na consciência ética, porém, esse pensamento adquire uma forma totalmente diferente. Não é um conceito de limite indeterminado; mas, desde o início, é concebido como forma interior de um modo de comportamento. Por isso, não precisa ser transformado em um pensamento que lhe atribui um teor – ou seja, a maior ordem social possível sob condições da realização real da vida.

Podemos então constatar que existem, entre ética e teoria social, relações contrárias umas às outras entre situação e ordem e entre individualidade e ser com outros. Essa contrariedade, porém, não resulta em contradições. Pois ela precisa ser compreendida a partir dos diferentes pontos de partida e perspectivas que devem ser determinantes para a ética e a teoria social. Segundo a compreensão moderna, a ética já não é mais, como ainda era para Aristóteles, uma teoria universal da ação. Tampouco a teoria social deve ser vista como uma explicação unidimensional e autoexplicativa da ação e do ser com outros. Para esclarecer mais a fundo essas relações, precisaríamos dedicar-lhes uma investigação própria.

No entanto, precisamos lembrar também que foi atribuída à consciência ética uma dinâmica própria. A análise dessa consciência começou com a pergunta sobre como podemos entender o modo especial de obrigatoriedade que pertence à norma fundamental da consciência ética e, com isso, com a pergunta por sua origem. No entanto, a análise não se encerrou com a resposta a essa pergunta. A norma fundamental diz respeito a situações de ação em geral e, por isso, tem algo em comum com o sentido de ordem que está pressuposto na autoconsciência do indivíduo como tal. Mas a pessoa encarnada, que leva sua vida a partir de sua autoconsciência, se vivencia como posicionada também em ordens completamente diferentes. A terceira preleção forneceu uma explicação para o fato de que a consciência ética como tal leva a pessoa a orientar sua ação não apenas na base da validade geral da norma fundamental. Ela precisa estabelecer determinados laços e saber-se responsável em relação a estes de modo particular. Mostramos que isso não significa que esse tipo de laço suspende a validade da norma fundamental ou lhe atribui uma posição inferior. Resultam, porém, de sua interação dentro da consciência ética, os dilemas mais importantes nos quais a consciência ética pode ser envolvida – mas também um aprofundamento, que permite que a força de julgamento ético sob a norma fundamental se transforme em um ponto de luz orientador numa dinâmica de vida complexa.

Com a inserção da consciência ética em circunstâncias especiais, ocorrem imediatamente também inserções em ordens sociais que pertencem ao âmbito próximo da ação social. No entanto, mesmo que o indivíduo veja sua ação determinada exclusivamente pela norma fundamental, ele precisa orientá-la pelas situações especiais que ocorrem em sua vida. Além disso, cabe a ele estabelecer propósitos de ação especiais sob esta norma, promover a justiça, por exemplo, ou amenizar o sofrimento. Ele pode também, como Albert Schweizer em Lambarene ou a Anistia Internacional, formar esferas de ação próprias e instituições sob essa norma. Também assim realiza-se uma inserção em circunstâncias especiais. Essas instituições, porém, precisam, então, ser compreendidas também como concretizações por meio das quais a norma fundamental se torna eficaz com ímpeto especial. Nesse sentido, não resulta delas – pelo menos não num sentido imediato – um potencial de conflito em relação à universalidade da norma e, em conseguinte, um aprofundamento da consciência ética.

O outro vínculo, porém, que resulta da consciência ética, implica uma restrição da validade da norma fundamental na medida em que todos os seus contextos de ação devem se subordinar a ela em uma universalidade totalmente nova. E uma restrição desse tipo sempre assume a forma da privilegiação de uma esfera de ação especial. Essas esferas podem, porém, ser restritas de modos completamente diferentes.

Um modo de restrição resulta quando é assumida uma responsabilidade por uma situação em que grandes ordens sociais precisam ser protegidas de uma queda ou transferidas para condições de vida melhores. O agente político (que pode ser inserido por acaso numa situação que o transforma em tal) terá então de pesar, a partir dessa responsabilidade, possíveis transgressões da norma fundamental em vista das necessidades que resultam de seu objetivo de ação. Outro modo de restrição resulta quando uma vida é posta sob uma tarefa ou missão especial, como, por exemplo, a construção de uma instituição ou a preservação e transformação de uma empresa, que poderia justificar a aplicação de recursos normalmente suspeitos. A tarefa de ponderar se torna ainda mais complicada quando se trata de insistir numa tarefa da vida, como, por exemplo, uma obra artística, onde o interesse próprio dificilmente pode ser separado da avaliação de seu valor interior e de sua importância para outros e para o mundo. A inserção em circunstâncias de vida dentro das quais uma pessoa está vinculada a outras de forma duradoura na interação de dar e receber e nas quais elas dependem umas das outras possui, porém, a maior importância na vida ética. A economia do lar, a equipe, a família são, em todas as culturas, realidades abrangentes desse tipo que possuem uma força vinculadora distanciadora frente a normas gerais.

Assim, todas as pessoas se veem inseridas em relações de origens diferentes com ordens sociais, e todas elas estão arraigadas em sua constituição como sujeitos, mas cada uma em um aspecto diferente de sua subjetividade. A dimensão do ser com outros, que é deduzida a partir da autorrelação como tal, deve, portanto, ser considerada a fundamental, pois é a partir dela que se compreende por que os sujeitos podem saber-se incluídos em ordens de qualquer tipo sem qualquer mediação adicional. A importância vital das ordens sociais, porém, não se explica, aparentemente, a partir dessa gênese do ser com outros na base da autorrelação.

Tratamos especificamente da relação da consciência ética com as ordens sociais porque a compreensão dessa consciência já foi tema dessas preleções. Se tivéssemos de tratar aqui de todas as fontes impulsionadoras que conferem significância ao ser com outros das pessoas, teríamos de recomeçar a partir de outro ponto de partida. Este ponto de partida comum seria a existência finita dos seres humanos que precisam ser guiados para a sua autonomia. Desde a sexualidade até a conquista de um reconhecimento que pode ser negado aos sujeitos, muitas dimensões do ser com outros desdobram-se a partir dessa situação fundamental. É evidente que a sexualidade visa a um ser com outros no âmbito próximo e que ela tende, a partir de si mesma, a ameaçar outras ordens, enquanto a luta pelo reconhecimento é travada em relação ao posicionamento das pessoas em ordens mais abrangentes. Tudo isso gera complexões na dinâmica da vida das quais não podemos tratar aqui. São essas as complexões por meio das quais também a dimensão moral da vida, que não pode ser reduzida a nenhuma dessas outras dimensões, é envolvida em muitos de seus conflitos. Mas a nossa diretriz não nos permite tematizar também essa interdependência.

Quem, porém, se lembrar do decurso de todas as preleções, perceberá de que modo, na consideração de todos os modos e ordens do ser com outros, dos quais tratamos até agora, as duas teses fundamentais sobre a subjetividade foram realmente aplicadas: a individualidade do sujeito e a sua exploração dupla e contrária de seu mundo e de sua razão.

No que diz respeito à primeira dessas teses fundamentais, sempre entendemos a dinâmica da vida no ser com outros como a dinâmica do sujeito individual – independentemente do modo como os sujeitos se compreendem em relação uns aos outros e como eles agem dentro dessa compreensão. Mas em tudo isso se realiza a vida dos respectivos indivíduos – a partir das razões que determinam essa vida individual. Isso se evidencia da forma mais clara onde esperaríamos algo diferente: no caso da eticidade [*Sittlichkeit*], na qual o sujeito, que se compreende a si mesmo de modo novo, sempre permanece o sujeito do individual. E também o vínculo no qual ele se insere como ser moral pertence totalmente a ele. É o vínculo no qual sua própria vida se realiza – também quando essa vida se sabe possibilitada a partir da ordem na qual o ser humano está inserido e na qual ele age.

A outra tese fundamental, por sua vez, ainda não recebeu em todas as explicações o peso que lhe caberia segundo a estrutura de todo o raciocínio. Ela diz respeito à pressuposição de um fundamento para toda subjetividade, à qual as análises anteriores sempre tiveram de recorrer. Até agora, todas as exposições de modos do ser com outros visavam ressaltar a importância constitutiva da subjetividade do ser humano para os modos do ser com outros. Até agora, bastava, para tanto, partir dos momentos na constituição dos sujeitos que estavam vinculados ao pensamento de um sujeito posicionado no mundo. Mas já na primeira preleção expomos que, para os sujeitos, além da exploração de um mundo, existe ainda outro movimento característico de incursão: À incursão em direção a um mundo no qual ele mesmo está posicionado corresponde, em direção contrária, a exploração do fundamento a partir da qual os sujeitos consigam se entender, *na medida em que* que são sujeitos.

Até agora, ainda não levamos em consideração esse segundo movimento nas nossas exposições dos modos do ser com outros. Em vista da correlação dos movimentos de incursão contrários, precisamos, porém, supor que, para a compreensão dos modos do ser com outros, precisa ser realizado não só o recurso à subjetividade, mas também o recurso aos seus pensamentos que estão voltados para o seu próprio fundamento. Por isso, é de se esperar que algumas das exposições anteriores precisem ser retomadas mais uma vez, quando incluirmos, na reflexão sobre o ser com outros, também o movimento de incursão da subjetividade contrário à relação com o mundo.

10 Ser com outros essencial

Está fundamentado em sua subjetividade que pessoas sejam seres de complexidade superior. Elas podem se entender e se compreender em diversas ordens ao mesmo tempo. E elas são, em seu entendimento e em seu autoposicionamento [*Sich-Positionieren*], modificáveis em larga medida. Elas estão sempre empenhadas em encontrar uma ordenação e uma balança entre os motivos que determinam a sua vida. Mesmo se elas, como é frequentemente o caso, se entrincheiram em uma disposição uma vez obtida, isso também ocorre na defesa de uma exigência excessiva que parte da pluralidade de seus motivos. Apenas porque sua ressonância nos sujeitos lhes possibilita justamente isso que exigências podem, frequentemente, também penetrar nas pessoas de fora. A subjetividade se enrijece nessa defesa, que, de outra forma, se veria provada por uma via na qual a continuidade da consciência de permanecer um e o mesmo sujeito deve ser primeiramente preservada pela prova e pelo desdobramento da forma transformada e também ampliada do entendimento de si [*Sich-Verstehens*]. Essa modificabilidade da consciência é demandada necessariamente no caminho do desenvolvimento para a vida adulta. Um amplo e labiríntico caminho leva, da experiência simbiótica já no corpo da mãe, até o autoposicionamento como cidadão de um Estado e de uma nação e como parte dependente em ordens, das quais algumas abrangem [até mesmo] planetas. A consciência se transforma nas etapas desse caminho – de um lado para a estabilização da posição do sujeito da vida individual, de outro lado pela maneira na qual ela consegue se ver e se entender em seu ser inserido em [*Inbegriffensein*] ordens.

Uma dependência está ligada com cada relação social, simplesmente por razão da oposicionalidade desta. A consciência de se encontrar em uma ordem é sempre, simultaneamente, também uma consciência de não ser fundamentado apenas a partir de si mesmo. Isso vale mesmo para aquele que cria primeiramente uma ordem – a não ser que ele possa, ao mesmo tempo, se manter completamente a uma [certa] distância dela. A dependência se manifesta também em como uma vida que se encontra em uma ordem se experiencia como ampliada ou restringida em suas possibilidades, ou colocada em relações que não estariam disponíveis a ela sem a ordem. Nessa medida, se pode muito bem dizer que as pessoas, por força de seu pertencimento a ordens, podem ser profundamente transformadas. Mas essas transformações não atingem o seu ser sujeito como tal. Também na consciência ética sujeitos são deslocados em relação a si mesmos apenas em uma perspectiva transformada. Na medida, então, em que o pensamento sobre o fundamento do qual os sujeitos em geral surgem adquire significado para a compreensão do seu ser inserido em ordens, ele se articula como o pensamento sobre a determinibilidade dos sujeitos em consequência do fato de que eles não são sujeitos por causa de seu autoempoderamento [*Selbstermächtigung*]. Esse pensamento certamente também está em questão se sujeitos se identificam com uma ordem de muito abrangente. Mas também aí o pensamento sobre o fundamento da subjetividade não determina, porém, a maneira na qual eles se encontram e agem, como sujeitos, em seu ser com outros.

Será possível falar primeiramente de uma metamorfose que se realiza no próprio ser sujeito se se libera nas pessoas, a partir do contexto da experiência em seu ser com outros, o pensamento de chegar à realização de sua subjetividade a partir do fundamento de seu ser sujeito. Esse pensamento não pode surgir unicamente a partir de uma experiência no ser com outros. Há também experiências de metamorfose da subjetividade que se realizam na vida de uma pessoa individual. Se essa experiência, porém, for completamente ligada a um modo de ser com outros, então reside nela que a subjetividade desse ser com outros não possa mais ser entendida apenas como os sujeitos que são trazidos, por outra ordem ou por uma ordem do ser com outros, para dentro de algumas condições ou trajetórias, ou que são abertos para elas. Eles entendem, então, o seu ser com outros como uma realização ou um acontecimento, no qual o que eles mesmos são é, juntamente com aquilo que constitui o ser sujeito de outros, levado para além da individualidade de cada sujeito em particular – mas de tal modo que eles não cessam como sujeitos, mas sim, muito antes, podem ser si mesmos de uma maneira ampliada.

Alguns filósofos do século XX tomaram tais experiências como tendo um significado-chave para o seu pensamento como um todo. Ao fazê-lo, eles incorporaram motivos da filosofia da unificação [*Vereinigungsphilosophie*] que – com suporte em fontes platônicas e partindo de Shaftesbury – se tornaram já no século XVIII contracorrente contra a filosofia de cátedra. Essa corrente teve o efeito de que a pergunta pelo ser com outros dos sujeitos teve, por fim, de ser conduzida, juntamente com a reflexão sobre a sua subjetividade, a um único caminho. Mediada por Jacobi e Herder, essa filosofia da unificação, nos escritos jovens de Hegel e de Hölderlin, tentou levar a filosofia acadêmica para além dos limites de até então de sua erudição e disposição teórica.

No século XX esses motivos platônicos foram desdobrados de maneira mais diferenciada – em uma distância maior do entusiasmo da filosofia da unificação, mas em uma contraposição semelhante às escolas filosóficas. Mencionamos aqui apenas dois exemplos disso: Karl Jaspers usou a palavra comunicação, que se deteriorou atualmente para um uso corriqueiro, para o processo do asseguramento recíproco no qual seres humanos se tornam conscientens uns com os outros daquilo que constitui e dá suporte a sua vida. Para Jaspers, a relação à verdade do pensamento filosófico está fundamentada, em última instância, nessa comunicação, e só pode ser preservada nela. Martin Buber descreveu a relação entre companheiros [*Mitmenschen*] que se confrontam uns com os outros ao se experienciarem e se aludirem como "tu" como um acontecimento que não pode partir do "eu" de uma pessoa e, portanto, também não do seu outro.

165

Ela é um acontecimento que surge entre eles, a partir do qual ambos também se transformam em sua autorreferência [*Selbstbezug*] e a partir do qual eles se experienciam primeiramente como assegurados em tudo aqui que lhes é próprio.

É necessária, para ambas [essas] maneiras de explicação do ser com outros verdadeiro, uma referência transcendente. As explicações de Jaspers se deixam relacionar bem com o significado explorador da vida que Platão atribuía ao diálogo filosófico, e com o significado da amizade, tal como Aristóteles a descreve. A concepção de Buber, em contrapartida, incorpora a teologia do amor que surge de Deus e que também apenas Deus deixa experienciar de maneira adequada no ser com outros dos seres humanos.

Na comparação de ambas entre si sugere-se, por isso, a consideração sobre se Jaspers, contra a sua intenção, não assenta o diálogo, como modo de realização da comunicação, ainda próximo demais de uma inspeção [*Erkundung*] comum. Com Gadamer, em contrapartida, ele deveria ser entendido como um acontecimento no qual o esclarecimento para a verdade se realiza juntamente com a metamorfose do horizonte de compreensão que é carregado para o movimento da vida. Em relação a Buber, pode-se objetar que ele sempre tende a deixar inconsiderada a autorreferência daqueles que abrem suas vidas um para o outro.

Se tentativas de esclarecimento sobre uma experiência levam para tão longe umas das outras, e se elas, ao fazê-lo, valem, porém, claramente para o mesmo âmbito de fenômenos, então, certamente elas precisam ter uma realização da vida altamente complexa por tema. Nesse meio-tempo, elaboramos pressuposições para investigar diferenciadamente essas complexões, sem diminuir o significado de vida que foi atribuído por tantos a uma experiência chave do ser com outros.

Esse significado de vida inclui e também resulta de que, nessa experiência, uma dimensão profunda do ser com outros é aberta, dimensão que ou falta a outros modos do ser com outros ou que é apenas indireta e não expressamente atuante neles. Ela concerne e transforma a consciência de ser sujeito na medida em que, nele, está completamente excluído tanto considerar o seu próprio sujeito, em contrapartida ao ser com outros, como o mais originário, quanto se experienciar ainda como [algo] passageiro e distanciado frente a um todo no qual se está, ao mesmo tempo, incluído. Esse ser com outros surge dos outros tanto quanto surge de mim. E, como isso vale para ambos exatamente da mesma maneira, é preciso que algo que eles mesmos não poderiam de modo algum introduzir e efetivar aconteça com eles na experiência. Ao mesmo tempo, esse ser com outros não é, frente a seu ser si mesmo e ser sujeito, algo estranho, e nem mesmo um outro. Isso porque esse ser com outros não deixa nada acontecer apenas com ou na subjetividade. Muito antes, ela se experiencia e se entende no acontecimento como ela mesma, e, de fato, [como sendo] completamente e até mesmo ampliada.

Se se trata, agora, de fazer justiça, no âmbito da explicação da subjetividade, a esse tipo de experiência, então, está à disposição, para tanto, apenas a referência ao fundamento da subjetividade como meio teórico de explicação. Sujeitos são, no movimento contrário à sua abertura ao mundo, levados a perseguir pensamentos sobre seu fundamento, que não pode, ele mesmo, ser mostrado e demonstrado como um dado no mundo. Esse fundamento não pode, como fundamento dos sujeitos e como um fundamento no qual o processo de sua subjetividade é continuamente possibilitado, ser pensado como uma causa desencadeadora ou continuamente atuante. Disso resulta primeiramente a possibilidade de atribuir não um fundamento próprio a cada sujeito, mas sim um fundamento que lhes seja comum. Tal fundamento será, então, presente em igual medida em cada um deles. Assim, porém, se abre também, ainda, a possibilidade de pensar sujeitos em uma relação uns aos outros que liga os processos de sua subjetividade e que leva a que eles possam ser entrelaçados uns nos outros, de modo que ambos sejam eles mesmos nisso, que eles se realizem um com o outro em seu ser com outros. Apenas assim pode-se entender que eles possam experienciar completa e ampliadamente a si mesmos nesse ser com outros.

Nesse pensamento, um processo que possibilita a subjetividade é unido com a realização da subjetividade. Isso, porém, também não é apenas um pensamento *sobre* um modo do ser com outros. Esse pensamento pode ser entretido juntamente com o fato de que a experiência do verdadeiro ser com outros se realiza. É preciso ir ainda mais longe e dizer que o pensamento dessa realização pertence essencialmente a esse ser com outros. Isso porque, nele, a experiência de ter chegado a si mesmo está ligada de uma tal maneira com a experiência da indisponibilidade do experienciado e com a consciência de um esclarecimento mais profundo sobre o fundamento e a peculiaridade da vida, que ele dá simultaneamente a essa experiência a sua forma firme e explícita. É por meio desse pensamento, então, que se articula a referência transcendente na experiência de tal ser com outros. Isso acontece ainda aquém de todo ancoramento em uma religião codificada. Ela precisa, por sua vez, convocar a realização de uma tal experiência perpassada pelo pensamento como sua fonte de certificação.

167

A partir desse contexto, deixa-se agora conceber por meio de que a experiência do verdadeiro ser com outros se distingue do estar inserido em uma ordem de todos os sujeitos e também da consciência ética. A referência à ordem é posta com o ser sujeito ele mesmo, ela fundamenta um ser com outros, mas um ser com outros tal que pressupõe, de modo completamente intocado, a autorreferência de cada sujeito. A consciência ética se forma em um esclarecimento aprofundado do sujeito sobre si mesmo. Resulta também disso, de maneira completamente imediata, consequências para seu ser com outros. Mas apenas se a ligação [*Bindung*] do sujeito, que deriva igualmente da consciência ética, ocorrer no modo do verdadeiro ser com outros que a autoexperiência leve, por meio do ser sujeito ele mesmo, também para o fundamento comum dos sujeitos.

Por esse pouco já terá se tornado claro que alcançamos um ponto no qual se torna necessário ampliar o horizonte de investigação. Dever-se-ia agora investigar mais profundamente o pensamento do fundamento do ser si mesmo. Buber e Jaspers deixam, em suas interpretações, a dimensão da transcendência derivar, sem mais mediações, do verdadeiro ser com outros. Também deveria ser possível, porém, desdobrar essa dimensão em pensamentos que não são empregados *ad hoc*, mas sim, muito antes, já estão ancorados no contexto da fundamentação da análise da subjetividade. Em seguida, se deixaria descrever e conceber uma experiência-chave que entende a si mesma da subjetividade como também inserida a partir de si mesma em um tal contexto e pertencente a ele – tal como fora a intenção de Hegel, quando começou a desenvolver a sua lógica especulativa.

Precisamos, porém, ainda atentar aqui ao ponto no qual essa perspectiva é alcançada. É primeiramente a próxima e última preleção que deve dar seus passos no âmbito do pensamento, passos por meio dos quais se deve trazer o retorno dos sujeitos ao seu fundamento na forma de uma construção transparente e nítida. Também lá a perspectiva que foi aberta há pouco poderá ser primeiramente alcançada novamente na conclusão. Isso porque a última preleção terá igualmente por finalidade determinar um sentido de liberdade que se deixa inserir em um pensamento elaborado do fundamento da subjetividade – e, de fato, um sentido primeiro, mas também fundamental de liberdade na série de significados possíveis de liberdade. Esse sentido de liberdade não está, porém, preso ao agir do indivíduo, ao seu ser com outros.

Para essa preleção, em contrapartida, se põe ainda uma outra tarefa. Ainda se disse até agora apenas pouco sobre o ser com outros no qual os sujeitos como tais são de fato eles mesmos de uma maneira ampliada. Juntamente com a tarefa de explicar o modo desse ser si mesmo, coloca-se, contudo, outra tarefa, de conceber tal ser com outros no interior do contexto de todos os modos do ser com outros, que podem facilmente ser confundidos com ele. A vida consciente de seres humanos finitos e encarnados se realiza sob diversos tipos de condições. Esforçamo-nos em tomá-las em consideração na explicação dos modos do ser com os outros desde o início. Como o verdadeiro ser com outros pode se formar e se realizar permanece, porém, intocado por essas condições. Disso resultam diferenciações na experiência e nos ideais do completo ser com outros que sempre foram deixadas de lado na história da filosofia da unificação. A insuficiente consideração deles também deixou rastros na teoria da intersubjetividade do século passado.

Amor é uma palavra de significado elevado, mas com uma referência apenas aparentemente unívoca. Assim, já as culturas antigas diferenciaram, uns dos outros, nomes para diferentes modos de amor e os atribuíam a diferentes divindades. Evidentemente, é preciso uma abordagem firmada desde o início na diferenciação para poder conceber não apenas as figuras do amor, mas também a sua ligação interior umas com as outras. Ambas são características de uma vida humana: a sua diferença, a sua, sob certas circunstâncias, oposição aguçada, mas também a possibilidade de sua unificação [*Vereinigung*].

Seres humanos são conduzidos de sua forma de vida simbiótica à sua vida como sujeitos por meio da introdução em uma cultura. Eles conhecem, também em seus primeiros estados desse caminho, o seu ser colocado em perigo e o seu ser dependente de cuidados confiantemente dedicados, e experienciam, juntamente, com isso o sagrado fechamento de um mundo, no qual essa dedicação os abrange de maneira inquestionavelmente protetora [*bergend*]. Eles são envolvidos nesse modo de ser com outros; por meio dele eles são incentivados e, simultaneamente, levados àquilo que é próprio a eles. Pode ser inteiramente válido, na psicologia do desenvolvimento, que todo distúrbio da confiança entravador traz consigo como consequência distúrbios para toda a vida. Mas também a tentativa de manter um ser humano em crescimento no ser com outros cuidadoso [*fürsorglich*] da idade infantil leva a distúrbios – a saber, ao fixamento em uma ligação que exclui a ampliação da vida e o chegar a uma outra ligação na qual os sujeitos só podem se encontrar por meio de uma relação ao mundo obtida autonomamente.

Esses contextos, de fato, pertencem já há muito mais tempo ao saber cotidiano que está fundamentado na experiência de vida do que ao saber fundamental de uma psiquiatria que, para chegar a eles, teve primeiro de se debruçar sobre Sigmund Freud. Isso permite, porém, também entender ainda mais uma coisa: por que, a saber, o ser humano nunca pode deixar a experiência de ligação de sua infância a cargo de uma memória distanciada e, por isso, a repelir de si mesmo. A lembrança tem de poder ser de tal modo realizada que o lembrado possa não pertencer inteiramente ao passado. É possível, então, se recuperar um ser com outros no qual a sensação de segurança [*Geborgenheit*] inicial da vida como um todo seja unida com a liberdade do ser si mesmo.

Essa esperança possibilitou que aumentasse a plausibilidade das muitas doutrinas segundo as quais haveria três passos na história da humanidade. Segundo elas, o desenvolvimento da cultura, assim como dos indivíduos, leva de uma origem na imediatidade preenchida que passa pela cisão e pelo desdobramento das potencialidades assentadas nessa cisão até uma nova unidade em um estágio superior – os três passos que perpassaram a história da filosofia de Hesíodo até Hegel e que predominaram a maior parte do tempo. Também na série de ideias da teoria da subjetividade esses três passos pertencem às figuras de pensamento mais comuns. Isso dá ainda mais ocasião para se atentar ao fato de que a fascinação que ainda parte desse modelo não leva a conceber a dinâmica da vida humana como unidimensional – mesmo quando a representação de três passos no curso da vida não deva perder seu significado. Concebidos como uma sequência de estágios unidimensionais, faltariam a eles, todavia, em igual medida, as atualizações e os potenciais dessa dinâmica. A esperança do ser humano, de fato, não se dirige a um objetivo no qual ele teria repelido a sua origem de si mesmo, mas também tampouco a uma restituição da origem em uma esfera superior.

O ser com outros de pessoas em sua subjetividade desdobrada não pode ser unicidade inquestionável. Ele precisa se harmonizar com a oposição entre caminhos no mundo e caminhos do autoentendimento – primeiramente em um equilíbrio e em uma delimitação recíproca e depois em um acordo que se estende para além da diferença e que se abre por meio de um pensamento do fundamento da vida. Em tal acordo, o ser com outros obtém, então, consentimento interno sem reservas. Ele se torna uma realização de vida que não pode ser experienciada como secundária frente a outras possibilidades de vida ou como dispensando [sua] completação. Mas essa certeza deriva de um diálogo no sentido abrangente da palavra, diálogo que inclui a prontidão para realização conjunta e examinadora do movimento de vida do outro. Primeiramente, tal encontro tem de ser percebido como possível e procurado, para então, frequentemente de maneira surpreendente, ser bem-sucedido e, além disso e [sempre] novamente, se preservar. Esse diálogo pode, em seguida, ser carregado pela experiência da comunalidade preservada, e crescer e amadurecer ainda mais.

Tal ser com outros não se desloca em um mundo transcendente [*jenseitige*] da unificação em ideias e por meio delas. São pessoas frágeis que se encontram como sujeitos nesse ser com outros. Elas sabem, portanto, de sua experiência da sensação de segurança da primeira infância. Por isso, elas também têm a possibilidade de se deslocar umas com as outras e umas pelas outras para uma situação na qual também a memória da sensação de segurança como criança encontra uma repercussão e um tipo de repetição. Na figura e na atmosfera que seres humanos maduros dão à sua confiabilidade [*Verlässlichkeit*] presente aquilo que não pode retornar como lembrado pode, porém, encontrar uma correspondência.

Isso, porém, também não é uma mera compilação de motivos inteiramente diferentes em essência. Isso porque a criança experienciou a sua sensação de segurança na dedicação de seres humanos que estavam eles mesmos na vida adulta. A criança pode perceber o modo de ser com outros dos pais e de membros da casa na donação comum de sensação de segurança e, desse modo, antecipar algo daquilo a que ela mesmo poderá aderir como sujeito no verdadeiro ser com outros. A lembrança da sensação de segurança inicial em um vínculo também é a lembrança da intensidade na vida daqueles dos quais partia a dedicação protetora. De fato, a força e confiabilidade de uma cultura certamente não se reduzem a esse acontecimento elementar da formação de tradições, mas também não podem se separar inteiramente dele.

Muitos outros fatores também podem intervir nessa espécie de realização do ser com outros. A tensão sexual e a atração podem levar a uma dependência em um tipo de vício, mas também podem se tornar ocasião para que a subjetividade, a partir da experiência do ser com outros corporal, seja intensificada e aberta para a diferenciação. Se o ser com outros maduros leva à consonância de autônomos e diferentes, então, é aberto a ele com a tensão entre os sexos, que é, ao mesmo tempo, o saber de uma atribuição e uma dependência um ao outro, o mais próximo dele e também o campo mais rico para a sua formação.

Mas também outras tendências da vida do ser humano podem se concentrar em um tal ser com outros maduro e, aí, se ligarem, ao mesmo tempo, umas com as outras. A partir de duas dessas tendências, das quais já falamos e das quais também derivamos um modo próprio de ser com outros, deixa-se compreender facilmente isto: está fundamentada na constituição do sujeito a tendência de se identificar com ordens. Também essa tendência pode se voltar a pequenos grupos nos quais o ser com outros consegue se tornar real. Deriva da consciência ética a tendência para o vínculo com uma realidade na responsabilidade. Também ela pode se realizar nesse ser com outros. O verdadeiro ser com outros fundamenta, além disso, já a partir de si mesmo, uma responsabilidade que vincula aqueles que vivem nele em cuidado recíproco.

Também se pode muito bem dizer, todavia, que não seria adequado à vida consciente concentrar todas as suas tendências em uma única realidade. A investida da subjetividade relacionada ao mundo e, assim, também o reino desse ser com outros chegaria, então, a uma limitação. E a balança de identidade que é entregue a essa vida também na experiência do ser com outros mais essencial perderia a sua movimentação e se assentaria em uma identidade reunida em um ponto. Frente a ela restaria apenas ainda equilibrar os papéis do cuidado pela existência e os deveres das pessoas que se seguem da forma ética fundamental.

Sujeitos vivem sempre na consciência de um fundamento não disponível a eles mesmos. Eles podem tomar esse fundamento como um acontecimento factual, por exemplo como um processo extremamente complexo em seu corpo conduzido neuronalmente. Eles podem abrir esse fundamento em um pensamento no qual é atribuída uma peculiaridade ao seu percurso de vida, a qual não é reduzida ao fato da inevitabilidade de sua realização. Se mesmo só a consciência ética deve ser incluída na compreensão dessa vida sem reinterpretação ou enfraquecimento, tal pensamento é inabdicável. Mas essa sua relação ao fundamento é a relação ao fundamento da vida individual correspondente de um sujeito. Muitos modos do ser com outros não exigem de modo algum nenhuma outra relação fundamental. Então é, de fato, à própria vida que o ser humano empresta significado pelo fato de que ele a subordina a uma coisa [*Sache*] grande. Nada se transforma aí pelo fato de que todos os sujeitos estão em condições, seja de qual modo for, de ver a sua vida ancorada em outra coisa que não nas leis sob as quais a espécie *homo sapiens* se reproduz.

Se, porém, pessoas encontram umas às outras na abertura comum a um mundo e na fundamentação de uma esfera da vida comum nesse mundo, então elas não podem entender sozinhas, a partir do fundamento correspondente de sua vida, aquilo que podem alcançar ou que lhes é concedido. Elas têm de pensar e experienciar o seu fundamento da vida como tragado com o fundamento dos outros. Que a sua experiência lhes sugere isso é por si mesmo novamente um motivo particularmente sustentável para entender a [sua] própria vida, em todas as suas realizações, não como um acontecimento inevitável, mas sim em luz e a partir da experiência de um fundamento que é inteiramente de outra espécie.

Encontros essências nos quais a vida pode se transformar e vínculos que derivam deles certamente não se tornam a situação normal nos muitos modos do ser com outros do ser humano. No cotidiano do mundo social e também na dinâmica complexa da vida consciente, eles podem valer como fenômenos marginais e como experiência de exceção. Mas, tomados a partir de sua possibilidade, todos os outros modos de ser com outros também podem ser considerados e chegar a uma perspectiva transformada. Na medida em que um modo do ser com outros permanece apenas imposto ou na medida em que ele permanece ocasional e provisório se mede, em última instância, diante do pano de fundo da possibilidade do ser com outros essencial.

Uma dimensão da profundidade e da satisfação [*Erfüllung*] se expande, assim, no pano de fundo de todo ser com outros cotidiano – de uma satisfação para a qual a maior parte dos seres humanos já está aberta desde a experiência de sua infância. Apenas na resignação muda se pode suportar relações nas quais essa possibilidade tenha sido removida ou permanentemente perdida. Todo ser humano com que nos encontramos pode e deve ser percebido por nós como alguém que, à sua maneira, pode se encontrar ou se encontra efetivamente na experiência do verdadeiro ser com outros. O discurso dos direitos dos seres humanos é acessível a uma fundamentação por meio de fundamentos completamente diferentes, tais como fundamentos éticos. Mas um tom oco e declamatório não desaparecerá dele enquanto não for pensado juntamente, no conceito de ser humano, que sua subjetividade tem de se efetivar em um ser com outros que corresponde a ele de maneira completamente própria, e que ela tem direito de poder assim se efetivar.

V
UNIDADE, INDIVIDUALIDADE E LIBERDADE

1 Pensamento extrapolador

Nas preleções anteriores, tratamos dos modos de saber que são pressuposições para toda condução do pensamento na teoria, mas que não podem eles mesmos ser transpostos em um saber teórico. É fundamental para todos eles o saber de que todo ser humano tem de si mesmo em sua autoconsciência.

Esse saber de si não se deixa compreender a partir de componentes que o constroem ou explicar a partir de condições das quais ele seria derivado. Caso se fale dele, é preciso se relacionar, então, a um saber realmente realizado. Ele não pode ser produzido, mas sim a atenção tem de se focar e se concentrar nesse saber que já surgiu. Esse saber é ele mesmo realização, na medida em que, sem qualquer forma de salto, se ligam a ele modos de pensamento e de saber que – como o pensamento de objetos – devem ser entendidos eles mesmos apenas como atividades. E ele é, ao mesmo tempo, uma condição [*Zustand*] na medida em que ele é um saber completamente invariável, que se preserva em todas essas realizações como o mesmo, sem que entrem em jogo aí atividades conhecíveis.

Na terceira preleção falou-se sobre a consciência ética. Também ela não pode ser traduzida em saber teórico, mas também não pode ser derivada da autoconsciência a partir da qual o saber teórico se forma. Mas o ser humano, como sujeito que se constitui em sua autoconsciência, recebe um esclarecimento aprofundado sobre si mesmo na consciência ética – e de fato de modo que, a partir de agora, ele se realiza e se entende como sujeito em seu agir como pessoa em um sentido transformado. Que em todo saber de si está posta uma faticicidade insuspendível se torna evidente novamente com a consciência ética, mesmo que de outro modo.

Essa facticidade é parte do saber que é correalizado tanto na autoconsciência como também na consciência ética. Ao mesmo tempo, ela é um fato que é mantido na reflexão teórica e que pode ser considerado em suas implicações e consequências. Reflexões de tal espécie levam também a algumas conclusões que foram desenvolvidas nas preleções anteriores: (1) A autoconsciência tem de pressupor um fundamento. Todo outro pensamento sobre o fundamento não pode perder de vista a situação particular que é determinada pelo fato de que a autoconsciência, juntamente com a derivação [dela a partir de seu fundamento], também se furta à explicação completa. (2) Na consciência ética, o sentido de sujeito que se abre por meio da autoconsciência é ampliado e aprofundado sem que possa ser atribuída a essa consciência algo como um outro fundamento. Esse fundamento possibilita o sujeito em todos os aspectos que o constituem, ou seja, também a sua liberdade – seja lá em qual sentido em que se a entenda.

Assim, é fixado o quadro de condições para o entendimento sobre a subjetividade como um todo. Ainda não se mobilizou, porém, nenhum pensamento que também ainda *extrapole* [*hinausgreift*] sobre o fato do saber do sujeito de si e sobre os modos de pensar que tomam como ponto de partida essa autoconsciência. Mas já vimos também igualmente que o pensamento que tem sua origem na subjetividade realiza realmente uma tal investida – e de fato devido a uma inteira série de razões que se fazem valer no interior da própria dinâmica desse pensamento. Lembremos de algumas delas: (1) No interior do todo do mundo que se abre para o sujeito em conexão com a continuidade de sua autoconsciência, o sujeito tem de fato, como pessoa, uma posição que seu corpo vivo toma. Ele, porém, *na medida em que é* sujeito, não pode se conceber a partir dela. Ele precisa, portanto, em igual medida, realizar a investida na direção de seu fundamento e do todo de um mundo no qual sujeitos estão incluídos e do qual o conceito de sujeito não seja completamente eliminado, como ocorre na imagem científico-natural do mundo, e de fato por razão de seu aparato formal. (2) Essa investigação se torna ainda mais urgente quanto mais o sujeito é importunado pela pergunta sobre a peculiaridade de sua vida e é trazido a conflitos de orientação. Essa pergunta concerne a se o todo ao qual pertence aquele fundamento, que o sujeito sabe não poder examinar, está em consonância com a realização da sua vida ou se ele é completamente indiferente frente a essa vida, de modo que toda afirmação sob a qual a vida pode se realizar tivesse de ser obtida ou pensada apenas a partir dela mesma. (3) O agir ético sob a norma fundamental implica a convicção de que o agente pode se responsabilizar por suas ações. A consciência ética transformada e aprofundada se sabe também ainda vinculada a relações de vida às quais ela atribui uma peculiaridade que não pode ser remetida apenas às intenções dos seres humanos que se encontram nessas relações. Assim, a dimensão ética da vida fortalece, então, o impulso até uma forma de entendimento por meio da qual o fundamento da subjetividade e de sua orientação a um todo além dos limites do mundo conhecível são reunidos em um entendimento fechado em si mesmo. E a consciência de um fundamento comum da vida dos seres humanos em seu verdadeiro ser com outros aponta para essa direção e atua igualmente nela.

Na história da humanidade, essa tendência sempre se fez valer com poder irresistível. É possível interpretar os mitos como concepções da origem e da peculiaridade da vida consciente e das instituições que se fundam a partir dela. As religiões são, igualmente, tentativas de se assegurar sobre essa origem e sobre esses poderes que deixam a vida crescer em significado e força de preservação. A práxis aí atuante do autoentendimento se realiza sempre, ao mesmo tempo, por causa do consolo emocional, do aprofundamento e da elevação da vida diante do destino de muitas maneiras inconcebível do ser humano. Em seu cerne, porém, ela é *pensamento*. Não há mito ou religião que não reivindiquem justamente aquele pensamento que está enraizado no processo da subjetividade. No mito e na religião esse pensamento, certamente, opera implicitamente e, portanto, sem tomar conhecimento de si próprio. Ele se forma no meio do esboço de histórias que, justamente porque têm um significado que abre e preserva a vida, podem ser empregadas e incorporadas como fundamentos obrigatórios da realização da vida. Se, porém, o pensamento que as habita se instala em si mesmo e é posto em movimento como tal, ele se torna, então, filosofia, e perde, assim, a autoridade dos textos sagrados e do modo religioso de entendimento, que permanece fechado perante toda alternativa.

Mas também assim esse pensamento ainda não se torna conhecimento teórico. A princípio, a motivação que reside em seu fundamento permanece a mesma. Ele permanece um pensamento que é determinado pela dinâmica da vida consciente e pelas problemáticas nas quais essa dinâmica se envolve. Ele apenas torna essas problemáticas também transparentes agora. Uma das consequências disso é que ele, diferentemente da religião, não pode reivindicar, do fato de que desdobra uma concepção, já ter também decidido sobre a verdade dela. Tal decisão se dá primeiramente pelo fato de que sujeitos se reconhecem novamente nessa concepção e que eles a integram em sua própria vida, podendo, então, aceitá-la como autointerpretação na realização da própria vida sem coação e repressão.

Além disso, a constituição desse pensamento ele mesmo também é uma outra do que a constituição do conhecimento teórico. De fato, esse pensamento se realizará nas mesmas funções de fundamento nas quais o pensamento no processo da subjetividade e em seguida também o conhecimento teórico se formam. Todavia, no pensamento que deve reunir as investidas opostas da subjetividade, essas funções são adotadas em um outro uso. Elas não podem, agora, nem servir para explicar e analisar a dinâmica da subjetividade, nem para se edificarem em um conhecimento de objetos. Elas extrapolam tudo que é dado ao sujeito e tentam alcançar, se possível em um único acesso e paradigma [*Inbegriff*], um entendimento sobre a subjetividade, o seu fundamento e um todo ao qual ela pertence. Nessa medida, esse pensamento é, necessariamente, *sintético* e, juntamente com isso, *extrapolador*. Isso porque sua concepção não pode decifrar alguma região do real ou ser adequada a ela. Ele só se deixa obter como esboço fundamentado. Ele é, além disso, *postulante* – e, de fato, na medida em que não se pode tratar nele de conduzir uma prova de sua verdade. Ele só se pode mostrar como consistente e como aceitável – também frente todas as alternativas. Isso, porém, ele faz ao possibilitar à subjetividade um autoentendimento que faz justiça a todas as características que foram apontadas em sua explicação e que permite que essas características sejam incluídas em um contexto compreensível.

A quarta propriedade de uma tal concepção se segue de que ela extrapola a autorreflexão da subjetividade, mas que, ao fazê-lo, não pode aderir às formas de mundo do mundo dos objetos ou do mundo da ação. Onde o fundamento da subjetividade deve ser reunido com um todo que não está sob as condições sob as quais os mundos dos objetos se formam, lá também terão de ser convocadas outras relações formais que não aquelas que possibilitarão a orientação cotidiano-prática e o conhecimento objetual. Uma vez que tal concepção, todavia, deve partir da forma de mundo com a qual a subjetividade está familiarizada a partir de sua relação primária ao mundo, ela precisa derivar de uma revisão refletida do emprego de suas funções fundamentais. Tal concepção precisa, então, para poder ser sintetizante, ser trazida ao uso de formas conceituais *revisionárias*.

Essas quatro propriedades tornam novamente claro que mitos e religiões não devem ser entendidos apenas como criações de um pensamento que é movido sem disciplina e apenas por seus desejos e que colocou a seu serviço uma fantasia extravagante. As linhas fundamentais sobre as quais eles se constroem se desenvolvem, muito antes, a partir do impulso de um pensamento que está assentado na constituição da subjetividade. Se esse pensamento toma a forma da filosofia, as habilidades imaginativas do ser humano não podem mais se ligar a esses impulsos de maneira tão irrestrita como antes. O pensamento essencial não deve mais, então, ser exaltado em um sistema de símbolos denso o qual reconfigura a imagem de mundo cotidiana, a excede com a sua riqueza e, ao estabilizar assim a vida em grupo, também integrou em si a autoimagem de todos os seus membros. A autorreflexão metódica entra agora, no lugar do projeto simbólico, na extrapolação de pensamentos. A autocrítica ligada a ela tem de levar a que a concepção na qual a subjetividade excede a si mesma se esvazie de uma outra tentação: ela também não pode substituir a reconfiguração simbólica da vida cotidiana por meio de uma ciência metafísica que tenta se trazer a uma continuidade com a imagem científica do mundo. Isso tem, por sua vez, por consequência que os pensamentos da concepção que possibilita um autoentendimento da vida consciente não podem chegar a uma diferenciação que supere o mundo cotidiano ou o mundo científico em sua riqueza de conteúdo. Isso só parecerá, todavia, uma falta, se não se tiver em vista que os pensamentos, obtidos na ultrapassagem [*Überstieg*], de um todo permanecem vinculados à forma e ao processo da subjetividade. Com esses pensamentos, que também podem ser chamados de "ideias", a subjetividade ganha o horizonte mais amplo no interior do qual ela pode chegar ao autoentendimento no qual ela, segundo sua constituição fundamental, se encerra.

O modo como esse horizonte como tal é articulado precisa, todavia, não ser inferior no grau de sua diferenciação à constituição formal fundamental que inclui em si mesma a pluralidade incomensurável dos conteúdos dos mundos do cotidiano e da ciência.

2 Fundamento e sentido

Temos agora de começar a deixar essa espécie de pensamento se desenvolver em mais uma parte, que, na forma da extrapolação, se liga à forma fundamental da subjetividade. Se mostrará assim também por que, afinal, já nos primeiros passos, como ele precisa tomar uma forma conceitual revisionária e quais formas de fundamentação se seguem daí.

O saber de si que constitui o sujeito não se deixa compreender a partir de si mesmo. Isso porque sua análise mostra que cada um de seus elementos nos quais a análise pode se concentrar já tem por pressuposição a autorrelação no saber do sujeito de si. Então, caso essa autorrelação ainda exija a pressuposição de um fundamento, esse fundamento tem de corresponder àquilo que constitui a autorrelação. Disso resulta novamente que devem ser atribuídas propriedades particulares e incomuns ao fundamento. Ele não pode possibilitar a forma do saber de si como uma construção que, uma vez erigida, continua a existir suportando a si mesma. Isso porque nesse caso, não a gênese, mas a existência da forma do saber de si teria de ser compreensível a partir de si mesma. O fundamento, por isso, também não pode ser pensado como um acontecimento que traz consigo um outro acontecimento que se dá continuidade, então, ainda, a partir de si mesmo, em todo pensamento. Isso porque o saber de si mesmo é um saber estável e, segundo sua forma, invariante e que se mantém a si mesmo. Se ele, também segundo a sua forma, carecer de uma fundamentação, então, esse fundamento precisa ser continuamente efetivo na medida em que esse saber existir. Por isso, tampouco pode-se pensá-lo como um acontecimento causador que se repete em grande densidade.

Na medida em que ele é juntamente o fundamento da forma e da realidade da autoconsciência, ele não pode de modo algum corresponder a nenhuma das quatro espécies de causas que Aristóteles distinguiu entre si. De fato, a ele também se atribui, como ao fundamento formal e ao material, a propriedade de não poder ser um fundamento externo. O que ele fundamenta não pode ser pensado como desprendido dele. Nessa medida, o fundamento é presente *nele*, mas não como a forma e a matéria, que permitem que algo que se torne o que é. Isso porque, por meio de ambos, aquilo que eles fundamentam também se deixa caracterizar de maneira fundamental. O sujeito, porém, é caracterizado pelo saber de si e pela espontaneidade nele fundamentada. Seu fundamento é, portanto, no modo do afastamento [*Entzogenheit*], e, todavia, continuamente ligado a ele. Apenas assim resulta ao menos o esboço de um pensamento que não se opõe ao fato de que sejam próprios ao sujeito, por mais que ele não seja fundamentado por si mesmo, autoatividade e autodeterminação. O fundamento, nessa medida, deve ser pensado como uma possibilitação interna da autoatividade, não como uma causa oculta que traz consigo, como consequência, a autodeterminação como mera ilusão.

No curso dessas poucas considerações se torna visível: a remissão a um fundamento ocorre, de fato, em conformidade a um processo inferencial completamente normal; ele leva, porém, à pressuposição de um fundamento ao qual se deve atribuir propriedades que não podem mais ser chamadas, da mesma maneira, de normais. Isso não pode surpreender, pois aquela remissão leva para além da autoconsciência da subjetividade e, assim, também para além das espécies de fundamentação nos mundos abertos a ela. Tal fundamento não se furta, então, apenas à possibilidade de ser conhecido. Ele também é, comparado com essas espécies de fundamentação, irregular segundo sua forma. Assim, se torna visível também de outra porque a forma conceitual do pensamento extrapolante, em tal fronteira, não pode evitar se tornar revisionário.

Nessa fronteira surge, assim, também a impressão do perigo da confusão e da perda de todo solo seguro. A compreensão de que o passo para um modo de pensamento revisionário é, contudo, inevitável, pode se tornar mais fácil, se se considera o que significa que a consciência ética tenha de ser pensada como incluída no autoentendimento da subjetividade. Na penúltima preleção se mostrou que, na consciência ética, se aprofunda o saber do que constitui um sujeito. Assim, também o fundamento que é pressuposto pelo sujeito tem de ser pensado como fundamento da consciência ética. Mas não se pode, porém, pensar a consciência ética como um produto de causas estranhas a elas, sem que se siga daí imediatamente a conclusão de que a sua própria autocompreensão não é capaz de verdade [*wahrheitsfähig*]. Em vez disso, seria possível querer entender a consciência ética como produto de uma subjetividade que quer aprazer a si mesma. Esse caminho é, porém, igualmente excluído, pois a subjetividade, por sua vez, se viu obrigada à pressuposição de um fundamento. Assim, não se pode de modo algum evitar colocar, com a subjetividade, também em questão um fundamento para consciência ética. Mas, esse fundamento precisa ser de tal espécie que ele poderia permitir algo como a autodeterminação tornar-se possível. Isso só pode ser admitido se a pressuposição de um fundamento não excluir já que a espontaneidade e autodeterminação possam de algum modo ser pensadas como consequências. Assim, o pensamento de um fundamento precisa, portanto, ser pensado em um modo do qual não se pode fazer nenhum uso em processos de conhecimento normais. Podemos imaginar construir aparatos cujas ações são causadas por um mecanismo ou disparadas por um gerador de acaso. Da produção de um sujeito que determina a si mesmo, porém, não temos nenhum conceito que se deixaria implementar em um conhecimento – e tampouco de um sujeito cuja autodeterminação em sua realização seja possibilitada por um fundamento. Uma vez que, todavia, também não podemos pensar sujeitos finitos como produtos de si mesmos, o pensamento de um fundamento que precisamos aplicar a eles adquire obrigatoriamente o *status* de pertencer a uma ontologia revisionária – a não ser que se visse como uma verdade banal e como uma premissa que se deve claramente aceitar que todo saber e, com ele, o saber de si é um fato que encontra sua explicação na natureza que a ciência física descreve, e isso mesmo se nós mesmos nunca conseguirmos fornecer essa explicação.

Encontramo-nos ainda no início de nossas considerações que devem fornecer um esboço do edifício do pensamento extrapolador. Aqui não é, então, o lugar para tratar a pergunta sobre o significado de liberdade. A seguir, porém, deve-se mostrar por que não é preciso concordar com aqueles que pensam poder entender a liberdade apenas como um modo particular de ser condicionado [*Bedingtheit*], a saber, como o modo no qual o resultado de uma reflexão, ou seja, razões bem consideradas, tem por consequência um modo de ação do ser humano. Se, porém, a autodeterminação é admitida em um sentido mais forte, então, como já se pode prever, as fronteiras do modo regular de explicação são alcançadas – por mais que hoje muitos pensem que as consequências que daí resultariam tenham de ser evitadas a todo custo.

A esse primeiro passo na região do pensamento extrapolador deve-se seguir agora um segundo passo. O primeiro foi realizado a partir do conceito de sujeito. O pensamento extrapolador não foi motivado apenas como passo *de volta* para trás da consciência. Um outro motivo resultava de que não pode haver lugar para sujeitos nas formas na qual o todo de um mundo se abriu a eles. Tanto quanto sujeitos pressupõem um mundo, esses precisam, portanto, ter diante dos olhos, não importa o quão obscuramente, o pensamento de um todo no qual os sujeitos enquanto tais estão inseridos. Essa ultrapassagem se realiza na *direção oposta* à direção do retorno para o fundamento dos sujeitos – não a partir do conceito de sujeito, mas sim a partir da forma do mundo e para além dela. Mas ambos são movimentos de pensamento extrapolantes, que são inseparáveis como elementos do autoentendimento do sujeito. Assim, também os pensamentos do fundamento do sujeito e de um todo que inclui o sujeito têm de ser reunidos. O pensamento extrapolador se realiza assim, como foi dito, como pensamento sintetizante.

Para cada sujeito vale que ele é um *indivíduo*. Assim, se retoma novamente, e ainda em sentido completamente corrente, uma expressão a qual adquirirá, a seguir, em uma concepção completamente diferente, um papel importante. O fundamento pressuposto no sujeito é um fundamento interno a ele e ligado continuamente com a realização da subjetividade. O fundamento tem, portanto, de ser pensado ele mesmo como individuado na medida em que ele se encontra em uma relação contínua com o sujeito individuado. Se ambos, fundamento e todo do sujeito, são reunidos, resulta a tarefa de pensar o modo no qual os sujeitos são indivíduos e a unidade na qual eles podem coexistir uns com os outros como indivíduos como um único contexto.

Quando, há pouco, buscávamos determinar mais exatamente o fundamento que tem de ser pressuposto pelo sujeito, já havia se tornado claro que é necessário, nesse passo, ir além da região do verificável objetivamente e usar formas conceituais revisionárias. A passagem, complementar a esse passo, para um conceito de mundo que inclua sujeitos, ocorre igualmente em tais fronteiras. Assim, também se deverá conceber o conceito de um tal todo em uma forma conceitual revisionária. Caso contrário, já se excluiria desde o início [a possibilidade de] reunir esse conceito com o fundamento no sujeito.

Pode-se esclarecer para si mesmo (e tentei mostrá-lo de diversas maneiras anteriormente) que, para além dessas fronteiras, a distinção entre a forma do mundo e seus conteúdos, que é uma pressuposição para o mundo "natural", não pode mais se sustentar do mesmo modo. Essa diferença deve se esclarecer pelo fato de que, na constituição do mundo, é pressuposto um sujeito *para* o qual o mundo, na forma que é característica a esse mundo, é aberto. A diferença tem de, então, não ter lugar, se esse sujeito, ele mesmo, é pensado como inserido em um todo do mundo. A forma não estará mais em uma outra dimensão frente aos conteúdos que surgem nela. Inversamente, os conteúdos deverão ser entendidos, naquilo que os faz respectivamente individuais, a partir da forma do mundo. Forma e conteúdo do mundo devem, assim, ser pensados conjuntamente e como inseparáveis um do outro. O mesmo contexto que foi desenvolvido aqui a partir do pensamento do sujeito é trazido à expressão imediatamente em um dos pensamentos fundamentais mais antigos da filosofia grega. Ele articula o surpreendente e primeiramente estranho no pensamento de um todo que não deve ser pensado como se encontrando sob nenhuma outra condição, em uma formulação marcante, que, todavia, também soa como palavra mágica: o mundo deve ser entendido como a *unidade de tudo* [*All-Einheit*].

Assim, deu-se um segundo passo. Atente por favor agora à constelação que surge entre esse pensamento e o outro pensamento que já fora alcançado na passagem complementar do sujeito para o seu fundamento! Em ambos os pensamentos é articulada respectivamente uma relação estreita entre dois elementos, de um lado entre sujeito e fundamento, de outro entre forma do mundo e indivíduo. Ambos os pensamentos são, em relação a esses elementos, pensamentos de *imanência* – eles são pensamentos de que uma diferença que de outro modo pressupomos em todo lugar não pode ser empregada da mesma maneira para ambas essas relações. O fundamento é, na realização do sujeito, fundamento contínuo de possibilitação; a forma do mundo não constitui, frente ao conteúdo, nenhuma outra dimensão.

Ambos os pensamentos não são pensamentos de imanência exatamente do mesmo modo. A forma do mundo concebida revisionariamente retira inteiramente a diferença entre forma e indivíduo; o fundamento na consciência apenas está ligado com a forma e a dinâmica do sujeito de maneira particularmente estreita. Mas resulta imediatamente das condições sob as quais o retorno e a ultrapassagem para ambos esses pensamentos foi realizada a tarefa de reuni-los em um único pensamento. Primeiramente quando isso ocorre se alcança o pensamento de um todo no qual sujeitos sejam reais. Tal integração, porém, pressupõe que a relação entre a unidade do todo ao qual os sujeitos pertencem e a individualidade que, todavia, é atribuída necessariamente a todo sujeito, poderia ser esclarecida ainda mais na forma conceitual revisionária.

Antes de se realizar o próximo e – logo, o terceiro passo – que se dê atenção a uma conclusão que deve ser obtida, a partir de ambos os pensamentos de imanência, para o autoentendimento do sujeito. Estamos explicando o pensamento pressupositor [*voraussetzende*] e extrapolador como se se tratasse, nele, de alguma espécie de investigação teórica. Porém, tornou-se há muito claro que esse pensamento está entrelaçado com um interesse de vida da subjetividade. Caso os sujeitos não fossem levados a investigar como eles podem trazer a dinâmica de sua vida a um entendimento fundamental sobre si mesmos, então o pensamento extrapolador, que vai além das fronteiras do verificável, viria a ser apenas um jogo de pensamento. Também tal jogo pressupõe que, nele, a possibilidade do uso da razão deve ser reivindicada. Nele, porém, não se busca nem pela verdade nem se espera por uma decisão sobre a orientação da vida de pessoas que são sujeitos. Por isso, temos toda a ocasião para não perder de vista, durante o desdobramento do pensamento extrapolador, a sua origem na prática de vida.

Vocês se recordam das investigações nas preleções anteriores, que mostraram como a pergunta que conhecemos como a "pergunta pelo sentido" irrompe na dinâmica da vida consciente, e, de fato, de diversos modos. A fala sobre o sentido [*Sinn*], nesse emprego [dela], não se relaciona àquilo que expressões linguísticas significam [*bedeuten*], e também não à função de elementos ou instituições para um fim que os seres humanos põem para si mesmos ou que perseguem. Sentido pode ser encontrado ou perdido na vida humana como um todo. Ora, seres humanos podem dar sentido ao seu fazer ele mesmo por meio de fins que eles põem para si mesmos. Também aquilo que eles fazem e efetivam para a vida de outros pode se tornar significativo [*bedeutsam*], do que cresce novamente, para eles mesmos, um sentido. Mas seres humanos se perguntam, para além disso, se a sua vida como um todo deve ser tomada como importante e vista como afirmada do modo em que eles mesmos precisam tomá-la como importante. A pergunta, então, sobre se é própria à sua vida uma peculiaridade que não deriva daquilo e não se esgota naquilo que eles fazem e no que eles significam para si para outros – um sentido, portanto, que antecede tanto sua própria avaliação e experiência como aquilo que é efetuado factualmente por eles. Essa pergunta extrapola a vida consciente e todas as referências fundamentadas apenas nela. Seria possível que aí um sentido já habite em um todo ao qual sujeitos pertencem – também possível, porém, que apenas a partir desse todo tal sentido se desenvolva na vida consciente. Esse sentido não seria, por mais que ele deva ser próprio apenas a ela, produzido a partir da vida consciente.

Já na investigação da consciência ética se tornou claro que tal sentindo não pode florescer em sujeitos apenas por força do lugar deles em uma ordem de fins na qual eles estejam incluídos e que eles tentam efetivar. O sentido precisaria, para chegar à evidência, habitar a realização da subjetividade mesma – sempre e independentemente daquilo que deve ser alcançado e é alcançado.

Nessa consideração se mostra agora, porém, imediatamente qual significado pode ter, para o interesse de vida da subjetividade, um autoentendimento que consegue pensar uma relação de fundamentação imanente entre um todo que inclui os sujeitos e esses mesmos sujeitos. Tal pensamento parece ser completamente indispensável para que possa ser atribuído, para a realização da subjetividade puramente para si, um sentido que, todavia, não deriva dessa realização mesma. Isso porque tal sentido não pode ser emprestado aos sujeitos externamente, por meio de algo ou alguém. O pensamento de um sentido da vida, que é difícil de concretizar e, todavia, é inevitável e provavelmente onipresente, só pode, consequentemente, obter paragem em um modo de pensamento que se constrói, a partir da subjetividade, em um retorno a ela e na ultrapassagem que se segue para além dela.

É preciso pressupor, provavelmente, a imanência do fundamento do sentido no processo de subjetividade, caso se queira entender como é possível que o fundamento do sentido da própria vida possa subitamente, em momentos de compreensão que surge subitamente, tornar-se claro. Quando, na segunda preleção, se falou desses momentos, também vimos, de fato, que eles não asseguram para si a afirmação do sentido sob todos os aspectos e não podem se impor de maneira duradoura. Isso também seria inconciliável com o fato de que o pensamento extrapolador jamais consegue descartar a sua propriedade postulatória, que ele, então, não pode desembocar em uma certeza intuitiva e quase teórica. Caso se queira conceder a esses momentos mesmo apenas a capacidade de serem preservados em processos de entendimento e se tornarem estáveis, então, é condição para tanto que se possa partir, na vida consciente, do presente imanente de um fundamento do sentido que tudo afirme. E também a certeza de que é assim que as coisas são terá de se preservar novamente em momentos de exame ao longo da vida e da própria vida, mesmo se eles não puderem ter mais a força e a clareza sobrepujantes do primeiro rebento de tal compreensão. A partir disso, fica claro o quão estreitamente o esboço de um todo do mundo que segue a via de um pensamento revisionário está ligado com a dinâmica de vida da subjetividade. Todo pensamento extrapolador tem de obter não apenas sua motivação, mas também, em última instância e acima de tudo, sua certificação a partir dessa dinâmica. Nisso se reconhece também, contudo, que esse pensamento, que, segundo a tradição filosófica, pode ser chamado de "pensamento especulativo", de modo algum é uma ocasião de uma especulação afastada da vida. Todo ser humano que apenas considerou o significado possível de uma religião para a sua vida conhece os fundamentos da vida dessa especulação – mesmo quando ele não pode nem formar tal pensamento nem o realizar consequentemente e quando ele não confia no modo em que esse pensamento se faz atuante nas mais elevadas imagens simbólicas da religião.

3 Unidade de tudo e individualidade finita

Podemos passar para o terceiro passo nesse pensamento extrapolador. Deve-se investigar a pergunta sobre como o indivíduo se deixa pensar, de algum modo, em sua autonomia no interior de um todo frente ao qual os indivíduos e os sujeitos individuais não são originalmente autônomos. Que a subjetividade seja continuamente e em seu processo possibilitada pelo seu fundamento não deve levar ao desmentimento da sua individualidade e da sua autonomia – a não ser que se esteja pronto para ver a pressuposição de tal fundamento já fixada na consequência de que aquilo pelo que sujeitos se entendem e aquilo que veríamos como característico da subjetividade teria de se expor apenas como mera opinião e ficção à qual nada de real corresponde. Muito antes, trata-se de, *a partir* do pensamento da unidade que é a unidade de tudo, obter um pensamento da individualidade e, desse modo, entender a individualidade como compatível com ele.

Por isso, temos de ir apenas um pequeno pedaço no caminho das considerações que, de Heráclito e Parmênides e então de novo de Espinosa até Hegel, foram um dos principais caminhos da filosofia.

A partir daquilo que resultou das preleções anteriores, temos o dever de atentar a um alerta: se o sujeito finito, em sua individualidade, é compreendido a partir de uma unidade originária que não pode ser ela também individual ou finita, então isso não pode levar a que, por força dessa afirmação de sua individualidade, ele também seja desonerado de suas fraquezas. Ele não pode ser idealizado como um indivíduo que tende a um estado no qual ele se transforma na infinitude de seu fundamento de unidade. Caso a individualidade do finito seja entendida a partir de seu fundamento de unidade de modo que também floresça nele aí um sentido de vida, então, isso precisa ocorrer sob a inclusão dessa sua fraqueza. Que se pode perder de vista facilmente esse alerta se mostra pela história dos pensamentos sobre um fundamento de unidade imanente que suspende todas as diferenças, também ao exemplo de seus defensores mais proeminentes.

E, todavia, o perfil de uma solução dessa tarefa se deixa obter de maneira comparativamente fácil a partir da lógica do pensamento inicial. No pensamento de um todo que é contraposto revisionariamente à unidade de um todo do mundo, a diferença entre a unidade e o indivíduo não pode mais, todavia, ser a de uma correlação originária. Unidade e individualidade não devem mais agora, como ocorria no "mundo natural", ser pensadas como membros de uma relação que, por mais que não possam ser separados um do outro, são, todavia, de uma constituição e origem próprias. O revisionário no conceito transformado consiste justamente em que, agora, a não diferença constitui o aspecto fundamental de como se deve pensar a ambos.

Essa não diferença tem de ser entendida no sentido da não *originariedade* da diferença, não implicando, portanto, que a diferença não tem de modo algum lugar. A diferença não pode ser simplesmente suprimida porque a formação conceitual revisionária não pode de modo algum colocar em questão a realidade de sujeitos e daquilo que é aberto a eles em seus mundos, dado que essa formação, afinal, parte inteiramente deles. Ela deve, muito antes, produzir um entendimento diferente e mais profundo sobre eles. Se, portanto, apenas a originariedade da diferença é, nesse sentido, suspensa, então tem de ser aceito que os muitos indivíduos como um todo estão implicados na unidade, ou seja, são simultaneamente postos devido a ela. Justo isso é o que visa a dizer a formulação tradicional segundo a qual a unidade originária-autônoma tem de ser entendida como unidade de *tudo*.

Disso se *segue* agora, porém, que é preciso atribuir a todos indivíduos uma constituição fundamental, por meio da qual eles não se distinguem de nenhum modo daquilo que define a unidade na unidade de tudo. Isso porque, caso contrário, a unidade não os incluiria, de modo que ela apenas seria aglomerante, mas não tudo-abrangente. Contudo, se pergunta ao mesmo tempo, então, de que modo os indivíduos podem ser incluídos na unidade e, ao mesmo tempo, permanecer indivíduos *autônomos*.

Se nos encontramos diante dessa pergunta, então se tentará talvez primeiramente a resposta de que o indivíduo seria autônomo na medida em que ele pode se transformar e se suspender no fundamento de unidade de todos ao qual ele pertence. Mas tal resposta não apenas se aproximaria de uma infinitização do finito, e de fato como a versão negativa dela. Além disso, ela já é excluída por meio de uma formulação mais precisa do problema que deve ser resolvido. Em conformidade com a abordagem da qual deriva o pensamento fundamental revisionário, é preciso, pois, pensar que os indivíduos se *tornam* indivíduos autônomos por meio daquilo que eles têm em comum com a unidade que a tudo abrange.

Assim, entra em jogo, porém, um pensamento que parece se opor justamente à tentativa de resposta que parecia se sugerir primeiramente: não se deve atribuir ao indivíduo a tendência de absorver-se na infinitude do um originário. Muito antes, é própria aos indivíduos, por força da não diferença ao um originário, a tendência justamente da *autossuficiência* que caracteriza o um-de-tudo como tal por força de sua originariedade suspensa de diferenças. A dependência radical do indivíduo e sua autonomia originária, que pode ser deduzida da não diferença ao um que tudo abrange, devem ser pensadas, na extrapolação desse pensamento, como um e o mesmo fato [*Sachverhalt*].

Uma vez que esse pensamento obtém todo o seu impulso do autoentendimento da vida consciente, ele formulará tal balança sempre tendo em vista como ela tem efeito e se preserva no autoentendimento da subjetividade. Se se parte desse critério, será necessário atentar primeiramente a como o pensamento revisionário pode ligar, justamente, a unidade originária do todo com a individualidade dos sujeitos. Isso porque é posta antes de tudo, na autosciência dos sujeitos, a sua individualidade. Eles são sujeitos individuais na medida em que cada um subsiste por si e se realiza por si e igualmente na medida em que cada um deve ser distinguido de outros sujeitos e, desse modo, ser um indivíduo finito. Apenas sob essa pressuposição é possível falar do fundamento presente no processo da subjetividade e também de uma ordenação entre o sujeito e aquela unidade que precede, por sua vez, o fundamento e todas individualidades finitas – uma ordenação que, por fim, também tem de ser mesmo expressamente realizada pela consciência ética no curso de seu desdobramento. A tarefa visa, então, a poder pensar uma passagem do pensamento de uma unidade que se estende por toda diferença, e que é aí autossuficiente, para o pensamento da individualidade finita, mas autônoma.

Segundo a lógica do pensamento revisionário, esse pensamento já se deixa obter a partir de poucos elementos conceituais. Aí, pode-se incorporar reflexões das quais Hegel disse que elas teriam sido simplesmente fundamentais para o seu próprio pensamento: a unidade originária de fato não deve ser pensada na diferença; ela também não é, contudo, removida de diferenças. Como unidade de tudo, ela inclui a diferença dentro de si. Essa unidade, justamente porque ela não é diferente frente a algum outro, tem de ser pensada como *o* um, que, portanto, é único. Além disso, ela, por não ser limitada, deve ser pensada como infinita. Assim, é claro, então, que as diferenças incluídas nela têm de ser pensadas como finitas. Ora, elas são, porém, inclusas, não correlatos do um-de-tudo infinito. Nessa medida, elas têm de ter, como finitas, em comum com ele, como todo, ainda aquilo que deve ser visto como a propriedade fundamental do um-de-tudo.

Essa propriedade não tem de ser buscada em considerações que vão muito longe. Isso porque ela já é implicada na descrição do todo como um-de-tudo, motivo pelo qual não é preciso se entregar primeiramente à busca por ela: o um-de-tudo é aquele um autossuficiente que se *diferenciou* ele mesmo originariamente em tudo ou que, por força de sua essência, *é* originariamente diferenciado em tudo. Essa autodiferenciação é a propriedade que entrou no lugar da diferença originária entre a unidade e os muitos. A correlação entre a unidade como forma e a pluralidade dos conteúdos é característica para a imagem normal de um mundo. Nela, também os muitos são relacionados uns aos outros em sua unidade formal, sendo aí, porém, sempre pressupostos como muitos. Em contrapartida, o um-de-tudo é determinado por meio da autodiferenciação. Os muitos são incluídos nele como no um-de-tudo e, por isso, são, juntamente com ele, da mesma constituição fundamental. Disso se segue de maneira completamente imediata que deve ser atribuída ao muitos incluídos no um-de-tudo *igualmente* a propriedade da autodiferenciação.

Ora, mas a propriedade de autodiferenciação que a pluralidade possui por causa de sua inclusão no um-de-tudo e em sua concordância com ele deve ser pensada juntamente com outra propriedade. Cada um dos muitos incluídos no um se distingue da infinitude do todo pelo fato de que ele é um indivíduo finito. Sob a condição de sua finitude, a autodiferenciação precisa tomar uma outra forma. Isso porque, na autodiferenciação do finito, é preciso, simultaneamente, que a diferença frente a outros indivíduos finitos seja mantida e assegurada. O um finito não deve ser dissolvido pelo fato de que ele desenvolve diferenças a partir de si mesmo, nem se perder sob a influência da autodiferenciação de outros. Por isso, sua autodiferenciação tem de ser constituída de tal modo que ele mantenha outros excluídos de si por meio dela, e que ele, juntamente com isso, dê continuidade a si mesmo em sua relação. Na autodiferenciação, ele se iguala ao um-de-tudo ele mesmo, que só tem existência no desdobramento da diferença da pluralidade na unidade que é característica a ele. Mas a sua finitude vem à expressão em sua autoafirmação ameaçada, que, por sua vez, tem de ser sempre pensada juntamente no pensamento do um-de-tudo como propriedade de todos dos muitos.

Desse modo está agora conceitualmente determinado o que constitui a individualidade de um finito. A autopreservação é autodistinção dos outros *por meio* de processos de diferenciação interna. Em e por meio dessa diferenciação se desdobra o indivíduo, e ele se afirma simultaneamente não apenas *na* complexidade própria a si, mas sim igualmente *por meio* dela. Essa explicação formal pode – sempre segundo a constituição de regiões de indivíduos finitos – ser preenchida de maneiras completamente diferentes – como organismo, como subjetividade, ou como sistema emergente – se, como Hegel pensava, também coletivos puderem ser descritos sob a forma conceitual da individualidade.

Evidentemente, tal informação é fundamentalmente diferente da explicação semântico-epistemológica daquilo que constitui um indivíduo. Essa última é definida por meio da atribuição de identidade de um objeto que pode ser referido por meio do lugar que ele toma no espaço e no tempo e por meio do curso que ele percorre no espaço e no tempo. O conceito de indivíduo que é desenvolvido sob a pressuposição do pensamento revisionário visa, em contrapartida, a caracterizar o indivíduo a partir dele mesmo, não a partir do modo como se faz referência a ele. Pode-se designar esse modo de acesso, em comparação com o semântico, como o [modo] formal-ontológico. Ele levanta problemas especiais. Assim, nem todas as coisas individuais, segundo a explicação semântica, são também indivíduos que mostram autodiferenciação. Máquinas e outros artefatos não são tais coisas individuais, mas sim, no máximo, complexos feitos de elementos de tais coisas. Também é possível se perguntar se átomos e moléculas, na medida em que eles não se diferenciam eles mesmos e não são, então, coisas individuais, deveriam ser concebidos em sua relação uns com os outros formal-ontologicamente como condição de possibilidade de coisas individuais. Em vista das condições iniciais subjetivo-teóricas e do interesse do percurso reflexivo como um todo, podemos aqui evitar tais perguntas.

Todos os passos para a determinação da individualidade nesse sentido formal-ontológico se encontram sob o signo ou marca do exame do pensamento de um todo que se distingue em sua constituição fundamental do todo do mundo explorado e para o qual o seguinte vale duplamente: ele tem de poder ser aceito por sujeitos como horizonte de autoentendimento, no qual eles ainda podem pensar sobre si mesmos e sobre seu fundamento. E esse pensamento deve, ainda, abrir a possibilidade de atribuir um sentido à subjetividade e à sua dinâmica que não pode surgir apenas pelo fato de que ele é experienciado ou obtido por sujeitos, mas que é, todavia, imanente a eles, não florescendo neles por meio de um ato de empréstimo. É preciso, então, entender tudo que foi dito sobre unidade e individualidade como motivado e posto em movimento pela tarefa do entendimento da subjetividade sobre si mesma. Além disso, esse é apenas o núcleo formal-ontológico e, como tal, apenas como que o mínimo de um conjunto de pensamentos por meio dos quais a subjetividade consegue determinar mais o pensamento de seu próprio fundamento e chegar aí ao pensamento de um todo que, todavia, não é fundamentado na correlação. Os contornos da relação com aquilo que foi desenvolvido nas preleções anteriores sobre a subjetividade como uma dinâmica fundamentada no saber de si mesmo já se destacam, porém, de maneira suficientemente nítida. A seguir, devemos ver como também conclusões a partir do entendimento da liberdade se deixam incluir neles.

Os pensamentos que são desenvolvidos a partir dessa motivação foram designados como extrapoladores. Essa nomeação é, segundo o nomeado, ocasionada ainda por uma segunda razão: por mais que eles extrapolem a subjetividade no retorno e na ultrapassagem, eles não podem utilizar nenhum outro recurso para isso senão aqueles que já se encontram à disposição da subjetividade. Eles extrapolam então, de fato, as fronteiras do que cabe ao que é dado [*Gegebenheit*] ou o que pode ser mostrado na análise de conceitos que encontram em um uso cotidiano. Eles não podem aí, porém, abrir nenhuma fonte separada, completamente nova de conhecimento. Eles precisam, então partir dos meios conceituais correntes, mas precisam dar-lhes um significado desviante – em correspondência com as condições transformadas de seu uso postas pelo pensamento extrapolador. Precisamente dessa maneira resultou o conceito revisado de indivíduo.

Deve ser destacado ainda que esse tipo de pensamento não é uma criação de filósofos. Ele não é estranho aos seres humanos, mas sim familiar a eles pelo subsolo de sua experiência com a obscuridade [presente] em sua compreensão do mundo. A filosofia apenas estabiliza em uma forma conceitual o que já é atuante e experienciado na vida consciente como impulso e tendência. Assim se faz valer também na história da cultura em todo lugar a tendência de não ver aquilo que tem significado na vida como esgotado por aquilo que é familiar pelas ocupações e saberes cotidianos. E em todo lugar se tem um pressentimento de que o corriqueiro é abarcado em uma dimensão que não é acessível do mesmo modo como o que é cotidianamente familiar. Se essa dimensão não deve ser deixada no indeterminado e no inconcebível, é preciso então deixar que ela se articule em um modo de pensamento diferente do habitual. Nas religiões, um modo alternativo de pensamento está em ação por toda parte. Também nelas ele está protegido contra o arbítrio, na medida em que ele tem de se ligar com um modo coerente de entendimento da origem, transformação e objetivo da vida humana. É próprio à filosofia apenas o controle metódico da forma conceitual e dos passos de seu desenvolvimento. Onde falta esse controle, o saber de que, para além das fronteiras do entendimento cotidiano, também o modo de entendimento tem de se transformar pode ligar-se a imagens e representações, por meio das quais elementos do modo de entendimento cotidiano são novamente projetados em uma dimensão que só pode ser acessada nos pensamentos de uma maneira completamente diferente.

Também os filósofos reconheceram, a maior parte das vezes, uma dimensão além do cotidiano. Aqueles que ela não deixou permanecerem intocados nesse cotidiano precisaram, em sua abertura, também fazer valer um controle metódico, por meio do qual a filosofia sempre se distingue da religião codificada. Que esse controle, porém, se realiza no interior de um pensamento extrapolador, não valeu sempre como dado. Era natural se esforçar por uma ciência própria do incondicionado. Pôde-se buscar desenvolvê-la segundo um método já estabelecido ou segundo um método exclusivo. Toda ciência desse tipo, porém, tem de se subordinar à exigência de conduzir provas de verdade convincentes. Primeiramente quando se tornou claro que e por que essa exigência não pode ser satisfeita além dos limites da subjetividade foi possível esclarecer que o pensamento que ultrapassa as condições normais do conhecimento não deve ser entendido de modo algum como conhecimento. Assim, foi possível formular o programa de um pensamento pressupositor e extrapolador. Ele não pode conduzir nenhuma prova, mas é, contudo, capaz da fundamentação de seu percurso e da ordenação metódica de seus passos.

Em conexão com isso se deixa destacar ainda um outro aspecto que sempre foi característico para as tentativas da abertura pensante do originário: essas tentativas não podem alcançar a mesma determinidade completa como o esclarecimento do saber que é adquirido sob condições normais. A forma conceitual do pensamento extrapolador não pode chegar mais longe do que um rascunho ou esboço. Esses esboços, porém, também não são, como na arquitetura, estágios intermediários e meios para a execução de um plano de construção completo, que é aquilo de que realmente se trata. Ele mesmo é o objetivo, que não se deixa superar por nada. Concisão e consistência podem, todavia, ser próprios ao esboço, mesmo se não se puder nem sequer imaginar como ele poderia ser executado nos detalhes. Pode-se expressar isso também de um modo completamente distinto – dizendo que, do fundamento da subjetividade e do todo que empresta sentido à vida, podemos ter apenas uma *ideia*, e não o projeto de uma ciência. Rousseau e Kant, os fundadores mais influentes de um pensamento postulatório a serviço do autoentendimento, distinguem esse pensamento prontamente, de tal modo, de um sistema metafísico.

Com essa lembrança no plano de fundo temos, agora, novamente de retornar à forma conceitual na qual a unidade tudo-abrangente e a individualidade foram atribuídas uma à outra. Essa forma conceitual foi apresentada até agora com duas intenções: ela é exemplo de um pensamento extrapolante que é simultaneamente estabelecido revisionariamente, e ela inclui a possibilidade de pensar para a dinâmica da subjetividade uma mediação do sentido que floresce nela a partir dela mesma e que, todavia, não tem sua origem nela. Para alcançar isso, teve de ser obtido um conceito de individualidade a partir do conceito revisionário de uma unidade que a tudo inclui.

Esse conceito, de fato, já foi relacionado com aquilo que caracteriza o sujeito como tal. Mas o pensamento de um fundamento que possibilita toda a subjetividade ainda não foi unido rigorosamente com a forma conceitual de unidade e individualidade. Essa tarefa leva para a região de passagem entre a forma conceitual revisionária, na qual pensamentos do mundo são concebidos de maneira nova, e aquilo que resultou anteriormente na análise da autoconsciência de sujeitos. É de se esperar que a investigação de uma tal posição de mediação recaia em dificuldades. A maior parte delas, porém, pode ser deixada de lado no que se segue.

A constituição do sujeito e pessoa pode ser interpretada em correspondência com a constituição formal que foi atribuída ao conceito revisionário de individualidade: ela se diferencia continuamente e mantém juntas, ao mesmo tempo, suas determinações na unidade de sua autorrelação – a subjetividade na continuidade da unidade da autoconsciência no interior de sua formação de mundo que capta tudo dado, a pessoa na formação de identidades e de uma balança de identidade. Ambos são processos da diferenciação na formação de identidade que ocorre simultaneamente, processos que se deixam descrever como a autopreservação de indivíduos. Pode-se, então, pensar sujeitos e pessoas como indivíduos cuja constituição se liberou, a partir da unidade originária, para a autonomia finita.

Essa atribuição, porém, ainda não considera o fundamento que deve ser pressuposto pelo processo da subjetividade. Mostrou-se que a tarefa de pensar esse fundamento mais determinadamente já entra na região do pensamento revisionário. Nessa posição de mediação se dão, porém, opções das quais fazem parte também aquelas que buscam se afastar logo depois do pensamento extrapolador.

Primeiramente, têm-se duas opções dentre as quais para escolher: (1) Pode-se por simplesmente o fundamento no fundamento de unidade de tudo. Isso significaria que o sujeito, na medida em que ele existe, tem de ser inserido, em sua individualidade e autonomia, nesse fundamento de unidade. (2) Mas pode-se também ver não o sujeito para si, porém seu fundamento ou ele junto com seu fundamento como o indivíduo ao qual é própria a autonomia do indivíduo.

Está ligado à segunda opção o ponto de partida de um indivíduo finito que já é autônomo e que se realiza na vida consciente – seja como for que ele, como tal, se encontre, além disso, em ligação com a sua origem tudo-em-um de outros modos. Sob essa pressuposição, o pensamento extrapolador vem à situação de escolher entre ainda duas outras variantes com as quais esse indivíduo deve ser mais detalhadamente determinado.

É possível, a saber (A) querer identificar, agora, o fundamento também com o corpo vivo, cujas funções permitem, de alguma maneira, que a dinâmica da subjetividade derive continuamente de si. Vimos anteriormente que o sujeito tem de se expressar em um corpo vivo para poder se comportar como sujeito em relação a outros sujeitos. Caso se parta desse pensamento, então é agora natural (B) atribuir ao corpo vivo e à dinâmica do sujeito um fundamento comum a ambos. Esse fundamento deve então ser pensado de modo que a dinâmica da subjetividade derive diretamente dele, mas de tal maneira que ela ocorra coordenada com a formação do corpo vivo. A tradição filosófica empregou primeiramente nesse lugar o pensamento de uma alma. Ele também é o lugar do pensamento de um sujeito que não se reduz à sua autoconsciência.

Na primeira variante, que entende o indivíduo como corpo, resulta agora novamente uma ligação imediata com o naturalismo científico e, assim, com a sua mais nova variante na figura da explicação neurológica de tudo que é subjetivo. Nesse naturalismo, é claro, não se vai adiante no uso de formas conceituais revisionárias. O fundamento em toda consciência é imediatamente colocado de volta no mundo de objetos, transformado em física e identificado como a ativação simultânea de ligações de neurônios do cérebro. Essa interação ela mesma teria, fundamental e ultimamente, de se deixar descrever na linguagem da física subatômica. Que, porém, a pergunta sobre o modo como essa interação funciona como fundamento do subjetivo já leva então aos limites de todas as possibilidades de conhecimento possíveis teria de ser mesmo concedido por um tal naturalismo, segundo essa sua genealogia. Seus defensores preferem, de fato, quase sempre ver seu défice de explicação como transitório, atribuindo-o ao estado [atual] de pesquisa, que teria primeiramente se encaminhado. Mas, por mais que o progresso do avanço científico afaste a ignorância, ele também deixa, ao mesmo tempo, emergir pela primeira vez de maneira clara a medida total de nossa ignorância no fundamental e no que diz respeito aos princípios em geral.

Está ligada com a outra variante a prontidão de convocar para todos os sujeitos um fundamento que não se deixe decifrar de modo algum nem como parte da forma natural do mundo nem como parte da forma científica dele. Só se pode, então, concebê-lo como pressuposição ou também como "ideia" no pensamento extrapolador. Caso se pense no constrangimento a que levam todos os modelos como tais segundo os quais a relação entre cérebro e consciência deve ser entendida, essa concepção, que também foi a kantiana, merece mais crédito do que atualmente se gostaria de lhe conceder. Caso seja adotada com todas as suas consequências, então ela ainda leva, logo em seguida, à tese de que o pensamento revisionário tem de ser estabelecido sinteticamente, que, portanto, o pensamento do fundamento na consciência só pode ser concebido em ligação com uma concepção revisionária de um todo. De fato, essa concepção também pode parecer favorecer a esperança de que, com uma abordagem completamente transformada de uma possível física do futuro, seria ainda possível se aproximar de uma explicação científica da relação entre cérebro e consciência. Mas a concepção ela mesma não visa a uma nova organização do conhecimento científico: ela é uma extrapolação racional da qual a subjetividade necessita para chegar a um autoentendimento estável que também esteja, porém, enraizado no pensamento em relação a ideias, pensamento este que sempre e necessariamente vem com a subjetividade ela mesma e no seu caminho.

O debate sobre variantes do naturalismo, sobre caminhos que poderiam levar a ele e sobre as alternativas a ele preenchem a muito tempo as bibliotecas. Aqui, deve-se deixar apenas claro que também o naturalismo científico não tem de ser insensível ao impulso que leva ao pensamento extrapolador. O espectro de variantes de uma ordenação de fundamento e todo mostra, além disso, que a mera passagem para o domínio de um pensamento revisionário por meio de um todo que inclui a subjetividade também não precisa sempre apoiar uma autointerpretação para a qual o sentido da vida aparece como fundamentado a partir desse todo. Que se pressuponha uma concepção revisionária é, de fato, uma condição necessária para tanto, mas ainda não uma condição suficiente. A abordagem de uma concepção revisionária também pode ser remetida à proximidade do naturalismo. Se antes se devia enfatizar que não pode haver nenhuma decisão demonstrada sobre qual interpretação da vida deve valer como confiável, agora também se tornou claro que, também com a entrada em um pensamento revisionário, tal decisão ainda não ocorreu.

Isso é significativo porque tudo fala a favor de que, de qualquer forma, qualquer um que se encontre diante de problemas-limite da vida consciente seja trazido a um tal pensamento. A prontidão de ultrapassar a própria vida em outro pensamento que se soltou do entendimento corriqueiro do mundo e das teorias científicas e em direção ao seu fundamento e a um todo ainda não imuniza, portanto, por si mesmo, contra toda forma de naturalismo – e, portanto, também não contra que a experiência da perda do sentido por fim se imponha.

O pensamento de Espinosa e a sua história posterior são um atestado histórico disso. Mas cada um que se tornou certo de tal fonte de sentido na sua própria realização da vida se movimentará então, se ele tentar dar uma legitimação a ela, em tal pensamento, quer ele saiba ou não. E ele também o voltará a uma direção e em uma investigação com a qual está suspensa a possibilidade de um retorno desse pensamento às vias da autointerpretação naturalista.

Todas essas reflexões têm o seu lugar no campo prévio de reflexões sobre o problema da liberdade. O que foi feito até agora nessas cinco preleções extrai, de fato, conclusões a partir de todas as análises prévias da subjetividade, mas também visa a introduzir o problema da liberdade, que precisa disso mais do que qualquer outro problema, no quadro mais amplo possível. Ponderando o problema da liberdade nesse contexto, deve também resultar uma perspectiva que também permite compreender as inquietações que partem desse problema como de nenhum outro. Ninguém que esteja familiarizado com ele pensará que se possa resolvê-lo ou desfazê-lo ao indicar algum fato irrefutável. Certamente, há alguns modos de liberdade que podem valer eles mesmos como fatos. A eles pertencem a capacidade de julgar e de uma escolha de preferência por razão de considerações não coagidas. Onde, porém, a liberdade se tornou um problema filosófico, lá nada valeu por decidido por meio da indicação de tais fatos.

Liberdade, no sentido em que a filosofia como um todo a reivindica é, muito antes, tampouco para se por à prova como a constituição de um todo no qual sujeitos se tornam reais e a partir do qual eles levam uma vida dotada de sentido. Também a liberdade pertence à região fronteiriça entre aquilo de que é possível um saber confiável a partir do autoconhecimento e aquilo que só pode ser aberto no pensamento extrapolador – ou seja, a região· fronteiriça entre aquilo de que somos conscientes e aquilo que pressupomos como fundamento dessa consciência. A consciência de uma liberdade que se distingue de um fato inabrangível é, porém, tanto quanto a capacidade de duvidar da realidade de justamente essa liberdade, própria a todos os seres humanos. Também nisso pode-se ver por que a vida real dos seres humanos tem de se realizar em constante relação àquela região que o pensamento especulativo, em conformidade com a sua maneira revisionária de proceder, tentar abrir. A vida consciente sabe ela mesma disso, mesmo se ela não pode explicar esse saber e defendê-lo contra tendências dominantes de seu tempo. A isso corresponde que todas as religiões do mundo têm de incorporar essa relação de uma ou de outra maneira e entram, por meio dela, em controvérsias com outras religiões, mas também internamente, sobre a liberdade do ser humano.

4 Autoconsciência da liberdade?

Com a passagem para o título de problema "liberdade" deve-se realizar uma virada fundamental no emprego e na construção do curso de pensamento. Ainda não se desenvolveu mais do que a primeira abordagem de uma ontologia formal na qual os pensamentos de unidade e individualidade são reunidos segundo a prescrição do pensamento extrapolador. Mas não importa o quanto também esse princípio da unidade possa ser desenvolvido pelo mesmo caminho – ele não levará a que a autoconsciência e a liberdade se deixem alcançar no percurso desse desenvolvimento como seu mero resultado.

A legitimação do pensamento extrapolador resultou ela mesma, afinal, da investigação da subjetividade; e, assim, ele permaneceu também continuamente ligado à pressuposição da realidade da autoconsciência. Ainda menos pode um pensamento da liberdade do sujeito derivar como resultado de uma reflexão formal-ontológica. De fato, no pensamento extrapolador, abre-se aos sujeitos, em última instância, um lugar em um todo – mas sempre sob a pressuposição de que o ponto de partida desse pensamento permaneça posto na constituição e na necessidade do autoentendimento dos sujeitos.

Também em relação à consciência ética devia se mostrar que ela só se tornava compreensível e obtinha assim um contexto na subjetividade tomando como ponto de partida ela mesma. Ela não pode ser derivada de nada mais, também não da autoconsciência como tal, por mais que nela se torne consciente um aspecto fundamental daquilo que constitui sujeitos. O entendimento sobre a liberdade tem de se realizar sob condições comparáveis, mas ainda mais complexas, e também sob dificuldades ainda maiores.

A liberdade pode, todavia, ser entendida diferentemente da autoconsciência, também como um conceito formal-ontológico. Ela se deixa pensar como uma capacidade de algum real, sem que já tenha de se pressupor aí autoconsciência, e de fato como a capacidade de iniciar efeitos sem ser obrigado, por sua vez, a essa efetivação por um ato de iniciação de diferentes causas. Mas um tal conceito de liberdade parece estranho, porque, nele, não está contido nada daquilo que é característico para a consciência da liberdade. Esse conceito parece ser formado apenas no curso da construção de um inventário completo de conceitos ontológicos – pelo menos enquanto ele não servir para atribuir um correlato ontológico a um modo de autoconsciência no agir. São pessoas, porém, que sabem de si, que se entendem elas mesmas como livres, de modo que elas possam chegar a se atribuir aquela propriedade ontológica. Apenas porque elas partem, em seu pensamento, da consciência de sua liberdade que elas podem também reivindicar essa atribuição para si.

Da propriedade ontológica da liberdade que pessoas atribuem a si mesmas, vale, porém, em ainda inteiramente outro sentido, que ela não pode ser compreendida e atribuída de um ponto de vista externo. Não se pode ter por si mesmo jamais um saber certo de que se tenha agido livremente. Isso porque pressuporia que foram excluídas todas as causas ocultas que, em contraposição à consciência da liberdade, na verdade causariam um modo determinado da efetivação. Mas também independentemente de que isso seja impossível, além disso, pode-se compreender que não se possa ter qualquer representação daquilo que poderia significar que alguém *observe* um ato de liberdade como um acontecimento, que – comparável a outros acontecimentos – se realiza em um mundo, ou que é introduzido nele por algo ou alguém. Pode-se reconhecer sintomas da ação livre, mas não a liberdade em realização. Por isso, a liberdade, se ela é de fato real, é algo de real do qual vale que se pode saber dele de algum modo "de dentro" – saber dele na consciência daquilo que tem fundamento para se entender a si mesmo como livre, e na situação em que esse fundamento é evidente para ele.

Nessa medida, autoconsciência e liberdade não são ainda diferentes uma da outra. Mas a evidência a partir da qual se atribui liberdade também não pode significar que a liberdade, em sua realização, coincida com ou ande em paralelo à consciência da liberdade. De uma realização por liberdade está sempre algo distante aquele que é consciente dessa liberdade. Por isso, a consciência da liberdade é mais aparentada à consciência ética do que à autoconsciência como tal. Liberdade e consciência ética, porém, estão ligadas ao sujeito na medida em que o sujeito tem de ponderar sobre a sua autoconsciência, sem aí chegar a algo diferente do que aos aspectos constitutivos de seu ser si mesmo. Também daí se deixa seguir a conclusão de que não pode haver fundamentalmente, de tal real, nenhum saber para o qual a sua realidade se tornou compreensível por força de uma prova.

Essa resistência dupla do pensamento da liberdade frente a uma dominação no âmbito de uma teoria pode levar à suspeita de que o discurso sobre a liberdade poderia, na medida em que ele tem implicações ontológicas, não corresponder a nada de real. Aquilo de que uma prova de realidade não seja nem sequer *pensável* também não seria um conteúdo de uma possível convicção e recairia, assim, na proximidade de um pensamento inconsistente. De outro lado, pode ser mantido, contra aquelas que duvidam da realidade da liberdade por essas razões, que não se pode exigir de modo nenhum uma prova de existência para algo segundo um determinado tipo de prova, se o uso desse tipo de prova mesmo já pressupõe a inexistência da coisa que é colocada em dúvida. Uma prova da realidade da verdade pressupõe, porém, *per impossibile*, que uma infinidade de condições possíveis é excluída. Também aquele que insiste na realidade de tal tipo de liberdade é trazido à reflexão sobre como o nosso pensamento de um todo do real pode e tem de ser concebido, de modo que se deixe integrar nele de algum modo um tal real.

Assim, torna-se claro ainda de uma outra maneira por que, então, se a liberdade deve ser trazida ao contexto de uma ontologia extrapoladora, o ponto de partida para tanto tenha sempre de ser tomado na autoconsciência daquilo que atribui a si mesmo liberdade. Apenas por meio das circunstâncias das quais deriva a autoatribuição de liberdade no sujeito mesmo é possível determinar o pensamento da liberdade mais exatamente. Apenas por meio delas podem resultar razões para não abdicar dessa autodescrição, por mais que ela leve a tantos pensamentos problemáticos que se seguem dela.

E apenas por meio desse caminho pode também resultar uma ligação com aquilo que foi dito antes sobre o pensamento extrapolador de um todo no qual o sujeito pode ser inserido.

Assim, temos, antes de tudo, de deixar de lado e refutar todos os pensamentos por meio dos quais a relação entre liberdade e individualidade poderia ser desenvolvida para além do mínimo alcançado. Eles, de todo modo, não nos ajudariam a chegar a uma definição de liberdade, mas sim apenas permitiriam introduzir no âmbito de um pensamento extrapolador uma definição previamente obtida.

Em vez disso, precisamos nos concentrar em penetrarmos nas condições sob as quais os seres humanos atribuem a si mesmos liberdade como sujeitos. Aí, deve se atentar especialmente a se, nessa atribuição, entra em jogo um sentido de liberdade que permanece resistente à tentativa de trivialização, e sob quais condições essa atribuição ocorre. Essas condições também decidirão por fim se é necessário e de que modo é possível deixar esses pensamentos da liberdade entrarem no âmbito de um pensamento extrapolador.

5 Atribuição de liberdade e princípio de consequência

"Liberdade" é, diferentemente do conceito formal-ontológico, uma palavra com muitos significados distintos. Seu significado fundamental é "condição ou atividade sem impedimento ou limitação". O emprego de "liberdade" nesse significado vai desde a queda livre de corpos até a independência de um Estado de uma dominação externa. Também na aplicação aos seres humanos individuais a palavra tem muitos significados – desde a libertação do estado de escravidão até aquela liberdade que deriva da realização de todas as suas forças e possibilidades, e ainda até a liberdade de todas necessidades vitais na condição de beato. Nós nos concentraremos aqui inteiramente no uso de "liberdade" que se relaciona às potências conscientes da subjetividade, às quais pertencer o seu considerar, querer e agir. Essa também é a região na qual a atribuição de liberdade se tornou um dos problemas filosóficos que foram debatidos por milhares de anos em uma forma praticamente inalterada e com argumentos sempre iguais em princípio.

Para todas as situações e capacidades nessa região vale que se deve atribuir a elas liberdade em um duplo sentido: de um lado, não se pode ser determinado a uma realização para a qual não há nenhuma alternativa; de outro, a relação às alternativas a partir das quais será tomada uma decisão entre elas não pode ser determinada por coação externa ou interna. Em queda livre, não se tem alternativa à queda acelerada. Quem, se um cigarro lhe é oferecido, o pega por força do vício, está, de fato, em uma situação que deixa em aberto tal alternativa. Ele também pode julgar que ação seria de seu interesse, mas não tem, com as alternativas, uma relação relevante para a sua escolha e a sua ação reais.

Ora, é fundamentalmente sempre possível, em relação a todas as situações de ação com alternativas abertas – mesmo se aquele que escolhe entre elas não se encontre sob qualquer espécie de coação visível – alimentar a suposição de que sua opção, todavia, seja determinada previamente – não de modo evidente, mas em uma investigação mais penetrante. Essa suposição é apoiada por um princípio fundamental para a explicação da natureza, cuja validade supomos também no cotidiano, de modo que ele parece ser inevitável. Esse princípio é chamado também, nos debates sobre a liberdade, de *princípio da consequência* [*Konsequenzprinzip*]. Ele diz que a ocorrência de todos os acontecimentos é determinada por acontecimentos antecedentes. Todos os acontecimentos antecedentes correspondentes se encontram, por sua vez, igualmente sob tais condições. Uma vez que essa corrente de condições regride para além da existência de todo ser finito capaz de decisões, todas as suas decisões também têm de ser determinadas previamente e, assim, serem vistas como estando além de seu poder.

Quem age de maneira não coagida ou obrigada e quem considera segundo sua própria compreensão pode, de fato, nessa medida, ser chamado de livre. Mas ele não é livre por efetuar uma transformação no curso regido por leis dos acontecimentos. A liberdade, então, não é nada mais do que uma expressão para a descrição de um modo particular no qual a condicionalidade universal de todos os acontecimentos se realiza em casos individuais – a saber, na passagem por um processo de consideração e decisão e por meio do esforço de permitir que seu resultado se torne real.

Caso se admita o princípio, o assim chamado princípio de consequência, como pressuposição universalmente válida, só se pode ainda atribuir liberdade com base em critérios que também e justamente então são preenchidos, quando uma ação predeterminada (causalmente ou probabilisticamente) é executada. Poderiam pertencer a esses critérios que o agente parta em suas considerações de ter uma alternativa, e que ele, portanto, não se torne presente, com suas considerações, o princípio de consequência de maneira tão vívida que ele seja impedido na consideração e na mobilização de suas forças.

Não faz parte deles, porém, que, em lugar da ação realmente realizada, outra ação pudesse ter sido executada exatamente na mesma situação. O princípio de consequência inclui que o agente talvez tenha a capacidade de realizar outra ação, mas não exatamente na mesma situação. É pressuposto no cotidiano e mesmo pelos próprios agentes que agentes em completa igualdade de situação estariam em condições de dar realmente uma outra direção à ação. Igualmente tão comum, no entanto, é também a prática de refletir, depois da ação ocorrida, sobre o que dispôs e moveu o agente a seu comportamento. Essa última prática parece se harmonizar facilmente com a suposição de que o ponto de partida foi inevitável e que aquele ponto de partida foi igualmente determinado. Assim, já no cotidiano estão ligadas com a consciência da liberdade conclusões que se deixam formular como dilemas filosóficos. Isso porque, juntamente com o princípio de consequência, se encontra em questão o antigo problema sobre como, afinal, um conceito de liberdade rico de conteúdo seria conciliável com a pressuposição racional da determinidade [*Determinierheit*] do curso do mundo, que se realiza segundo algumas leis invioláveis.

A partir dessa problemática, se joga uma luz sobre a situação na qual toda discussão do problema da liberdade se desdobra. É próprio ao princípio de consequência uma alta plausibilidade. Caso se parta dele, já são prescritos limites estreitos para a permissibilidade de um conceito de liberdade. É preciso se esforçar para considerar tantos fenômenos quanto possível no interior desses limites; e tentativas engenhosas nesse sentido não faltam na literatura expandida. Quem pensa que um sentido de liberdade se deixaria formular de maneira esclarecedora nessa limitação, também pensará que todos os outros problemas que partem da consciência da liberdade são simples. Quem, porém, pensa entender que um conceito de liberdade de tal forma limitada não seria conciliável com a autocompreensão das pessoas em situações significativas de ação é obrigado a conclusões de muito longo alcance: ou ele precisa explicar o sentido de liberdade que é admitido nessas situações como obsoleto, e possivelmente como inconsistente, mas também, pelo menos em seu próprio caso, revisar a autocompreensão de pessoas. Ou ele precisa inserir essas situações em uma interpretação de conjunto, que abre, além do contexto como um todo no interior do qual o princípio de consequência tem o seu lugar, ainda uma alternativa. Assim, se entende que os filósofos se encontrem na obrigação de ou poder adequar a sua compreensão de liberdade ao princípio de consequência e em seguida ter de se esforçar por uma revisão da autocompreensão de seres humanos, ou de formular uma posição que, em suas consequências, os levaria para longe do mundo cotidiano e também da formulação contemporânea da imagem científica de mundo. Parece tornar-se atraente primeiramente aí uma posição que não apenas exclui a possibilidade de saber algo em relação à liberdade, mas também a possibilidade de ter algum pensamento bem articulado sobre ela, por mais que se tenha de admitir a sua realidade. Mas também essa posição pressupõe que não pode ser concedido nenhum lugar no mundo aberto a nós para a liberdade imponderável. Como alternativa ao seu agnosticismo, resta apenas o pensamento extrapolador e postulador, que foi tema da primeira parte dessa preleção, e a tentativa de sua legitimação.

Faz parte igualmente de uma exposição abrangente da problemática que a validade universal do princípio de consequência igualmente não deve ser colocada à prova – tampouco como a realidade da liberdade, embora por outras razões. Sem o princípio de consequência, a condução cotidiana da vida seria levada a um jogo caótico, e a pesquisa científica de causas seria impossível. Disso resulta uma forte plausibilização, mas nenhuma prova de uma validade sob todas as condições e em todas as dimensões. Se tal prova fosse possível, então seria necessário abdicar da liberdade em todo sentido que não for compatível com o princípio. A inserção do princípio de consequência em seu contexto, que deixa que cresça a sua plausibilidade, exclui, porém, que ele tenha de ser descartado por razão de uma contraprova, ou explicado como inválido para determinadas situações. Isso tem por consequência, então, que o princípio pode sempre novamente ser feito valer contra um conceito de liberdade que não seja conciliável com ele. Caso se queira agora evitar não apenas *ad hoc* a suspeita que parte imediatamente desse princípio, então todo conceito de liberdade que não seja compatível com princípio de consequência carece igualmente de uma formulação de contexto. Ela precisa ser constituída de tal modo que ela possa limitar o contexto ao qual o princípio de consequência pertence. De tal maneira, se abre, além da região na qual a sua validade não está em questão, uma dimensão para pensamentos sobre a liberdade que, porém, não ignoram simplesmente o princípio de consequência.

Do fato de que a validade universal do princípio de consequência não pode ser *refutada* resulta para nós a importante conclusão de que esse contexto alternativo, por sua vez, não pode ser provado. Tal prova, afinal, se contraporia à validade universal do princípio de consequência. Assim, se é trazido por esse caminho ao conhecimento de que o problema da liberdade, se ele não deve ser completamente resolvido em consonância com o princípio de consequência, exige a inserção em um pensamento que deve ser entendido como extrapolador, e a legitimação de um tal pensamento.

Outrora foi necessária a completa extensão e esforço da filosofia kantiana para esboçar pela primeira vez um modelo para a solução dessa tarefa. É possível ainda se orientar por ele. As considerações feitas até aqui deveriam, em todo caso, ter deixado claro que, em um horizonte menos expandido, a consciência da liberdade e os pensamentos que se formam a partir dela já de antemão não podem ser completamente estabelecidos e esclarecidos.

A oposição entre princípio de consequência e consciência da liberdade caracteriza um problema fundamental no qual toda discussão do problema da liberdade tem de se envolver. A seguir, trataremos de explorar uma proposta para a sua solução. Deve ser determinado um sentido de liberdade que não seja, desde o princípio, adequado à validade universal do princípio de consequência. Ele precisa ser concebido de tal modo que se deixe inserir no contexto que foi indicado entre a subjetividade e o modelo fundamental de uma ontologia fundamental que foi ligada aos pensamentos de um fundamento da subjetividade. E ele precisa, como todo conceito de subjetividade, ser trazido para a análise de como seres humanos decidem sobre as suas ações em situações e, mais ainda, como eles formam disposições em relação ao seu agir futuro.

Um dos resultados da discussão do princípio de consequência pode ser tomado no caminho de uma tal proposta de solução: esse princípio não pode ser refutado ao apontar-se para uma espécie de emprego da liberdade como fato irrefutável, ele também não pode, porém, ser provado em sua reivindicação de validade universal. Seja lá onde se reivindicar o sentido de liberdade em alguma espécie de agir ou também tenha de ser pressuposto que o modo em que se chega a uma decisão por meio desse emprego da liberdade esteja além daquilo de que o agente é consciente, mas seja determinante na cadeia de causas e efeitos ou de estado de sistema para estado de sistema. Essa cadeia só é fixada por meio da reflexão do ser humano e do espaço livre para a liberdade que ele precisa reivindicar aí. Está estabelecido aí que essa determinação se furta à consciência imediata, e talvez também necessariamente. Quem quiser colocar em questão a possibilidade de pensar dessa forma também precisaria se esforçar por aquela prova positiva da realidade da liberdade, que já foi excluída previamente.

De tudo isso se segue também que não podemos pensar em legitimar um sentido de liberdade que faça cair o princípio de consequência por meio de uma refutação. No melhor dos casos, pode-se mostrar que o princípio só pode ser convocado contra o sentido de liberdade unicamente como possibilidade abstrata. Quem, portanto, também se aferra à sua validade, deve fazê-lo em nome da consistência e completude da explicação do mundo. Ele não pode, porém, se apoiar nos achados que derivaram da análise das situações de ação e da consciência dos agentes neles mesmos, nas quais um sentido de liberdade que se furte ao princípio de consequência supostamente tem de ser reivindicado. Se o princípio de consequência é reduzido a uma possibilidade de pensamento que nunca pode ser excluída, então, razões para a aceitação da realidade de uma liberdade à qual só se contrapõe a possibilidade formal de afirmar o princípio podem desenvolver um poder inteiramente outro. Elas podem derivar das circunstâncias nas quais tal sentido de liberdade é reivindicado – e, desse modo, da vida consciente, que, sob tais condições, não precisa pagar o preço do sacrifício de sua integridade intelectual para a autoafirmação daquilo que é inabdicável para ela. Resulta, porém, das mesmas considerações, que quem quiser fortalecer o princípio de consequência frente a reivindicações de liberdade que aparentemente se contrapõem a ele não está limitado a fazer valer razões gerais pelas quais o princípio não pode ser submetido a nenhuma limitação. Ele também

204

pode, por sua vez, abordar as situações nas quais seres humanos reivindicam liberdade para si, a fim de mostrar que essas situações devem ser descritas de tal forma de que já resulta disso razões para se aferrar ao princípio de consequência e, portanto, apenas reivindicar um sentido de liberdade que seja conciliável com ele. E ele pode seguir essa estratégia até o ponto no qual a invocação do princípio de consequência como princípio de toda explicação de [coisas] reais só se ofereça ainda como uma argumentação adicional e fortalecedora.

Esse tipo de argumentação contra as reivindicações de liberdade tem um peso especial para aquele que visa a defender um sentido de liberdade incompatível com o princípio, pois, seja como for, ele não pode enfraquecer os fundamentos que falam a favor do princípio de consequência, e ele precisa se contrapor a eles com razões igualmente muito gerais. Se, porém, a plausibilidade do princípio já pode ser afirmada a partir da análise das situações de ação, então o sentido de liberdade que é inconciliável com o reconhecimento do princípio não se deixa mais defender. Tal sentido de liberdade só se deixa defender e obter, então, em conexão com a explicação de um tipo de ação que não surgira dessa maneira uma explicação sob a pressuposição do princípio de consequência.

Assim, se estabelece uma dialética entre argumentações em relação à questão fundamental do entendimento sobre a liberdade. É possível incorporá-la e utilizá-la se se visa a determinar um sentido de liberdade que tem em vista poder ser afirmado contra a reivindicação universal que está ligada com o princípio de consequência. Esse sentido de liberdade teria de se fundamentar em uma consciência da liberdade da qual já *não* se deixa mostrar, por meio de uma análise das situações nas quais essa consciência surge, que ele só pode ser entendido como submetido ao princípio de consequência. A natureza dialética dessa tarefa de fundamentação também se destaca imediatamente pelo fato de que só se pode chegar a uma boa fundamentação de um sentido de liberdade se se tiver feito previamente a explicação do agir segundo o princípio de consequência o mais forte possível.

6 Ocasião para a atribuição de liberdade?

Assim, nós nos lançaremos à tarefa de explorar um tal sentido de liberdade no estilo de uma *quaestio exploranda*. Isso deve acontecer em dois estágios. O primeiro deles serve para determinar um lugar para esse sentido de liberdade por meio de um procedimento de exclusão e para adquirir esse conceito ele mesmo. Apenas essa parte da fundamentação será aqui executada minuciosamente. O segundo estágio, que será ainda apenas esboçado, deve desenvolver nos detalhes o conceito mesmo e o seu âmbito de aplicação. Deve-se considerar mais uma vez aí também as situações de ação pelas quais se passou primeiramente em um tipo de consideração dialético-topológica para poder alcançar esse sentido de liberdade. Depois de termos obtido o sentido de liberdade procurado, elas se apresentarão em uma complexão maior.

Assim, considerar-se-á a seguir uma série de situações nas quais se pode atribuir de diversas maneiras liberdade a pessoas. Juntamente ao sentido de liberdade na atribuição correspondente, também se deverá atentar, aí, a se, do modo com o qual essa atribuição ocorre, já se pode derivar razões para a validade do princípio de consequência. Onde o ser humano mesmo pode, na situação na qual ele se atribui liberdade, tornar-se consciente de que e de como sua ação é, em última instância, efetivada, aí o princípio de consequência tem também em sua própria vida a plausibilidade mais elevada. Onde, porém, a sua consciência de liberdade não é colocada em dúvida pela reflexão sobre a própria situação na qual o ser humano agente se encontra, lá a validade universal do princípio de consequência não adquirirá para ele o peso decisivo para a sua autoavaliação. A aceitação do princípio, diferentemente do primeiro caso, levaria, de fato, a uma revisão fundamental de seu próprio entendimento sobre seu ser si mesmo. Sua consciência de liberdade pode mais tarde, tendo como ponto de partida essa evidência, ser ainda mais fortalecida e assegurada, se ela puder ser integrada no contexto maior de um entendimento fundamental sobre a vida consciente como um todo. Esse entendimento fundamental é o tema da última parte desta preleção.

Na passagem que faremos a seguir por algumas situações nas quais se reivindica liberdade não se deve esperar, mais uma vez, por argumentações que entrem nos detalhes. Seria possível escrever um tratado mais longo sobre cada uma das dimensões de problemas em relação à liberdade que se abrem aí. Mas também na passagem rápida por essas situações se pode chegar a uma determinação do contexto no qual se pode obter e também defender, e de fato em relação à subjetividade, um sentido de liberdade outro do que o mínimo. Disso resultará como que por si próprio como a liberdade, que evoca tão facilmente as associações com ilimitação [*Uneingeschränktheit*], pode caminhar junto com a finitude da vida consciente e é caracterizada ela mesma pela finitude.

Finalmente, que seja sublinhada ainda uma distinção que tem um grande peso em todas essas análises. As alternativas sobre as quais se deve decidir se encontram de maneira suficientemente clara diante dos olhos do ser humano em sua ação, e especialmente quando ele tem de tomar decisões nela. É menos claro para ele quais objetivos longínquos ele persegue em suas decisões. Esses objetivos estão, por sua vez, entrelaçados com os motivos que trazem tais objetos à sua vista e que o determinam, frente a alternativas, a uma ou outra decisão. Ele só pode ter em mente obscuramente o que realmente o determina em sua escolha, e isso pode também estar completamente removido de sua consciência. Todavia, em todas as decisões entra, direta ou indiretamente, também uma consideração de motivos. De que tipo de que peso ela é terá significado para o esclarecimento do sentido correspondente de liberdade.

a) Já nas regiões nas quais se formam saber e conhecimento há ocasiões para considerar uma atribuição de liberdade. Isso não vale ainda para as atividades elementares na construção de uma relação ao mundo. O sujeito que se encontra no saber de si está necessariamente ligado com a realização de tais atividades. Ele se mantém como o mesmo pela sequência de todas as fases do perceber, pensar [*meinen*] e compreender. Em todos eles, ele se entende como inserido [*zugeordnet*] em um mundo que ele explora ativamente. Ele não poderia saber da constância, ordem e abertura deles sem os processos de identificação de conteúdos do mundo que estão acoplados com a sua própria identidade. No estado de vigília (também no de sono) todas essas suas atividades ocorrem sem impedimentos, sem que elas precisem de ocasião ou esforço para tanto. Elas são realizadas, portanto, *espontaneamente* e sem a consciência de alguma condução externa. Para a atribuição de liberdade, porém, faltam duas propriedades: elas não se submetem a qualquer alternativa; e o sujeito as realiza sem qualquer consideração ou ponderação. Suas atividades são completamente conduzidas por leis. Mas dessas regras, como de regras gramaticais, não se toma conhecimento expressamente, e elas não são seguidas refletidamente e também só são violadas de maneira irrefletida.

Não é o mesmo no caso das regras do pensamento inferencial. A inferência se distingue da formação constante [*Konstanzbildung*] de objetos pelo fato de que ela não ocorre apenas espontaneamente, mas também pode ocorrer refletidamente. Se coloca então explicitamente em questão sobre se ela foi realizada corretamente ou não. Caso ela seja assim realizada e também transmitida de modo correto segundo a resposta respectiva a essa pergunta, pode-se atribuir, então, ao sujeito que considera a racionalidade de suas inferências, também uma liberdade – a saber, a de poder evitar erros de juízo, assim como poder obter e fundamentar juízos corretos e verdadeiros por meio do próprio esforço.

A essa liberdade, porém, falta algumas propriedades, que constituem um fundamento importante para a atribuição de liberdade em situações de ação. Não há motivo algum para chegar a falsas inferências. Pode-se fazer erros em inferências, e isso pode ter sérias consequências. Pode-se, por isso, repreender a si mesmo, e se esforçar para evitar tais erros. Assim, pode-se buscar colocar sob controle os tipos de comportamento que levam a tais erros. Não faz sentido, porém, atuar contra as razões pelas quais se tem um motivo para evitar fazer inferências errôneas. A orientação fundamental ao uso correto das regras se insere, portanto, por assim dizer, automaticamente no ato de fazer inferências.

Por isso, também não há nenhuma razão que obrigue a ver o próprio fazer, no caso da inferência que parte espontaneamente do uso correto de regras, como inconciliável com a determinação de todos os acontecimentos no mundo. De fato, não tenho consciência de nenhuma determinação desse tipo. Se ela existir, ela tem de surtir efeito além de minha consciência. Eu, porém, também não tenho de me opor a uma tal suposição, na medida em que ela for apoiada por boas razões, para poder ainda me atribuir liberdade no ato de fazer inferências. Posso ver meus erros inferenciais como acidentes, tal como também me deparo com eles em afazeres cotidianos. Todavia, posso me esforçar para evitá-los. Esse esforço, porém, é uma orientação do agir interno que ainda tem de ser distinguida da inferência espontânea. Por mais que esteja enraizada em minha racionalidade, ela é, todavia, uma tendência de ação para a qual se trata de evitar distrações, disciplinar a própria atenção e desenvolver mais a habilidade de fazer inferências precisas. Assim, a consciência da liberdade, que pode estar ligada com essa tendência, não deriva mais exclusivamente do uso das atividades de obtenção de saber.

Ora, a inferência é apenas uma das muitas atividades inteligentes na obtenção de saber. Entre as outras se encontram tipos diferentes da análise, a explicação e a formulação de teorias. Aqui, pode-se partir do fato de que aquilo que resultou em relação à liberdade no caso da inferência vale para todas elas de modo semelhante. Na região ampla da geração de saber há, então, consciência da liberdade, mas nenhum fundamento que obrigue o sujeito a se remover, em uma dessas atividades, da determinação universal de todo acontecimento.

O problema filosófico da liberdade se concentra, assim, no *agir* da pessoa, no sentido amplo em que também está incluído um se esforçar interno – e, assim, no âmbito daquilo que a pessoa conhece e reconhece como "bom" e que tenta efetivar. Nesse âmbito, deve-se distinguir primeiramente três perguntas umas das outras. Elas são sempre postas, e de fato em conexão umas com as outras, quando se pondera sobre o que é bom para uma pessoa: Que objetivos eu quero alcançar? Como posso alcançá-los? Quanto eles significam para mim e quanto eu quero, por isso, me esforçar por eles?

A resposta a cada uma dessas três perguntas exige considerações em luz das alternativas, e mesmo que seja apenas a alternativa entre se se deve perseguir um objetivo ou se desprender dele ou, em outras palavras, sobre se se deve utilizar um meio ou não. Essa é a pressuposição de que se possa falar, em relação a elas todas, de liberdade.

Com isso, não se diz que o agir de pessoas pressuponha uma tal resposta ponderada. Assim, para dar um exemplo, objetivos de ação são quase sempre perseguidos sem uma ponderação explícita. Que seria possível e adequado considerá-los detidamente basta, porém, para a atribuição de uma liberdade no âmbito de sua escolha. Isso porque é possível recuar frente àquilo que já se está fazendo e considerar se seria melhor adotar um outro caminho. É possível também se afastar cientemente dessa consideração ou deixar muito tempo passar até se envolver com ela.

b) Temos primeiramente agora, então, a possibilidade de considerar de maneira completamente geral uma escolha entre objetivos segundo os quais se mede como se deve agir em uma situação. Aí, revelar-se-á que, a partir desse âmbito da ação racional, que se deveria preferencialmente considerar um domínio da liberdade, ainda não resulta nenhum fundamento que force o pensamento de que ela deveria ser removida do princípio de consequência e, portanto, da determinação universal (causal ou probabilística), por mais que talvez se queira esperar isso sobretudo dele.

A capacidade para a ponderação de objetivos de ação é uma das grandes vantagens da condução racional da vida. Sem essa capacidade, objetivos de longo prazo, que não têm suporte constante de impulsos atualmente experienciado, não poderiam de modo algum ser perseguidos. A capacidade para tal consideração inclui a capacidade para tomar distância frente aos impulsos de ação atuando exatamente neste momento. Aí já está posta uma liberdade, a saber, a liberdade de uma absoluta dominação destes impulsos. Sob o seu domínio, mesmo caso se devesse pressupor instintos confiavelmente atuantes, o campo da vida e as chances de autopreservação seriam limitadas. A escolha entre objetivos que ocorre de uma tal distância abre a vida para planos de longo alcance e também para dar uma ordem de preferência a esses objetivos. A partir dessa distância, a pessoa pode considerar quais deles devem ser perseguidos sob quais circunstâncias. Ela pode mesmo se colocar a distância em relação a si mesma. Ela pode tentar, então, transformar suas próprias propriedades – a saber, quando elas a impedem de alcançar objetivos que são especialmente importantes para ela. Ela pode também fazer dessa transformação mesma um objetivo de ação próprio – não apenas se ela desejar intensamente ser, sob algum aspecto, um outro, mas também se ela quiser se tornar mais capaz de uma escolha astuta de objetivos e mais competente na sua efetivação.

Pode-se pensar que a distância em relação aos impulsos de ação primários se põe na liberdade soberana do julgamento e da escolha de objetivos possíveis. A autoatribuição de liberdade soberana da disposição [de objetivos] na escolha de preferência de objetivos produz, porém, logo a seguir, a pergunta pelo [seu] oposto, o que nos *leva* então, afinal, a colocar diante de nossos olhos certos objetivos amplos para o nosso agir. Pode-se responder a isso que temos de considerar o que é realmente "bom" para nós e que distinguimos a resposta a essa pergunta daquilo que desejamos e pelo que nos esforçamos sem ponderação. Caso, porém, o discurso daquilo que é bom não seja diferenciado aqui de maneira fundamental, então, só se pode entender por aquilo que é bom para nós aquilo que é adequado a quais prazeres encontramos na representação do estado em que chegamos quando alcançamos aquilo por que nos esforçamos – ou também no desprazer que um estado futuro nos desperta, o qual, precisamente por isso, desejamos evitar. Esforçamo-nos para obter bem-estar para evitar os males da pobreza, para poder satisfazer muitos desejos, para desfrutar de independência e prestígio. Esforçamo-nos para obter saúde porque ela é a pressuposição de todo bem-estar e porque o pensamento se atemoriza diante da doença severa futura.

Assim, parece, de fato, que a escolha de objetivos últimos se encontraria inteiramente no agente. Mas a escolha entre eles segue apenas uma ponderação no interior da qual se torna clara qual força de atração está ligada, para o agente, com os estados que se dariam pela obtenção dos objetivos. Para poder avaliar isso, é preciso, todavia, estar realmente livre dos impulsos de ação primários, para deixar que os objetivos de ação antecipados atuem em si mesmo de maneira tranquila e duradoura, de modo que a sua força de atração possa se balancear reciprocamente. Para tanto, conselheiros e também mestres em questões de prudência de vida podem ser consultados. Novas razões contra e a favor podem sempre ser trazidas na consideração duradoura. Razões para ir

210

falar com o conselheiro podem apontar para aspectos de uma possível escolha de preferência dos quais o peso ainda não teve todo o seu efeito. Elas podem trazer à fala propriedades da pessoa que sugerem uma escolha de objetivo ou a desaconselham. E elas podem apontar para o fato de que um objetivo apenas se deixará ser alcançado quando a pessoa também conseguir transformar a si mesma no caminho para ele. Como, porém, se dá por fim o resultado dessa consideração, isso é ainda sempre predeterminado pela força de atração que os objetivos exercem sobre aquele que os leva em consideração para a sua própria vida. Que assim seja também é claro para o agente que está na situação que é marcada por tal consideração. De que outro modo ele poderia explicar para si mesmo as suas próprias decisões, e por que outra razão ele poderia vê-las como fundamentadas?

Em tudo isso, portanto, a função do dar razões é inteiramente diferente do que no caso da justificativa ou da refutação de enunciados e hipóteses: as razões apenas esclarecem aspectos e consequências de uma decisão possível. Assim, se desenvolve, com elas, um teto no qual as tendências na própria vida que permitem que uma decisão se torne sustentável se elevam claramente e podem se fazer valer por fim. Por isso, também é preciso ainda tempo para a consideração de decisões importantes, se todas as razões foram ponderadas pelo maior tempo possível. E, por isso, são especialmente precárias decisões que só tiverem de ser tomadas porque a questão não podia permanecer indecidida, sem que um sobrepeso, não a própria motivação como um todo, da direção de um interesse possa ser decisivo.

De tudo isso resulta que a situação da ponderação que não carrega o fardo da coação dos impulsos primários e é, nessa medida, livre, e que mesmo a liberdade e a distância em relação a si mesmo, que faz do próprio agente um objetivo da ação, ainda não oferecem nenhuma razão para atribuir a si mesmo liberdade de poder, em lugar de uma determinada decisão, fazer uma outra escolha de objetivo na mesma situação. Eu só poderia fazer isso se, junto com a razão a decisão, também as forças de atração que determinados objetivos exercem sobre mim se transformassem. De fato, eu posso também tentar diminuir a força de atração que certos objetivos têm para mim, tornando-me claro de que modo eles me prejudicariam se eu os alcançasse. Mas também a prevenção contra esse dano é, por sua vez, um objetivo de ação fundamentalmente da mesma espécie.

Assim, a razão ou o complexo de razões que levam realmente a cada vez a uma decisão tem de ser entendido pelo próprio sujeito de tal maneira que aquilo por meio do que elas se tornam razões seja uma parte da ordem de consequências das quais também derivaram todas as suas disposições [*Anlagen*], entre elas aquelas de experienciar certos estados e propriedades como tais que são atraentes ou devem ser evitados. Assim, porém, não se exclui mais de nenhum modo que também a escolha, que deriva da capacidade para ponderação em autodistância, seja compreendida como inserida na determinidade do curso do mundo.

Disfarça-se esse fato quando se fala que a ponderação que se torna relevante para a ação quando desejos e impulsos não mais desencadeiam imediatamente ações se igualaria à pergunta sobre que vida é uma "boa vida". Isso porque o que se chama aqui de "bom" [*gut*] só pode ser, segundo tudo aquilo que foi considerado até agora, o bem [*Gute*] *para mim*. Isso, porém, por sua vez, só pode, nessa medida, ser entendido como aquilo que atrai o meu interesse para si, no que o meu interesse se mede, *em última instância*, pelos meus valores de desejo [*Wünschenwerten*]. Quem se liberta de seus desejos perseguidos irrefletidamente não saiu, assim, do âmbito dos desejos. Também desejos sensatamente demarcados e refletidos em autodistância o motivam do mesmo modo que os irrefletidos – apenas sob a pressuposição de uma grande supervisão. Ela pode, como dito, se dever a conselheiros, que estão familiarizados com a particularidade do ser humano individual a quem agora aconselham e com que seria bom para ele. Nisso, esses desejos não precisam ser reduzidos àquilo que se entende primariamente por interesse próprio, de modo que este seja multiplicado. Tais desejos podem ser sobrepostos por outros desejos – pela cobiça pelo poder, pelo anseio pela intimidade de vida ou pelo estar inserido em um coletivo impressionante, também pelo desejo pelo prestígio e por uma autoimagem que deveria, aos próprios olhos, ser apropriada para realmente portar prestígio, mas também pelo desejo de alcançar uma vida satisfatória segundo os próprios dons e necessidades.

Nessas ponderações sobre a escolha preferencial entre objetivos de ação, alguns significados de liberdade foram considerados. Eles serão pressupostos em todo lugar onde deve ser determinado um sentido de liberdade que deve levar para fora da esfera de validade do princípio de consequência. Junto à liberdade para a reflexão racionalmente ponderada que antecede a uma escolha de objetivo, também pertence a esses significados a liberdade que deriva da distância de poder julgar as próprias propriedades e desejos. Essa distância é a pressuposição para avaliar corretamente a elas e à sua chance de efetivação, mas também para que se possa deixar que sua transformação se torne um objetivo da [sua] própria ação.

O filósofo americano Harry Frankfurt recebeu muita atenção quando propôs que se entenda liberdade e moralidade como essa espécie de autodistância prática. Vimos, agora, que ela por si mesma não se ergue para fora da ligação de direções de desejos e aspirações e da comparação de suas forças, de modo que ela também não pode, por si mesma, limitar a esfera de validade do princípio de consequência. Pode-se querer se livrar do fumo compulsivo porque ele compromete a saúde, porque ele deixa os dedos repulsivos ou porque se acha a si mesmo repulsivo no próprio vício. O próprio fumante sabe ele mesmo, porém, que esses motivos, que são realmente diferentes, só se deixaram – mesmo tomados em conjunto – empregar em uma ação consequente se eles forem fortes o bastante.

Assim, o princípio de consequência parece também poder se afirmar universalmente em sua validade mesmo diante de contraexemplos aparentemente convincentes. Em todas as nossas considerações, não esteve à disposição até agora, porém, nenhuma outra alternativa ao seu primeiro ponto de partida. Nele, a liberdade prática está ligada com a escolha de preferência entre objetivos, da qual a seguir devia se tornar claro que ela, por sua vez, depende da consideração das forças das motivações. O curso seguinte da investigação mostrará que a escolha de um modo de vida ainda não pode ser entendida adequadamente quando ela se iguala ao resultado da escolha entre objetivos com os quais estão ligadas motivações de diferentes pesos.

Na sequência disso deve resultar um sentido de liberdade que pressupõe, de fato, as liberdades do ponderar e da autodistância, mas que não se reduz a elas. Nessa medida em que ambos, assim, devem ser pensados como integrados em um conceito de liberdade mais complexo, também se deverá considerar novamente a sua relação ao princípio de consequência. Isso só pode trazer consigo a outra consequência de que a situação na qual seres humanos fixam objetivos e se aconselham consigo e com outros sobre a sua fixação de objetivos será igualmente exposta como ainda mais complexa do que nas considerações anteriores.

Mas ainda não foram consideradas muitas implicações que se seguem imediatamente ao sentido de liberdade da escolha ponderada de preferências. Temos, portanto, de continuar a discutir os outros casos de emprego do mesmo sentido de liberdade.

c) Uma vez fixado um objetivo, há, então, também boas razões para usar os meios que são necessários para permitir que ele se torne real. Quais meios devem ser usados não se decide mais, do mesmo modo como na escolha de preferência dos objetivos, pelo fato de que se os confronta com as próprias motivações, deixando a motivação se tornar o fundamento da decisão sobre o seu uso. De fato, os meios rejeitados são eliminados – assim como aqueles que não se entende como usar. Mas a consideração engenhosa tem, nesse âmbito, um significado ainda maior do que na própria escolha de objetivos. A partir dessa consideração, também se determina em que sentido a liberdade está ligada com a escolha de meios. Não é livre um agente que esbarra em seu objetivo sem ponderação, que não procura pelos meios apropriados e que, mesmo quando ele os conhece, apenas emprega meios com os quais está habituado, por mais que os outros estivessem facilmente à sua disposição e que, além disso, nada fale contra o seu uso. Um exemplo disso seria uma camponesa que veste a pele de gato, mas deixa em qualquer lugar a pomada que trouxeram para ela do apotecário.

A liberdade se entende aqui inteiramente a partir do fato de que as melhores razões trazem consigo a escolha dos meios e as ações que se seguem dela. O agente é livre na medida em que essas razões determinam sua decisão e as consequências dela. Ele tem, de fato, também a possibilidade de empregar conscientemente um meio inapropriado. Isso teria, porém, de se explicar por um plano de sabotagem, um hábito excêntrico ou o desejo de produzir um efeito absurdo. Portanto, no que diz respeito à decisão sobre o meio, ela também é determinada, então, se ela ocorre livremente, por aquilo que a compreensão forneceu. Nessa medida, ela também é, sem complicações, conciliável com o princípio de consequência – a não ser que já se pressuponha que ele perde o seu poder em todo lugar onde razões são compreendidas e onde elas são efetivas.

Essa determinação por meio da compreensão tem por pressuposição que o agente de algum modo entrou na escolha refletida de meios. Que ele pondere e pondere duradouramente não é autoevidente – mesmo se a sua ponderação não constituir nenhuma fase própria no curso do agir, mas sim acompanhar o processo do agir e, desse modo, obtiver cada vez mais influência sobre ele. Abstraindo-se do fato de que o agir quase sempre anda junto com tal ponderação, há razões que levam à consideração dos meios do mesmo modo que elas, por causa de tal ponderação, provocam o emprego de algum meio. Pode-se ver a consideração dos meios ela mesma como um meio de segunda ordem, que, simultaneamente, é uma das pressuposições mais importantes para a efetivação do objetivo da ação. Nessa medida, também para uma decisão de ponderar bem pode ser determinante uma mesma motivação e, assim, um mesmo sentido de liberdade que também é característico para a escolha de determinados meios.

Todavia, há também razões para não se deixar a consideração da escolha dos meios se estender demais. Assim, por exemplo, no jogo de xadrez e na execução de uma composição, tal consideração tem apenas um direito restrito. Inovações estratégicas significativas apenas são bem-sucedidas quando se dá espaço para uma ideia original se desdobrar sem impedimentos. A decisão sobre permanecer na consideração ou se entregar ao impulso da ideia que lampeja no momento é, ela mesma, uma decisão tal que não pode ser tomada a partir do estado de ponderação. Com considerações desse tipo já entramos, porém, na próxima esfera de problemas. Isso porque a pergunta sobre em que medida se deve dar espaço à ponderação também se deixa entender como um caso sob a pergunta geral pela decisão sobre a espécie e a medida do próprio esforço.

d) Pode-se perseguir objetivos pelos quais alguém se esforça em graus diferentes. Se o objetivo consiste no exercício de uma atividade, então, é possível se dar por satisfeito com diferentes graus de seu exercício. Nem todos que querem participar de uma maratona também viajarão, por isso, para a Maratona de Nova York. Alguns deles ficarão satisfeitos se terminarem o trajeto em algum lugar e se chegarem ao objetivo antes que o lugar de controle seja fechado. Fixar para si um objetivo que consiste na capacidade de exercer uma atividade significa, de fato, sempre também querer dominar essa atividade em certo grau. Ninguém precisa querer se tornar um virtuoso do violino. Mas, caso alguém queira tocar violino, então, ele não se dá por satisfeito se nunca mantiver no instrumento um tom puro.

No âmbito em que não se deve decidir sobre nada senão sobre um mais ou menos, existe um espaço para a liberdade que se distingue daquele espaço da escolha de objetivos. Em alguns casos, a escolha de querer algo em certo grau está na própria disposição tanto quanto o exercício de uma ação basal. Assim como posso, caso não seja impedido, na medida em que eu quiser, simplesmente avançar um pé, sem ter de aplicar para tanto algum meio, também posso querer avançá-lo com força e reto. Na perseguição de um objetivo também posso, na maior parte das vezes, aplicar-me um pouco mais, ou também deixá-lo de lado um pouco aqui e agora. E ambos dependem inteiramente de mim. Também tenho exatamente a mesma liberdade, porém, para começar com a ponderação sobre quais razões falam a favor de objetivos os quais eu sou inclinado a perseguir.

Mas a evidência de que eu me encontro nessa liberdade caminha juntamente com o fato de que há circunstâncias comparavelmente sem peso e indiferentes que me motivam a um comportamento exatamente nesse mesmo grau de esforço. Eu sigo hábitos, tendo a me cansar ou a me deixar distrair. Todo tipo de circunstâncias pode, portanto, surtir o efeito de que eu abdique do esforço a que, todavia, eu me havia proposto. A lembrança do meu propósito pode, então, me retirar da paralisia, assim como uma sugestão dos meus arredores, que pelo menos exige a minha atenção, pode levar a diminuir o meu esforço. Que essas "pequenas razões" tenham influência em mim mesmo e no meu querer significa que eu reajo sem coação. Trata-se, contudo, de uma reação. Na medida, portanto, em que razões em geral podem ser efetivas no sentido corrente, aquilo que ocorre de acordo com elas não é menos determinado, ainda que o seja de outra forma, do que uma ação automotora [feita] a partir de causas fisiológicas.

De modo semelhante, resolve-se também o suposto enigma do asno de Buridan. Ele deve, estando exatamente à mesma distância entre dois montes de palha exatamente do mesmo tamanho e igualmente iluminados, ter de morrer de fome, uma vez que ele não pode achar nenhuma razão para se movimentar para uma ou outra direção. O asno, então, será determinado pelo mecanismo a chegar, no olhar para lá e para cá entre os dois montes, a um ponto da exaustão interna de sua capacidade de consideração. Ele se movimentará para um monte de palha que ele tiver diante dos olhos exatamente no momento no qual o acontecimento ocorre. Também nós nos entregamos conscientemente a tais mecanismos e nos protegemos simultaneamente, assim, de uma tal sobrecarga de nossa capacidade de considerar razões.

Pensar-se-á agora a princípio: situações nas quais, em uma escolha de objetivos, se considera simultaneamente o grau da atividade com a qual se deve se esforçar pelo objetivo se distinguem de outras situações de ponderação apenas pela sua complicação muito mais alta. Isso também é o caso se se tem em vista objetivos individuais. Exigiria grande esforço efetivar tais objetivos, então, se considerará melhor a pergunta sobre se alguém deve se voltar a eles levando em consideração a experiência que se fez com as próprias capacidades e com os limites delas. Nessa medida, nenhum outro sentido de liberdade é necessário senão aquele que é conciliável com a validade universal do princípio de consequência. Mas é possível que, no caso da consideração mais complexa de objetivos, entre em jogo agora um outro sentido de liberdade, de modo que se tenha que levar em conta uma problemática teórica completamente diferente.

Quando alguém tem de tal modo objetivos diante dos olhos, que ele considera aí com que forças ele deveria se esforçar por eles, também é sempre natural que um ser humano tenha em mente, aí, a sua vida inteira e a ordem de preferência daquilo que é importante para ele na sua vida. Essa poderia ser até mesmo a dimensão que tem subterraneamente, na escolha de objetivos, o maior significado. Caso a própria vida como um todo se encontre, todavia, diante dos olhos na escolha de objetivos, então não é mais, de todo modo, evidente que se trate apenas de pesar reciprocamente o conteúdo dos objetivos individuais e as razões que falam a favor de cada um deles – e de tal modo que se decide sobre eles por meio do fato de que se compara a força dos motivos que levam a eles. O ser humano não tem as preferências futuras de sua vida de tal modo em uma sobrevista que ele poderia dar uma direção para sua vida segundo critérios da escolha de preferência e da consideração de interesses. O sentido do fato de que ele conduza uma vida também não se deixa entender por esse tipo de consideração. Essa diferença se tornará significativa para conceber um sentido de liberdade que não se reduz à ponderação de razões e ao seu emprego ponderado em ações. Na passagem para tanto, temos ainda de considerar outra dimensão à qual pode ser atribuída um peso próprio no âmbito da escolha de preferência de objetivos.

e) Na investigação das razões de decisão que determinam um agente em sua escolha, mostrou-se que uma tal decisão ocorre por razão da consideração da força motivadora que está ligada, para ele, com os pensamentos de diferentes objetivos de ação. Quem o auxiliar em sua consideração terá em vista, em seu conselho, o que, depois de toda ponderação, parece ser o melhor *para ele*. Em ligação a isso se mostrou que essa razão de decisão também domina a escolha dos meios e o grau de esforço com o qual um objetivo é perseguido.

Agora se sugere, porém, pela primeira vez, uma objeção com a qual se pode colocar em questão o ponto de partida da análise, a saber a sua descrição da situação na qual uma escolha de objetivos ocorre. Com a discussão dessa objeção já entramos no campo prévio de uma determinação de liberdade que se distingue do aspecto fundamental da liberdade que a liberdade do juízo e a liberdade de ponderação têm em comum uma com a outra. No juízo e na consideração prática o resultado se mede segundo um critério que, de fato, não é fácil de manejar, mas que é, em si mesmo, univocamente determinado: segundo as regras de correção e verdade ou segundo o objetivo de ação com que um interesse de peso está ligado.

Contra a exclusividade desse critério se faz valer, agora, a objeção de que há objetivos de ação dos seres humanos a favor da escolha dos quais falam fundamentos completamente diferentes do que a sua força de atração para a própria vida de cada um. Criar obras de arte com uma força de desbravar o mundo, obter conhecimentos fundamentais e que promovem a vida ou fundamentar ou defender uma ordem do direito são exemplos disso. Pode-se dizer e, de fato, para além de todas as diferenças entre tais objetivos, que é própria a eles uma outra *importância* do que aquela importância para um agente respectivo, de modo que ela, como conteúdo de sua escolha de objetivos, não pode ser esclarecida também a partir de seu interesse próprio.

Essa importância se deixa esmiuçar ainda mais. Pode-se tratar, como na preservação de uma instituição, de uma importância que se deriva imediatamente do interesse de um grupo de seres humanos. Mas objetivos de ação partem de feitos [*Leistungen*] que, como obras de arte e conhecimentos, têm de se querer primeiramente por si mesmos, em vez de se valer deles para muitos usos. Esses usos podem novamente, então, consistir antes de tudo em que muitas pessoas tenham tomado parte no trabalho e no conhecimento, ou em que eles, como a construção de uma igreja, constituam o orgulho de uma comunidade de seres humanos. Também pode se tratar de objetivos nos quais o pensamento sobre outros seres humanos está inteiramente ocultado. Um artista pode pensar que sua composição serve apenas ao louvor de Deus ou que ele se dedica a ela porque apenas ele está em condições de permitir que se torne real algo que carece de efetivação [simplesmente] por causa de si mesmo. Em todos esses casos, um agente que se coloca tais tarefas persegue ainda alguma outra coisa do que seja lá o que aparecer "para ele" como bom. Em seu agir, seus interesses podem ser completamente esquecidos. Parece que ele é levado para além deles por meio de seu objetivo, de modo que a sua importância própria permaneça subordinada à importância da tarefa que ele persegue ou se derive da importância da tarefa.

A diferença entre aquilo que deve ser visto em algum sentido como objetivamente importante e aquilo que reside apenas em meu interesse tem de ser reconhecida e trazida em consideração. Também se pode, portanto, se perguntar, se a partir dela pode-se desenvolver um sentido de liberdade, que pode ser retirado da liberdade universal na ponderação. Ele deveria ser entendido como a liberdade de se voltar para aquilo que é importante e valoroso em si mesmo, ou mantido, tendo o interesse próprio como estrela-guia, em um plano de vida bem calculado.

A formulação dessa alternativa traz realmente algo à vista que é de significado para o esclarecimento de um sentido de liberdade que não é idêntico ao da liberdade de poder ponderar. Ele orienta o problema da liberdade para longe de ações ou interesses individuais e em direção ao esboço de modos de vida. Mas a oposição entre o objetivamente importante e o importante apenas para mim que domina a formulação da alternativa ainda tem de ser questionada. Só a partir dela não se deixa obter um sentido de liberdade que esteja removido do princípio de consequência.

O que se opõe a isso se deixa esclarecer a partir de dois lados. De um lado, não se leva em consideração, em sua formulação, a subjetividade para a qual se põe uma tal alternativa. De outro, a referência ao objetivamente importante (também se poderia dizer a "valores" objetivamente válidos) é ela mesma opaca e carente de uma explicação. Ela não pode, por sua vez, ser dada sem levar em consideração a subjetividade.

A subjetividade é o ponto de partida destas preleções. Se a liberdade se torna tema nelas, então deve-se partir do sujeito – assim como ocorreu na tentativa de elaborar uma proposta para a fundamentação da ética. É inquestionável que não apenas aquilo que é indispensável ou atraente, mas também aquilo que é importante em si mesmo põe os seres humanos em atividade. Contudo, isso não penetra de fora em sua subjetividade, mas encontra uma ressonância naquilo que constitui sua subjetividade. Assim, não apenas aquilo que é importante em si mesmo, mas ainda mais aquilo que deixa crescer a sua influência no agir também só pode ser tornado compreensível em ligação com a subjetividade.

A oposição entre aquilo que é importante em si mesmo e aquilo que é importante apenas para nós admite a possibilidade de ser visto como algo em si mesmo importante para tudo aquilo que se encontra em contraste com aquilo a que todos os seres humanos evidentemente estão ligados por meio de um interesse que é fundamentado em suas necessidades naturais ou em suas atrações. De fato, não se pode falar que as preleções anteriores já teriam trazido a uma visão geral tudo aquilo para o qual justamente isso vale. Mas alguns exemplos de tal importância e propostas para outros exemplos se deixam extrair delas. Eles são, como um todo, exemplos por meio dos quais a ligação também do em si mesmo importante com a subjetividade pode ser esclarecida.

Assim, se falou, na explicação do modo do ser com outros, da tendência dos sujeitos de se entenderem como membros de ordens vastas. Está fundamentada nessa tendência a possibilidade de fazer dessas ordens um fim. Assim, se dá a elas uma importância que é desprendida das necessidades de vida imediatas da pessoa. Todavia, o fundamento da importância da instituição e o engajamento por ela não estão fundamentados apenas na sua utilidade para outros, mas sim na subjetividade do engajado. Se, porém, a instituição realmente é de significado para o bem-estar de uma comunidade [*Gemeinwesens*], pode ser atribuída ao engajamento por ela uma importância em si mesma em um sentido ainda mais forte. Ela se entende então, porém, a partir da subjetividade da consciência ética de um agente – seja porque a instituição dá ao seu agir sob a norma fundamental um peso especial, seja porque ele efetivou nela o seu vínculo de vida ético particular. Assim, motivações que levam para um agir por causa do importante em si mesmo também cruzam umas com as outras – de maneira completamente independente do fato de que elas também não deverão ser puramente separadas de um agir que é buscado por causa do *status* ou do exercício de um talento.

Outros modos do importante em si mesmo estão ancorados em interesses que se ligam imediatamente à dinâmica fundamental da subjetividade. Foi exposto que o programa de uma ciência natural se desenvolve a partir do problema de conseguir, em uma referência a objetos identificáveis que abarque ao mundo, chegar em uma especificação [*Aufgliederung*] cada vez mais precisa da referência ao objeto. Contra ele, a arte atua em dar forma a esboços do mundo dos quais não sejam eliminados sujeitos e os processos da subjetividade. E as religiões abrem a possibilidade de um comportamento no qual a relação da subjetividade ao fundamento que se furta a ela seja reunida com uma formação da práxis de vida no mundo.

Assim, são nomeadas apenas algumas formas daquilo que pode ser visto como sendo em si mesmo importante. Todavia, isso já é o suficiente para deixar claro que aquilo que é frequentemente atribuído a uma única dimensão do Em--Si-Válido ou dos "valores" é preenchido com diferentes modos de realização da subjetividade. Aqui, não se pode tratar de, a partir dessa abordagem, perscrutar todas as dimensões de um assim chamado "reino" dos valores, pois aquilo que já devia ter sido extraído das preleções anteriores basta para responder à pergunta sobre se, pelo fato de que a dimensão do importante em si mesmo é trazida em consideração, a situação da consideração das forças de motivações que decidem sobre a escolha de objetivos muda fundamentalmente em algo.

Temos de nos colocar, como na situação previamente considerada do ponderar e do considerar, em situações de ação nas quais se deve decidir se devemos dar à consideração de algo objetivamente importante a preferência frente a perseguição de um outro interesse de vida. Aí, não se deve abstrair das situações nas quais um imperativo moral poderia estar ligado com um agir por causa do objetivamente importante. Assim, há, por exemplo, um dever ético de não colocar em perigo o que é importante para outros por causa de interesses próprios. Se se trata de não arriscar a perda de conhecimentos salvadores de vidas, então não se deve ponderar e agir tendo em vista a obtenção de conhecimento, mas sim tendo em vista o seu significado para vidas humanas que são confiadas ao agente. É própria à norma ética fundamental a força de fazer valer em situações de ação uma reivindicação que vai além da restrição de que apenas se poderia segui-la se uma reflexão ponderada levasse ao conhecimento de que ele está coberto de motivos suficientemente fortes.

O que vale como objetivamente importante da maneira explicada, porém, não está ligado com uma reivindicação dessa espécie. Isso tem por consequência que se, em situações de ação, nada mais se encontra a não ser a alternativa entre o objetivamente importante e o que é importante apenas para o agente, então o enraizamento do objetivamente importante na subjetividade do agente tem de se tornar o determinante. O que é objetivamente importante tem o seu fundamento em uma das dimensões nas quais a subjetividade das pessoas se efetiva – assim, a importância de uma instituição [tem seu fundamento] nas implicações de ordem, e a [importância] da ciência na capacidade classificatória [*Aufgliederungskapazität*] racional de sua relação ao mundo. Caso se abstraia de todos os argumentos morais, então o peso que se atribui a algo que é objetivamente importante desse modo é medido segundo o grau no qual o agente deu peso na sua vida ou está pronto para dar peso a essa forma de desenvolvimento da subjetividade. A possibilidade disso cresce em cada um com a distância em relação a si mesmo que, juntamente com a abertura da dimensão do objetivamente importante, é constitutivo para tudo na vida realizada na autoconsciência.

Na medida em que uma vida se ligou com esferas do objetivamente importante, elas se tornaram uma parte de seus interesses de vida. Compreender isso significa ainda algo diferente do que ceder às submissões em função das quais, tão frequentemente, um engajamento pelo objetivamente importante deve ser tornado suspeito. Aquele para quem o conhecimento é importante não tem em mente, aí, o *status* que um pesquisador pode adquirir, ou mesmo os ganhos materiais de que os seus resultados poderiam dar uma perspectiva. Muito antes, já a alegria com que ele trabalha poderia explicar o seu interesse. Assim, mesmo Kant viu a ciência e o prazer dos sentidos, no que diz respeito à motivação, como caminhando em "pares iguais". Mas também essa explicação não atinge o centro [da questão]. Isso porque é muito antes a resistência a causar danos a um contexto ou de admitir um colapso nele que permite a um ser humano, na vida do qual o objetivamente importante adquiriu significado, estar ligado agora com esse objetivamente importante por meio de um interesse.

Assim, porém, também se torna agora claro por que o objetivamente importante na situação na qual deve-se considerar e introduzir ações não pode ser oposto ao que é importante apenas para mim como uma instância completamente diferente de fundamentação e decisão. Em tais situações, não está ligada com o objetivamente importante nenhuma força de motivação própria a ele que poderia pôr o agente em condições de se distanciar do importante apenas para ele e deixar seu agir ser determinado apenas por meio do objetivamente importante. Assim, porém, também são excluídas duas possibilidades de atribuir ao agente diante do objetivamente importante uma liberdade que teria de ser explicada pelo fato de que o objetivamente importante como tal se encontra diante de seus olhos. Não se pode atribuir a ele uma liberdade que consistiria no fato de que ele se solta do importante apenas para ele e dá livre-curso a uma motivação a partir do objetivamente importante. Também não se pode, porém, atribuir liberdade ao ato com o qual ele se decide por uma ação em seu próprio interesse ou, em contrapartida, por uma tal ação em serviço do objetivamente importante ou por respeito a ele. É que, caso se abstraia de mandamentos morais de ação, então o objetivamente importante é, para ele, relevante para a ação apenas na medida em que o objetivamente importante entra em ligação com aquilo que ele é como pessoa e, assim, já adquiriu um significado motivante em seu próprio modo de ação.

Mas, então, a decisão a favor ou contra o objetivamente importante, assim como na escolha de objetivos em geral, é resultado de que os pesos das motivações de ambos os lados sejam equiparados uns frente aos outros. Nessa equiparação, entra em jogo, de novo como na escolha de objetivos em geral, a avaliação da própria capacidade de corresponder, no próprio agir, ao objetivamente importante. É também possível, porém, que a vida de um ser humano esteja tão estreitamente ligada com uma esfera do objetivamente importante que ele esteja pronto para fazer o que é do interesse [dessa esfera] como em uma obsessão, ou seja, contra tudo aquilo que é importante para ele mesmo. Também esse exemplo mostra que decisões em tais situações ainda derivam da equiparação dos pesos motivacionais relativos das alternativas de ação. Disso se segue, novamente, que a consciência na qual essa equiparação ocorre não dá nenhum suporte para que o agente em tais situações atribua a si mesmo liberdade.

Assim, chegamos ao fim de uma primeira fase no exame dialético do problema da liberdade. Em cinco passos, investigamos possibilidades de resposta à pergunta sobre se, na consciência do agente que tem de decidir em uma situação sobre alternativas de seu agir, se deixa apontar uma ocasião para afirmar a realidade da liberdade. A liberdade que estava em questão aí deveria ser uma outra do que a liberdade de coações e contingências e do que a liberdade que está sempre posta na ponderação enquanto tal e na independência de impulsos irresistíveis. Isso porque se pode compreender facilmente de todas essas determinações conceituais de liberdade que a sua realidade é compatível com o princípio de consequência. A investigação resultou em que um sentido de liberdade para o qual isso não valha não tem, porém, nenhum suporte no modo como seres humanos chegam a uma decisão ponderada nas situações de ação que foram discutidas até agora. O percurso investigativo até aqui levou, portanto, em relação a um sentido de liberdade desse tipo, a uma conclusão negativa.

Assim, pergunta-se agora se, desse modo, a investigação estaria como que concluída, e se, pelo fato de que a necessidade de abdicar de um tal sentido de liberdade foi provada, se expôs toda resistência contra a validade universal do princípio de consequência como insustentável. Que se deve seguir com a investigação, porém, já é evidente simplesmente porque, em todas as considerações até agora, a consciência ética ainda não achou lugar. De fato, há muitas razões para se afastar da tradição na qual o problema da liberdade foi desenvolvido em ligação estrita com os problemas da ética. Mas também pode-se concluir a partir das investigações anteriores que tampouco se deve partir [da ideia] de que se poderia colocar essa consciência, em relação ao problema da liberdade, como estando no mesmo nível que todas as outras dimensões do agir.

Deve-se mostrar a seguir que, ao se tomar por tema agora o agir em conexão com a consciência ética, é possível desenvolver, ao mesmo tempo, um quadro geral para o problema da liberdade. Aí, também uma pressuposição sob a qual se encontravam as discussões anteriores se tornará clara enquanto tal, e se destacará em sua problemática. Assim, deve-se deixar determinar mais exatamente o lugar em relação ao qual um sentido de liberdade diferente do facilmente compatível com o princípio de consequência pode ser obtido e defendido. Que a realidade desse sentido de liberdade tampouco pode ser posta à prova, assim como a realidade do princípio de consequência, deve ser mantido como um resultado que deve ser inscrito previamente em toda diferenciação do sentido de liberdade. Para o percurso de pensamento dessa preleção, porém, uma outra intelecção será de peso e interesse particulares: Em relação ao contexto no qual se determina um sentido de liberdade a partir da consciência ética, também se tornará claro que a determinação de liberdade e a investigação da subjetividade devem ser trazidas a uma única via de fundamentação. A explicação de um sentido de liberdade de peso remete, a saber, imediatamente ao entendimento sobre a dinâmica da subjetividade.

7 Tipo de comportamento e projeto de vida

Recentemente, um argumento contra a possibilidade da liberdade da vontade deveria ter sido extraído de um experimento biológico. O experimento tinha por resultado que a consciência de querer mover uma determinada tecla sucede por volta de meio segundo o impulso neuronal que suscita a ação e não, como se poderia esperar, o antecede. Assim, a ação, portanto, já começou quando a decisão por ela, que supostamente suscita primeiramente a ação, se dá.

Dever-se-ia primeiramente tornar claro para si mesmo que esse argumento também deve ser levantado contra aquele sentido de liberdade compatível com o determinismo. Segundo essa explicação de liberdade, a ponderação também toma um lugar na cadeia causal que a ação traz consigo. O experimento, em contrapartida, faz com que a ponderação e a sua consequência, a decisão, aparecem como produto colateral ou epifenômeno de uma cadeia causal já fechada independentemente deles. Assim, o experimento poderia até mesmo minar um sentido de liberdade que, todavia, é considerado como de modo algum disputável.

Quem atribui ao experimento uma força de prova contra a liberdade parte, porém, de qualquer maneira, de uma representação encurtada do agir ponderado. Caso se suspenda esse encurtamento, resulta, então, uma outra perspectiva do problema da liberdade. Pode-se esclarecê-la o mais facilmente em relação à consciência ética.

De fato, parte-se, na ética, se são discutidos problemas do julgamento moral, da realização de ações individuais como, por exemplo, de uma mentira. Isso também é correto, na medida em que, no julgamento do agir ético, são sempre considerados primeiramente não objetivos de longo prazo, mas sim razões da correção [*Richtigkeit*] do comportamento em situações individuais. Mas vale necessariamente para situações de ação que permitem estar em questão um *tipo* inteiro de comportamento, que não se deve tomar uma decisão apenas para situação respectiva. Mesmo se a situação for ocasião para considerar essa pergunta pela primeira vez, o resultado permanece tal que ele deve ter a mesma validade para situações do mesmo tipo.

Isso vale particularmente para o agir ético. Isso porque, nele, se se trata de um julgamento sobre a pessoa, *nunca* se julga apenas o comportamento em uma situação determinada respectiva, mas sim um tipo [*Typus*] mais geral, um tipo de comportamento [*Verhaltensart*], e, de fato, já porque um comportamento na consciência ética sempre se encontra junto com a motivação da qual ele resulta. Para quem se pergunta se deve enganar alguém agora por meio de uma mentira, passam pelos sentidos imagens dele mesmo – como alguém que ou é inteligente o bastante para poder se virar habilmente em tais situações e conseguir para si desse modo vantagens, ou como alguém que não precisa desse modo de comportamento ou que pelo menos não se faz dependente de seu sucesso.

Na maioria das vezes, já se mentiu por medo ou susto, antes de a norma ética fundamental começar a se acender na memória contra esse comportamento. A norma fundamental da consciência ética não é, porém, efetiva apenas pelo fato de que ela se declara sempre de novo como reguladora de ações individuais. Assim, começa já cedo na vida a formação de uma consciência moral [*Gewissens*]. Assim, porém, a consciência ética já passa à formação de *propósitos* [*Vorsätze*] para o comportamento correto em seu sentido. Em geral, o comportamento ético se forma como um *tipo* de comportamento pelo qual a pessoa se esforça cientemente e que deve pertencer àquilo que dá uma marca [*Prägung*] para a sua vida. Desse modo, ele se distingue do caráter natural de um ser humano que lhe coube por meio de suas condições [*Anlagen*], e ele é, nessa medida, um caráter adquirido. Não se pode, porém, adquirir esse caráter *in abstracto*, mas somente por meio da obtenção de uma disposição para ações individuais, e também só se pode preservá-lo em tais ações. Nessa medida, um tipo de ação se forma, é claro, em relação a situações como naquela em que uma mentira se sugere como uma escapatória.

Se, porém, o propósito de não mentir vier a ser parte de tal caráter, então dificilmente uma ponderação e nenhuma decisão consciente, mas sim no máximo uma lembrança de tal decisão terá de preceder ainda o discurso franco. Só se deveria pressupor a primeira se, em toda situação de ação, tivesse de estar primeiramente indecidido para os seres humanos como e levando em consideração o que eles deveriam agir. A discussão moral-filosófica de exemplos de ação é apropriada para sugerir tal retrato. Ele, porém, é inadequado ao agir real, se se considera esse agir em sua formação e em toda a sua extensão, e ele mesmo contradiz aquilo em que a norma ética fundamental mesma tem de atuar [*hinwirken*] – a saber, [em] formar um tipo de comportamento e, com ele, uma motivação nos quais se pode confiar em todas situações. Isso também se segue do fato de que, na consciência ética, se realiza a formação de uma identidade da pessoa que, em sua constância, corresponde à identidade contínua da consciência teórica.

Assim, é de se esperar que aquele que desenvolveu um caráter ético mostre, em situações de ação, determinado comportamento, sem que ele tenha se ponderado sobre isso antes. Para ele, então, não há mais alternativa frente à qual ele teria de se decidir especialmente. Mas não se pode concluir a partir disso que a liberdade deva ser pensada sem a possibilidade de uma alternativa. Isso porque um tal comportamento na situação, comportamento para o qual alternativas não estão mais em questão, é, de fato, apenas a consequência de uma aquisição prévia, da qual se pode dizer que ela terminou com uma decisão. Se, pois, a formação de um tipo de comportamento é o modo no qual a consciência ética se realiza verdadeiramente, então ela também é o lugar no qual se deve procurar e encontrar uma liberdade característica para a eticidade. O que resulta de uma decisão se torna, nas situações de ação, comportamento habitual. O agente, porém, ainda é consciente dessa origem, de modo que ele também pode retornar à gênese de sua decisão se a situação de ação se complicar e exigir dele uma grande renúncia.

A habitualização que se dá no curso da formação do agir moral tem uma correspondência em todo comportamento, no fundamento do qual esteja uma escolha de objetivos. Rotinas têm grande significado em todo comportamento. Cuidados com o corpo, ingestão regular de medicamentos e execução confiável de trabalhos desagradáveis se transformam, [passando] de propósitos a tais rotinas. Se não fosse assim, o cotidiano seria carregado com esforços constantemente repetidos e frequentemente inconfiáveis da vontade. Por isso, toda escolha de objetivos também parte do princípio de ser levada em conta no comportamento cotidiano sem uma nova ponderação [a seu respeito]. A formação de rotinas no comportamento é, assim, do interesse daquele que se põe objetivos, e se pode, por isso, pressupor que ela mesma também se dê com a participação dos mesmos motivos que aqueles da escolha de objetivos.

Que a escolha de objetivos tenda, por si mesma, à formação do comportamento não significa, porém, que o cotidiano possa correr puramente como rotina. Ele precisa ser vivido desperto e pronto para a reflexão. O urgente tem de ser reconhecido como tal, e deve se esperar ser confrontado com situações desconhecidas e com dilemas. Isso, porém, não muda nada no fato de que um tipo de comportamento certamente se forma tomando como ponto de partida uma situação, mas também, então, removido de situações individuais. Na maior parte do tempo, ele precisa de um tempo no qual ele, se assemelhando nisso a uma decisão, "amadureça", para, a seguir, anteceder às situações de ação e ser ainda apenas praticado nelas.

Rotinas do cotidiano são, todavia, elas mesmas novamente predicadas no interesse [*interessebedingt*]. Isso porque a pergunta sobre quais rotinas eu deveria adotar encontra a sua resposta na visualização das vantagens e da força de atração do estado no qual eu me encontrarei se eu as alcançar. Por isso, não resulta delas nenhuma perspectiva transformada do sentido de liberdade. Vimos que o comportamento ético está inteiramente fundamentado na formação de um tipo de comportamento. Assim se mostra por que o nosso percurso reflexivo sobre o problema da liberdade culmina de todo modo primeiramente na pergunta sobre se e em que sentido de liberdade deve-se atribuir à pessoa, em sua formação de um tipo de comportamento ético, liberdade.

Deve-se partir, aí, da norma fundamental ética. Chega-se à formação de um propósito ético quando se domina a intenção de dar prioridade, nas situações de ação futuras, não ao quadro de interesses respectivo, ou seja, àquilo que segue outra escolha de objetivos, mas sim àquilo que se segue da norma fundamental – de maneira correspondente ao caso concreto, abdicar das mentiras, mesmo se isso dever ser desconfortável, rude ou desvantajoso de alguma outra forma.

A norma ética fundamental não está, porém, sujeita à escolha como as regras de um jogo para o qual nós somos convidados, mas do qual, porém, não precisamos participar. Do fato de que ela seja obrigatória [*verbindlich*], pensa-se saber [dela] como de um conhecimento, por mais que não se tenha de seu fundamento nenhum conhecimento [*Kenntnis*] que deveria ser assegurado por meio de uma prova. Em muitos de seus casos de aplicação, a norma diz respeito ao agir frente outros seres humanos e, quando os machucamos, devemos contar com a sua reprovação. Isso sugere a conjetura de que a validade da norma poderia derivar de seus interesses, que se transformam, por meio do saber de sanções que se devem esperar no caso de sua violação, em uma instância por mim internalizada. Mas a norma também vale para ações que dizem respeito apenas a mim mesmo. E, além disso, a consciência da norma também é acompanhada de um saber de que ela está, de algum modo, ligada com aquilo que constitui a mim mesmo. Eu não posso considerar a ela e à sua força vinculativa [*bindende*] como resultado de um acordo no qual eu entrei por bons e bem considerados interesses.

Na terceira preleção, tentou-se explicar a ligação entre a validade imediata da norma e a sua autorreferência: a constituição da subjetividade não pode ser esclarecida a partir dela mesma, e os sujeitos vivem também no saber da indeterminidade de sua origem [*Hervorgangs*]. Por isso, eles estão necessariamente abertos a um esclarecimento sobre si mesmos, e tal esclarecimento ocorre com a consciência ética. Isso é uma explicação filosófica e, portanto, nenhum saber que ocorra junto com a consciência da norma fundamental. Ela deve tornar compreensível o que está realmente posto nesse saber, mas não tomar o seu lugar. Na vida real, a ela corresponde a consciência de que o comportamento ético é entregue a mim a partir de mim mesmo e de que eu, com ele, estou simultaneamente em algum tipo de concordância com o fundamento e minha vida.

Na situação em que a norma fundamental se faz valer, a sua reivindicação e a consciência de que essa reivindicação não diz respeito a mim como algo exterior se encontra, porém, sempre em concorrência com a necessidade de ter de perseguir outros objetivos e com o interesse de alcançá-los – também objetivos que têm de ser priorizados se a balança de identidade da própria vida não se encontrar em situação precária.

Assim, abre-se na consciência ética um espaço único entre um querer que corresponde à norma e um querer que se afasta dela ou que a insere em um lugar inferior na ordenação de preferência dos objetivos. Isso porque, na consciência ética, um comportamento que corresponde à norma *não* está equipado com uma força de atração sobrepujante ou dominadora. Assim, o interesse pode atuar para que a norma seja percebida de um modo enfraquecido e para permitir que ela seja tornada efetiva de modo enfraquecido, a fim de poder perseguir outros objetivos de vida sem irritação. Porém tal espaço se deixa entender também como âmbito do entrar-em-jogo e da efetivação da liberdade – e como a condição para poder atribuir a ela mesma liberdade.

Não é, porém, autoevidente que seres humanos sejam de algum modo capazes de uma organização de seu comportamento que não seja motivada pela força de um interesse de vida. De fato, a consciência ética também está ligada a um tipo particular de interesse de vida conectado com o autoentendimento e com a formação da identidade. Mas esse interesse não se exterioriza na consciência da norma fundamental como uma força de atração que atua contra as motivações que levaram a outras escolhas de objetivos, de modo que o conflito deveria ser resolvido por meio da consideração dos pesos. Por isso, a liberdade enquanto tal é confrontada necessariamente com duas possibilidades *incomensuráveis* entre si. Ela é tanto a capacidade de corresponder à norma fundamental como a capacidade de se afastar da norma fundamental lá onde o agir que corresponde a ela não concordar com os interesses de vida importantes que estariam no fundamento de uma escolha de preferência. Está ligada com ambas as possibilidades a capacidade para a formação de uma disposição – a capacidade para uma disposição e para um tipo de comportamento que confere à consciência ética um peso próprio na motivação e deixa que ele cresça gradualmente nela, ou a capacidade de viver segundo disposições nas quais a norma fundamental apenas encontra consideração na medida em que ela não entra em conflito com a ordenação de preferência das outras escolhas de objetivos.

Que ambas as possibilidades não apenas se oponham uma à outra, mas também, no que diz respeito a uma decisão entre elas, sejam incomensuráveis entre si, é a pressuposição para atribuir, à pessoa que tem de chegar à formação de uma ou de outra disposição, liberdade em um sentido inteiramente específico. Isso porque, em um caso como esse, não se pode mais dizer que a pessoa seria determinada em sua decisão por meio das "melhores razões" que falam a favor de uma ou de outra possibilidade. O peso da norma fundamental não se deixa comparar no mesmo nível com o peso dos interesses que determinaram sobre a escolha de objetivos na condução da vida. Também as forças dos motivos que puxam para uma ou para outra direção não se deixam comparar ao escutar atentamente a si mesmo e tentar pesá-las entre si. Uma coisa é se deixar determinar pela reivindicação da norma fundamental e pela consciência obscura de que ela está ligada com aquilo que constitui a realização da própria vida como sujeito. Outra coisa é não querer ameaçar de modo algum interesses bem considerados de autopreservação, dos quais só se pode prever dificilmente como eles deveriam ser reunidos de algum modo em uma balança de identidade, motivo pelo qual é necessário dosar inteligentemente o comportamento moral e, caso necessário, simulá-lo. Em ambos os casos, a subjetividade apanha uma possibilidade de chegar, em sua dinâmica, a uma perspectiva de vida e, assim, a uma autodescrição – mesmo se em um caso tal que ela, ao mesmo tempo, tente ocultar de si uma dimensão da qual, porém, deriva um esclarecimento essencial sobre ela mesma. Pela incomensurabilidade entre elas se deixa conhecer que, com a decisão entre elas, não está em questão uma consideração de interesses e aptidões, mas sim uma *orientação da vida consciente* que o ser humano deve conduzir.

A pessoa apenas pode decidir entre essas duas alternativas ao *pesar*, ao mesmo tempo, as razões e os motivos no que diz respeito a quais delas, doravante, serão determinantes para a sua vida e para o seu comportamento. Ela precisa se colocar de um lado e, ao fazê-lo, não pode se orientar por alguma diretriz compreensível. A decisão não corresponde, então, à decisão de uma escolha de preferência, que se realiza como uma escolha entre bens, mas sim à tomada de partido em um conflito do qual é impossível se esquivar e nos lados dos quais se encontram exigências [*Ansinnen*] de qualidades completamente distintas àquele que tem de se decidir.

Já sabemos que nunca pode ser excluída a possibilidade de pressupor, também para um tal caso, uma história causal prévia, pela qual seja estabelecido qual será o resultado do pesamento feito pela pessoa. Além disso, sabemos que muitos fatos de uma história de vida têm influência no pesamento em tais casos de decisão. Quem, quando criança, foi negligenciado e obstruído em seu autossentimento por adultos sem amor e conscientes de seu poder, certamente terá dificuldades em tomar uma decisão, na qual a expectativa desempenha um papel, de chegar a uma identidade estável por meio da observação de uma norma. Caso se abstraia da coação real interior, não há, porém, nenhuma derivação que pudesse, na situação da decisão, obrigar a vontade à formação de uma disposição em um ou em outro sentido. A pressuposição da força determinante de uma tal história prévia permanece, portanto, ainda apenas uma hipótese, que, por causa de muitas circunstâncias, pode ser plausível, mas que não consegue se tornar um conhecimento por meio de uma prova. Também se gostaria de saber que distribuição de tentativas os neurólogos propõem para conduzir a prova de que a decisão por um tipo de comportamento se seguiu de uma constelação de neurônios disparando em rede.

Certamente, poderia haver ainda uma prova indireta de que é preciso [simplesmente] aceitar uma determinação causal para tais decisões, caso ela não possa ser provada: se, a saber, fosse demonstrado que o pensamento de uma liberdade da decisão é contraditório ou insustentável por outras razões de consistência. Caso saísse de cena o único concorrente à derivação causal, então ela, como a única possibilidade de pensamento restante, teria saído de seu estado de ser apenas uma hipótese.

O argumento aparentemente mais forte no interior de tal estratégia quer mostrar [o seguinte]: uma decisão a que não se seja trazido pelas razões preponderantes que falam a favor dela, só pode vir a ser por meio do *acaso*. O acaso, todavia, já no debate grego sobre a liberdade e o destino, contava como uma contrainstância a ela pelo menos tanto quanto a causação determinante. O que ocorre por acaso se furta, assim, ao saber e à vontade das pessoas. Se, portanto, a decisão que deve vir da liberdade só se deixa pensar como ocorrendo por meio do acaso, então, se estabelece mesmo no interior da vontade algo que simplesmente não é influenciável pela pessoa e que é estranho a ela. Isso, porém, seria justamente o contrário daquilo que se quer dizer com liberdade.

Essa argumentação limita irrestritamente o âmbito da formação possível de conceitos em relação à causalidade ao seu caso padrão – ou seja, à sequência determinada de acontecimentos e ao acaso como a sua negação imediata. Também se manteve, porém, contra aqueles que admitem uma liberdade da decisão, que eles elevam o agir humano ao absoluto, ao atribuírem à pessoa finita a propriedade divina de ser causa de si mesma.

Um ser seria autocausado se ele fosse causa de sua própria existência. Também se pode, porém, pensar uma propriedade que não está reservada ao Deus infinito, a *causa accidentis sui*, um ato, portanto, por meio do qual um ser desenvolva uma propriedade a partir de si mesmo ou se coloque em um estado. Assim, se quis compreender, por muito tempo, na sequência aos gregos, a essência do ser vivo como o autodesenvolvimento [*Selbstentfaltung*]. Esse autodesenvolvimento procede sem alternativa de suas condições. Sua causação é, nessa medida, determinada. Isso se deixaria muito bem afirmar também em relação à autocausação divina.

A liberdade humana, porém, não está removida de toda alternativa. Assim, ela não se deixa pensar como autodesenvolvimento, mas sim apenas como auto*determinação*. É também essa palavra que, na linguagem corrente contemporânea, está associada com sentido de liberdade como nenhuma outra. Da autodeterminação deve estar excluído, evidentemente, que aquilo que deriva do próprio ser, seja porém, imposto a esse ser com necessidade e sem alternativa.

De todo ato de autodeterminação devem proceder efeitos que devem ser conferidos a ele enquanto tais. Assim, há nos debates sobre a liberdade a tentativa de definir para a autodeterminação, de modo semelhante ao autodesenvolvimento, uma forma própria especial de causalidade, a saber, a causalidade de agentes [*Agentenkausalität*]. Essa manobra continua a se deixar defender bem também contra muitas objeções. Contudo, faz muito sentido a pergunta sobre se a autodeterminação se deixa de algum modo descrever de maneira suficiente como uma forma de causalidade. Já a relação de razões ponderadas com a capacidade de fazer jus a essas razões resiste contra a sua inserção no modelo padrão de causalidade. Na autodeterminação, essas razões são, além disso, pesadas, e estão sempre ligadas com uma perspectiva de vida que, então, na medida em que ela entra no agir da pessoa, desdobra a sua efetividade [*Wirksamkeit*].

Também a liberdade da escolha de preferência é, todavia, ainda outra coisa do que a pura atração de motivos cujo peso relativo decidiria essa escolha. Isso porque esses motivos não se pesam eles mesmos uns frente aos outros. A pessoa deve trazê-los, por meio do seu imaginar e ponderar, ao se-pesar [*Sich-Auswiegen*], para, a seguir, fazer uma escolha fundamentada e deixar que ela surta efeito. Todavia, não se deixa adquirir desse processo um argumento decisivo contra a validade universal do princípio de consequência – e de fato, antes de tudo, porque a própria pessoa sabe que ela considera os objetivos de ação segundo as forças das motivações que estão ligadas a eles e que as suas próprias razões devem, em última instância, ser remetidas ao grau de sua força de atração.

A liberdade da autodeterminação, em contrapartida, diferentemente da liberdade da ponderação sem coação, se encontra diametralmente em oposição à validade universal do princípio de consequência na autoconsciência da pessoa mesma. Isso porque no caso extraordinário da situação mesma na qual se deve tomar uma decisão entre a norma fundamental e o interesse de vida não há nenhum suporte para a vinculação da decisão à força de atração de motivos efetivos. Em vista disso aumenta, em uma outra explicação, uma plausibilidade que é mesmo inteiramente indispensável para o agente – que, a saber, a vontade do ser humano como tal tenha uma constituição que o capacita a, em tal situação, determinar a si mesmo a uma atividade. De todo modo, a pessoa pode se atribuir uma tal capacidade sem que a isso em sua consciência como agente se contraponha algo.

Certamente, o princípio de consequência se encontra ainda como o meio mais importante à disposição para argumentar contra isso a partir da perspectiva exterior. Àquele que tem esse princípio diante dos olhos não sairá de vista também imagens de roletas da vontade ou de mecanismos que permanecem ocultos, imagens frente às quais toda forma de autodeterminação tem de aparecer como ilusão. Como sabemos, também não se pode, de modo algum, enfraquecer o princípio e tais pensamentos com razões teóricas. Mas eles tampouco estão cobertos por uma fundamentação obrigante, e, sobretudo, eles não têm nenhum suporte na consciência daquele que realiza uma decisão em uma situação de alternativas incomensuráveis.

É preciso ainda observar agora que faz parte daquilo que constitui a norma fundamental que ela exclua de si mesma que ela pudesse também valer como respeitada, se isso ocorresse por um interesse completamente outro que se liga com a sua observância. Assim, a própria norma fundamental se contrapõe a que se corresponda a ela, se se diz a verdade por cálculo. Pois ela exige que se corresponda a ela como norma, não por causa de alguns motivos que ocasionam o seu cumprimento. Assim também saem de cena definitivamente, porém, as forças das motivações como fundamento de decisão a favor ou contra um tipo de comportamento que corresponda realmente à norma fundamental. Se pergunta então apenas ainda se uma outra liberdade, a partir da qual se pudesse tomar essa decisão, é de algum modo pensável.

Certamente, ela não pode valer como acontecimento contingente no sentido cotidiano da palavra. Pois a decisão não se realiza como o lançamento de uma moeda. Ela acontece a partir da direção de percurso [*Verlaufsrichtung*] da dinâmica de uma vida, [e,] assim, sob a tarefa da preservação de sua integridade frente a todas as razões que falam a favor ou contra das opções que estão abertas à decisão. Nessa medida, a decisão é sempre disponibilidade *também* motivada, não sem fundamento. Mas primeiramente quando a decisão é tomada que essa motivação se torna suficiente. Sem que boas razões falassem a favor dela, ela também não poderia se preservar duradouramente. E, todavia, a pessoa precisa ter tomado a decisão, se as razões devem permanecer como determinantemente válidas. Pois todas as razões que falam a favor dela não podem trazer obrigatoriamente a decisão para o seu lado.

O saber da pessoa de que a decisão que foi sua também não deve ser, portanto, confundida com a ignorância que pode importunar um ser humano, se ele não tem certeza de, na consideração das forças das motivações em sua escolha de preferência, ter procedido de maneira cautelosa o bastante e chegado ao resultado correto. Ele sabe que não realizou uma decisão porque, em seu julgamento, permaneceu incerto da situação e das chances e, assim, recaiu em uma pressão do tempo. Muito antes, ele deu a sua vida, por meio dessa decisão, um curso, quer ele tenha, no âmbito da consciência ética, deixado a sua norma fundamental tornar-se fio condutor, quer ele tenha a colocado sob a reserva do resultado da calculação astuta.

Na medida em que se decide sobre uma alternativa, a decisão corresponde ao modelo de um ato de escolha. Mas ela não é uma escolha do arbítrio [*Willkür*] no sentido que essa palavra veio a adquirir. Pois ela simplesmente não tem nada a ver com uma disponibilidade soberana, a qual se pode aproximar aquilo que se chama "livre-escolha". Com ela, uma vida é inserida em um dos cursos de vida que se encontram diante dos olhos do ser humano por força da constituição de sua subjetividade. Essa constituição se encontra tão pouco à sua disposição como a norma fundamental, sob a qual ele é exposto antes de tudo à decisão entre alternativas incomensuráveis. Assim como a subjetividade não é de modo algum fundamentada no poder de disponibilidade [*Verfügungsmacht*], mas sim na autopreservação, também a liberdade da autodeterminação, e tudo que se torna real a partir dela, deve ser entendida primeiramente como membro necessário na constituição da subjetividade e apenas como se seguindo dessa, e também apenas entre outras coisas como a ausência de todo tipo de coação. Assim, pode-se dizer que a liberdade mesma estaria inserida no destino da vida consciente. Apenas junto com ela e em seu todo pode a liberdade como tal tornar-se um suporte para uma experiência do sentido dessa vida.

A liberdade da autodeterminação tem, portanto, uma esfera apenas lá, e de fato com necessidade, onde o ser humano, com toda sua vida, é exposto a alternativas incomensuráveis, das quais ele não pode se esquivar sem se extraviar de sua vida consciente. Se se identifica a liberdade em tal situação com a liberdade da ponderação na escolha de preferência, então não apenas se deforma o verdadeiro sentido de liberdade. Se é mesmo obrigado a deixar a escolha de preferência se tornar, por sua vez, escolha arbitrária [*Willkürwahl*]. Pois, pela consideração das alternativas e das motivações que ela pode liberar a partir de si mesma, em muitos casos não se chegaria, de fato, nunca, em uma tal situação, a uma escolha de preferência fundamentada. Na consciência a partir da qual o agir real se forma, a diferença entre ambos os sentidos de liberdade é, todavia, sempre feito – e, de fato, também quando se tem claramente diante dos olhos o lugar de valor teórico que o princípio de consequência tem e não se confia o bastante em si mesmo para lançar-se com argumentos contra ele.

Onde a liberdade deve ser esclarecida tomando como ponto de partida a consciência ética, se mostrará sempre difícil conferir liberdade tanto à boa vontade como à vontade que se sabe afastada da norma fundamental. Pois se a liberdade for constituída por meio da consciência ética, então ela parece ser perdida, se o seu uso vai contra ela. Por meio do ato da autodeterminação, confere-se

234

a uma possibilidade e disposição de vida um significado e força de motivação proeminentes. Assim, o ato com o qual um ser humano afasta sua vida da motivação sob a norma fundamental tem de poder ser fundamentado em sua subjetividade tanto quanto a boa vontade. Ambas as decisões – também aquela que se afasta de um tipo de ação sob a norma fundamental – são realizadas por um e o mesmo sujeito. O ato por força do qual se confere a um ou a outro lado a força de motivação preponderante deve, portanto, ser compatível com a constituição da subjetividade.

Em ambos os casos se insere realmente, porém, também um projeto de vida [*Lebensentwurf*], que segue uma perspectiva que está fundamentada na própria subjetividade: a perspectiva da autoafirmação consequente em alguma balança de identidade ou a perspectiva de uma vida em concordância com aquilo que o próprio tipo de comportamento demanda a partir do fundamento da subjetividade. A decisão com a qual se relativiza a exigência da norma viola, de fato, a consciência de sua validade. Uma vez que também sempre é sabido que a norma é fundamentada na constituição do sujeito, essa violação mostra que agora, com essa decisão, se fecha também uma perspectiva de vida que tem uma profunda fundamentação na constituição da subjetividade – e, assim, uma visão mais ampla do que a de seu oposto, a saber a de uma vida que tem a concordância interna, sem reservas ou abreviações, daquilo que a conduz. Por isso, ambas as partes da alternativa se tornam, de fato, experienciadas como ligadas com uma evidência de vida, mas apenas uma delas é experienciada como ligada a uma reivindicação *sui generis*.

Essa reivindicação persiste, de modo que não se exclui a possibilidade, depois de um tempo de experiência que alguém fez com uma decisão, que ele revise a decisão realizada ou que se abra a ele a perspectiva a um tipo de decisão não realmente considerada antes. Mas também a pessoa que decide contra uma perspectiva que adere à norma ética fundamental não perde o *status* de conduzir uma vida consciente como sujeito e de se encontrar em um percurso de vida que seja bem fundamentado para ela. Por essa razão, pode-se muito bem designar a liberdade da autodeterminação também como a liberdade da autoescolha. Mas, essa expressão, com a qual se adota um mito platônico, não permite conhecer a posição da liberdade no processo e na dinâmica da subjetividade.

Agora, pode-se apontar de passagem que, aqui, dever-se-ia entrar na discussão daquilo que tem um lugar inapagável no discurso moral como a "infração" [*Verfehlung*] ética e como a vontade "má". Todas as minhas análises até aqui levam claramente a uma posição que, no interior de uma filosofia concentrada na subjetividade, se aproxima da doutrina de Platão. Para ela, certamente há, na região central da consciência ética, uma perda do ser si mesmo verdadeiro e completo, mas não alguma força contrária ao ser si mesmo como tal. Também um tipo de sentimento de culpa se deixa explicar por essa culpa. Sua contraparte, porém, não é a revolta de outros seres humanos. Essa revolta, que leva a uma outra espécie de acusação de culpa, se explica, muito antes, pelas consequências potenciais e reais para outros de uma vida [vivida] apenas no interesse próprio, consequências que podem ser descritas como más, porque destruidoras. Por isso, em vista dessas consequências e no julgamento dos outros, também a caracterização como "o mal" da autoescolha por meio da qual o ser si mesmo é deformado tem a sua primeira origem. O agente terá de tornar esse mal próprio a si mesmo, e, de fato, a partir de si mesmo, por mais que ele não fira verdadeiramente o ato de sua autodeterminação à autoperda.

Mesmo quando se torna claro como todos os atos de autodeterminação, por meio dos quais uma motivação se estabeleceu como a determinante, estão enraizados no próprio sujeito, pode-se ainda insistir na pergunta sobre como, afinal, se deve *explicar* a decisão por um ou por outro caminho. Colocado novamente diante dessa pergunta, deve-se informar que ela não pode, *de modo algum*, ser *ainda mais* explicada, ou que ela já está esclarecida na medida em que ela pode ser esclarecida e tornada compreensível. Essa resposta deve soar insatisfatória na medida em que os postulados postos no próprio conceito da completude de uma explicação a contradizem. Ela é, todavia, inevitável. Pois a liberdade não se deixa demonstrar como a função de um mecanismo, mesmo que de um mecanismo mental. Se a situação em que a liberdade tem de ser pressuposta e empregada foi suficientemente explicada, e se, assim, se tornou claro o que resulta da liberdade, a exigência de uma explicação não encontra mais nenhum sustento. Ela perde esse sustento também em vista do fato de que o uso da liberdade não é demonstrável – no sentido duplo do mostrável [*vorzeigbar*] e do passível de prova [*beweisbar*] – e que a sua possibilidade tampouco pode ser demonstrada. Todavia, e também por essa razão, permanece ainda possível se aferrar à hipótese de que toda autoescolha deriva de predisposições genéticas, preferências adquiridas, pressão de adaptação ou de um mecanismo neuronal.

Também é possível se aferrar à suspeita de que o ponto de partida de uma escolha que não pode ser abarcado por razões preponderantes poderia, por fim, ser descrito apenas como acaso. De modo correspondente, pode-se imaginar um gerador de acaso instalado no mecanismo neuronal que explica a escolha. Todas explicações desse gênero são também realmente conciliáveis com a ponderação que deriva da liberdade da escolha de preferência. Isso pois, segundo um tal modelo, também se poderia explicar por que razões surtem efeito de maneira mais ou menos forte, ou seja, "se pesam". Mas essas explicações como um todo se sustentam em uma *petitio principii*, segundo a qual um tipo de explicação também tem de preservar a sua força lá, onde ele exclui a liberdade no sentido que tem de ser reivindicado pela pessoa. Mas essa exigência poderia muito bem, assim como toda espontaneidade enraizada na autoconsciência, ser uma ilusão que, enquanto produzida pelo equipamento genético do ser humano, não tem nenhum valor de verdade, mas sim apenas um valor de sobrevivência. Essa possibilidade de pensamento se deixaria eliminar apenas se a liberdade da autodeterminação, opondo-se à sua essência, fosse um fato demonstrável a ser identificado.

Aqui já deve ter se tornado novamente claro por que não se pode dispensar um quadro filosófico para a investigação do problema da liberdade, dentro do qual o enunciado de que, na autodeterminação, a explicação deveria e poderia encontrar o [seu] fim, faz bastante sentido ou mesmo se torna necessário. Sem um tal quadro, essa tese não poderia se defender sustentavelmente contra a suspeita de ser uma saída da razão e juízo preguiçosos. A partir desse quadro deve ser fundamentado que, na autoconsciência da pessoa, algo pode ser identificado cuja realidade, porém, só pode se tornar compreensível e compatível com tudo que é sabido se o pensamento, juntamente com a subjetividade, puder se referir a um fundamento do ser si mesmo que, ao mesmo tempo, está removido da subjetividade. Não compreendemos a coisa mesma [*Sache*], mas compreendemos a sua incompreensibilidade – com essa proposição, Kant concluiu a sua primeira grande obra sobre a fundamentação da ética. Para poder formulá-la, ele precisou efetuar completamente no todo o percurso de fundamentação de sua filosofia. A partir do curso das considerações anteriores, só podemos acrescentar à proposição de Kant: compreendemos a coisa mesma tampouco como podemos, em última instância, compreender o que, todavia, é acessível de uma tal maneira como consciência de nós mesmos que se encontra inteiramente fora de questão.

Assim, fica claro que, agora, se tornou possível e também necessário retomar a ligação com a primeira parte desta preleção. Nela, começou-se a desenvolver o esboço de tal quadro – e, de fato, de um quadro diferente daquele que o próprio Kant esboçou. Mas as considerações sobre o sentido de liberdade não podem, por ora, contar como tendo sido trazidas ao seu fim. Isso porque elas ainda devem, depois de terem se ligado, até aqui, apenas à consciência ética, ser estendidas ao âmbito da dinâmica da vida consciente como um todo, incluindo mesmo, em última instância, a escolha de preferência.

Com referência ao quadro filosófico no qual a consideração sobre a realidade da liberdade tem de ser situada, deve-se apontar ainda ao fato de que essa consideração ainda tem algo em comum com a opinião de que a validade do princípio de consequência não teria exceções: ambas precisam se referir a uma dimensão do real que se furta ao próprio sujeito. Quem questiona a realidade de tal liberdade supõe que aquilo que o sujeito pensa realizar como decisão deriva como resultado de uma espécie de programa de computador, cujo aparato e o funcionamento, *na medida em que* ele decide, necessariamente permanece removido [do acesso do sujeito]. Mas também a consistência da suposição de que uma liberdade da autodeterminação é real depende de que uma suposição inteiramente de outra espécie possa ser fundamentada: o processo da subjetividade do ser humano como um todo tem de ser posto em relação com uma dimensão que não é acessível em sua autoconsciência e para o seu conhecimento e que, todavia, está em uma ligação constitutiva com o ser si mesmo daquele que é consciente de si mesmo.

A liberdade da autodeterminação está incluída no ser si mesmo de um sujeito que, já por força da constituição de seu saber de si, tem de ponderar sobre aquilo que, em sua autoconsciência, vem imediatamente e como um todo à consciência. O ser humano tem, de fato, de realizar a sua autodeterminação conscientemente. Mas a sua realização não é acessível e disponível a ele como um tema e objeto, e ela também não pode, a partir de alguma distância que surge posteriormente, tornar-se, desse modo, acessível a ele. Nessa medida, essa realização pertence à dimensão da realidade do sujeito na qual também a consciência da obrigatoriedade da norma fundamental tem a sua origem. Ela é, como dimensão da subjetividade, atestada na consciência, mas não restrita a ela.

A partir de tudo isso resulta ainda mais claro por que um pensamento suficiente da realidade da liberdade não pode ser obtido no acesso direto ao problema da liberdade. Só se pode chegar a tal pensamento e também fixá-lo suficientemente se, antes, um amplo caminho do entendimento sobre a subjetividade no ser si mesmo, sobre o fundamento que se furta a ela, e sobre os modos de relacionamento a ele tiver sido percorrido.

8 Projeto de vida e escolha de preferência

O sentido de liberdade como autodeterminação foi desenvolvido em relação à consciência ética. Antes de se poder retornar ao tema da primeira parte da preleção e, assim, a uma inserção ontológica da subjetividade, coloca-se agora a pergunta sobre o quanto se deve estender a região na qual a liberdade pode ser reivindicada justamente no sentido que obteve sua primeira evidência em relação à consciência ética. Em conformidade com a determinação que a liberdade assim recebeu, esse poderá ser o caso em todo lugar onde duas condições negativas são preenchidas: onde disposições *não* vêm a ser por meio do pesamento comparador das forças de motivações já existentes, onde, porém, elas também não surgem como predisposições naturais da vida ou de outras circunstâncias, mas sim onde elas se formam como resultado da condução consciente da vida e como o modo no qual essa condução da vida, a partir de si mesmo e em função de si mesma, continua e precisa continuar.

A consciência ética ocupa uma posição de destaque na dinâmica da subjetividade pelo fato de que ela coloca o sujeito em uma dimensão de sua vida que nem é acessível a ele na autoconsciência elementar nem poderia crescer por meio de impulsos ou interesses. O sentido de liberdade de autodeterminação que se deixa desenvolver tomando como ponto de partida a consciência ética, está, nessa medida, como dizíamos, integrado na dinâmica da vida consciente. Disso se pode inferir que o âmbito de aplicação desse sentido de liberdade é idêntico com o âmbito no qual essa dinâmica como um todo se desdobra. Isso não significa que ele também pode ter significado em todo lugar onde essa dinâmica está estabelecida em algum modo de realização determinado. Ele será aplicável onde, no interior dela, surgirem situações nas quais seja necessário dar uma direção à vida, sem que ela pudesse ser obtida unicamente como resultado da consideração ponderante.

Assim, desenha-se agora uma tarefa de grande ordem, a qual essas preleções não tomam mais para si, e sobre a qual elas só podem dar a justificativa [*Rechenschaft*]. Isso pois, agora, se teria não apenas de tratar de apontar todas as dimensões no interior das quais se deve decidir sobre direções de vida e, na sequência, se formar disposições. Além disso, ter-se-ia de investigar o modo no qual elas também atuam umas nas outras e no qual elas, então, podem se fazer valer simultaneamente em situações de ação. Que essa segunda tarefa também se coloca se torna claro justamente com o exemplo da consciência ética, pois não há nenhuma decisão de vida para a qual considerações éticas não possam receber nenhum tipo de relevância – também não quando o que deve ser decidido for designado inteiramente como um problema da moral. Assim, não estaria pendente o desenvolvimento de menos do que aquela problemática que, no passado, sob pressupostos inteiramente outros, como análise da existência, começou seu caminho na filosofia, no qual então, porém, a existência ou a vida frequentemente foram explicadas como um processo de alternância [*Wechselprozess*] e uma passagem de estágios unidimensional. Aqui, então, só pode se tratar de esclarecer mais a tarefa, torná-la concreta por meio de alguns exemplos, e enfraquecer as razões de suspeita às quais o sentido de liberdade como autodeterminação pode ser exposto.

É preciso ir tão longe já na tensão fundamental da vida consciente entre abertura do mundo e autofundamentação para ver posta uma pressuposição para decisões para a orientação dessa vida. Uma vida pode se concentrar mais fortemente na formação de um segmento do mundo, seja quão grande ou pequeno ele for, ou na autoinclinação [*Selbstbesinnung*]. Ambos também podem acontecer de tal modo que o polo oposto da decisão de vida seja integrado no próprio objetivo de vida ou mantido excluído dele. O agente versado no mundo e o homem da ordem que se esconde do mundo podem ser considerados como exemplos de tais projetos de vida.

Ora, decisões de vida de tal tipo, que, a propósito, não devem ser confundidas com uma escolha de profissão, certamente estão fixadas no caráter natural e nas aptidões dos indivíduos. Mas a liberdade da autodeterminação também é algo diferente do que o poder absoluto da disposição. Ela é liberdade finita também pelo fato de que só pode se tornar efetiva sob circunstâncias. Ela pode gerar motivações em sua origem como pode gerar a reivindicação da norma fundamental; ela pode, porém, conferir a eles predominância e prioridade. Justamente nisso ela motiva, todavia, também a partir de si mesma, pois faz uma diferença fundamental se uma aptidão natural apenas atua ou se ela traz consigo uma decisão que porta uma direção de vida que deve, então, ser preservada em circunstância alternantes. A decisão precisa, como dito, ser preservada, o que significa que ela deve sempre se renovar em uma corrente de atos de orientação. A liberdade não é uma força de criação a partir do nada, mas sim a capacidade de dar à vida na qual o ser humano se encontrar também consistência, clareza e direção em sua realização consciente.

Tal autodeterminação não deve ser pressuposta apenas para a fundamentação da disposição ética. Uma outra perspectiva de decisão se forma com o fato de que a vida consciente tende ao todo de um entendimento que, todavia, só pode ser alcançado por meio de experiências de vida que caminham em sentidos contrários umas às outras e que, desse modo, não são conciliáveis uns com os outros enquanto atuais [*gegenwärtig*]. A obra de Hölderlin surgiu sob a impressão da compreensão de que um profundo vínculo de vida não pode ser vivenciado enquanto uma exploração do mundo que precisa buscar e sustentar o risco. Mas ambos são, todavia, pressuposições para que a vida se submeta a um todo que não seja caracterizado por uma limitação. Qual objetivo de vida é perseguido não se determina apenas por meio do talento, da chance e da consideração astuta, mas sim, tudo isso pressuposto, por meio de uma partida decidida para um curso de vida.

Para tais situações, a condição da incomensurabilidade de alternativas é satisfeita de outra forma do que no caso da autodeterminação sob a norma fundamental. Nelas, interesses, cuja atração deve ser pesada reciprocamente, sem dúvida puxam em direções opostas umas às outras. A partir da atração apenas, porém, não se deixa obter o sentido de vida no qual a vida tem de se inserir – e, assim, também não o modo de sua formação humana e ainda menos a energia com a qual ela adquire uma posição de prioridade na condução da vida e no autoentendimento. Portanto, também está ligada à decisão sobre a direção do curso [da vida] uma decisão sobre quando e com que força ou cuidado o caminho deve ser tomado.

A autodeterminação em tais situações se realiza, por isso, sempre no espaço de uma segunda atuação da incomensurabilidade: uma vida pode partir de corresponder às possibilidades da condução consciente da vida e das perspectivas de autoentendimento que nascem para ela a partir dessa vida. Ela também pode, porém, se fechar a elas, se entregar ao mais imediato, fazer planos de longo alcance apenas na medida em que eles servem a necessidades incontornáveis, e lidar com a tarefa de formar uma balança de identidade do modo o mais flexível possível. Essa diferença é análoga à diferença ética, mas não deve ser reduzida a ela. A autodeterminação, todavia, também reivindicada por ela em ambos os lados. Mas apenas a opção de entender a condução da vida como exploração [*Erkundung*] da vida leva, ao mesmo tempo, também à autodeterminação em um curso de vida.

Não é preciso pensar que tal autodeterminação esteja reservada aos grandes momentos de uma vida que se dirige a decisões. A tensão entre perspectivas incomensuráveis surte efeito até em situações de vida cotidianas nas quais ela se tornou aparentemente irreconhecível – por exemplo, quando alguém se pergunta se se pode levar a vida ou fazer uma prova de maneira desleixada. Nenhuma dessas alternativas é irracional, nenhuma é claramente favorizada moralmente, e não se pode dizer de nenhuma delas que se tenha certeza de se estar preso a ela por meio da própria natureza. Mesmo se se quiser lançar os dados a respeito dela, isso, todavia, teria de ocorrer sabendo que ambas as alternativas seriam possíveis, pois o lance teria ainda de se seguir à decisão real. E ela teria de ser implementada em disposições, pois uma vida não se pode realizar sob um projeto como sob uma terapia a que se suporta. O sujeito tem de encontrar novamente a si mesmo nele. Apenas a partir desse acordo consigo mesmo ele pode deixar o projeto se tornar efetivo.

Disposições de vida que, no mínimo, também se apoiam em atos de autodeterminação, têm efeito na condução da vida cotidiana do mesmo modo que disposições que foram adquiridas sob a norma ética fundamental. Elas também sempre tangem, por isso, as considerações das quais procede uma escolha de preferência. Disso resulta para nós agora a tarefa seguinte de não considerar mais a liberdade da autodeterminação e a liberdade do ponderar na escolha de preferência unicamente no contraste uma com a outra, mas sim colocar suas estruturas e funções em relação umas com as outras. O sentido de liberdade da autodeterminação é, agora, reivindicado para além de sua primeira base de evidência, a consciência ética, e foi estendido à autodeterminação em projetos de vida. Isso tem evidentemente por consequência que, além disso, também tem de se investigar os modos nos quais essa liberdade, e o que dela resulta, são incluídos em situações de ação que, supostamente, estão inteira e completamente submetidos à lógica prática da escolha de preferência.

Com a pergunta a esse respeito, dever-se-ia retornar e percorrer novamente agora, portanto, a discussão dialética de situações de ação em relação a um sentido possível de liberdade, com a qual começamos o exame do sentido de liberdade, sob condições alteradas – a saber, sob a inclusão, agora, do sentido de liberdade da autodeterminação que foi adquirido nesse meio-tempo.

A análise dessas situações se complicaria muito desse modo. Assim como a consciência ética surte efeito em todas as situações de ação, também a dinâmica da subjetividade se realiza como um todo, ou seja, em tudo que é peculiar a ela, não em um âmbito especial, que permaneceria trancado e apartado em um subterrâneo da vida. Ela impera na vida consciente também lá onde, segundo as aparências, a vida se reduz à consideração do que é conforme a fins e à escolha racional de preferências. Pois motivações que se ligam a objetivos individuais estão tão estreitamente vinculadas à continuidade no todo da condução da vida que motivos que resultam delas não deixam a escolha de preferência intocada. Toda escolha de preferência pode se tornar parte da formação e da preservação de um caráter, de um tipo de ação, de uma orientação no mundo e de um modo de ser com outros de seres humanos. Desse modo, decisões fundamentais da vida podem, por meio de situações de ação inteiramente cotidianas, ser conservadas, ou seja, tornarem-se firmes e seguras de si mesmas. Elas [essas situações] podem, contudo, também ser um meio no qual elas [essas decisões fundamentais] surgem progressivamente. Grandes pontos de virada da vida, nos quais decisões fundamentais têm de ser realizadas conscientemente, são apenas o ponto de culminação de um percurso no qual elas estão integradas e cuja continuidade não pode ser inteiramente interrompida por meio delas. Elas também podem maturar silenciosamente na medida em que um tipo de comportamento ou uma direção de vida se sugere continuamente em muitas situações inaparentes, para então, no caso de uma grande chance ou desafio, se tornarem firmes e claras.

O espaço e o significado da liberdade de escolha que procede da consideração ponderante são, diferentemente da liberdade da autodeterminação, conciliáveis com o princípio de consequência. Todavia, também essa liberdade precisa, em última instância, ser compreendida juntamente com o entendimento sobre o lugar da liberdade na dinâmica da vida consciente – assim como ambas vêm a surtir efeito na preparação e introdução de ações.

Trazer a atração de motivos na consideração ponderante e a vida própria por meio da autodeterminação a um [mesmo] percurso pressupõem em igual medida a distância de impulsos que, a partir de si mesmos, insistem em passar imediatamente para o agir real. Nessa medida, é uma e a mesma esfera no interior da qual motivos ponderados têm efeito como fundamentos de ação e na qual uma perspectiva de vida possível se torna, de maneira autodeterminada, uma prática de vida real. Essa distância é tão essencial ao ser humano enquanto agente consciente quanto a dupla orientação de sua vida à abertura do mundo e ao autoentendimento. Ele só pode desistir delas ou deixá-las escapulir [se o fizer] juntamente consigo mesmo. Mas ele pode aumentá-las, modificá-las ou estabilizá-las tanto por interesse na ponderação astuta quanto também em nome da defesa da vida autodeterminada. Na preservação de uma disposição fundamental essencial ao ser humano, para a qual o sentido de liberdade da autodeterminação é constitutivo, ambas serão atuantes, cada um de modo diferente, mas certamente em ligação uma com a outra.

A isso corresponde que também uma ponderação que serve unicamente para pesar motivos uns frente aos outros pode entrar em uma condição como pressuposto – a saber, o de deixar o campo para tal ponderação e desistir de intervir nele com uma ponderação disposta de maneira completamente distinta, a qual traria à vista outras possibilidades da orientação da vida. Por isso, pode-se entender ainda também a racionalidade da escolha de preferência como tal e o esforço de deixá-la seguir seu curso imperturbada como possibilitada previamente por meio de uma decisão por uma orientação de vida – seja por meio de uma autodeterminação da qual se segue se entregar inteiramente, em todas as situações de algum modo arriscadas, à ponderação da escolha de preferência, seja mesmo pelo querer igualmente autodeterminado no qual a vida própria foi fundamentada inteiramente no bem calculado interesse pelo sucesso. Com tal decisão, o ser humano, todavia, teria se removido de uma exigência fundamental de sua consciência ética, pelo que ele teria diminuído a sua vida em uma dimensão essencial para a sua subjetividade. Sob um outro aspecto e em muitas situações precárias, a defesa da racionalidade da escolha de preferência pode também ser entendida como a satisfação da exigência ética por autodomínio.

É preciso ter tornado tais complicações claras para si mesmo a fim de poder explicar por que tantos autores acharam esclarecedor favorecer uma tese que, porém, contradiz tão evidentemente a autocompreensão do ser humano em seu agir – que, a saber, a liberdade do ser humano não deveria de modo algum se distinguir da liberdade de deixar que se tornem efetivas em seu agir razões cuja força de motivação eles compreenderam na ponderação própria. A maior parte desses autores adotam essa posição sobretudo porque pensam ter de evitar um conflito teórico com o princípio de consequência. Mas a possibilidade disso lhes abre nova e simplesmente por razão do engano ótico que deixa a liberdade da escolha de preferência se dissolver inteiramente na dimensão da distância que é constitutiva para toda ponderação. No interior dessa distância surgem em igual medida a liberdade da autodeterminação a determinidade da natureza do agir; mas, ao mesmo tempo, em sua contraposição uma à outra. Justamente por isso a liberdade da autodeterminação pode, todavia, também intervir, ainda que subterraneamente, direta ou indiretamente na liberdade da escolha de preferência – geralmente pelo fato de que ela já se tornou atuante na estruturação da situação na qual essa escolha de preferência deve, então, ocorrer.

Investigamos, desse modo, essas complicações a tal ponto que se pode tornar compreensível, em todo o caso, porque elas não podem ser ainda mais desdobradas nestas preleções. Elas levam a considerar toda ação como resultado de dimensões e modos de entendimento emaranhados de diversas maneiras uns nos outros. Elas trazem, então, a uma casuística que, porém, por fim, também não pode levar a derivar totalmente e confiavelmente alguma ação individual da espécie da força das disposições das quais ela procede. Por isso, pode-se, contrariamente às primeiras aparências, investigar o processo no qual uma disposição se forma em um ser humano com uma evidência ainda maior. Mas também disposições podem entrar em ligações umas com as outras e, de modo semelhante a uma balança de identidade, serem trazidas a uma relação hierárquica umas com as outras. O seu vínculo interno a imagens de si e do mundo complicam a sua análise de ainda [mais] um modo diferente. Nesse contexto, porém, o verdadeiro campo de investigação está centrado na dinâmica da vida consciente – uma investigação que, em seu tema fundamental da subjetividade, tem de unificar o modo de proceder da filosofia transcendental e o principal pensamento da análise da existência.

Também a posição da consciência ética no todo da dinâmica da vida consciente carece, nesse contexto, de uma explicação adicional. De qualquer forma, ficará claro que justamente a veemência com a qual a sua exigência se mostra nessa dinâmica tem de atuar em estabilizar a consciência, de modo que não se pode apreender o verdadeiro sentido da liberdade na liberdade da escolha de preferência, e que as razões que determinam essa dinâmica têm um peso como um todo que se contrapõe a reconduzi-las, em última instância, a forças fatídicas da predisposição genética da espécie *homo sapiens*. Desse modo, a evidência da incomensurabilidade das alternativas sobre as quais se deve decidir na consciência ética também tem um significado completamente esclarecedor para todas as dimensões da autodeterminação da vida consciente.

Se cresce no sujeito, por meio da consciência ética, uma peculiaridade que não pode se abrir a ele no entendimento imediato, então é preciso que uma prontidão traga consigo [a consequência de] que se abra a sua reflexão sobre sua vida e sobre os seus fundamentos para algo que não a via natural. A história cultural da humanidade é dominada por modos de autoentendimento que foram abertos em tais vias. A visão de mundo científica moderna [nos] abre de fato muito bem razões para considerar essas vias agora [como] fechadas e ao menos não continuar a persegui-las de maneira irrefletida. Mas justamente por meio da ciência do século XX – entre outras coisas pelos teoremas limitativos, característicos a ela – somos novamente encorajados e desafiados a abrir novamente tais vias. Toda empresa desse tipo ocorre no interesse dos seres humanos cuja autocompreensão inclui a sua autodeterminação, pois também um sentido bem identificado de liberdade traz uma suspeita consolidada para si, se ele tem de ser contraposto a uma concepção naturalista do mundo sem, por sua vez, poder ser inserido em um contexto igualmente tão amplamente abrangente.

Todavia, temos ainda de nos sustentar no fato de que o inverso vale igualmente: Também a distinção da autodeterminação da escolha de preferência não torna a interpretação naturalista da vida humana impossível, e, de fato, incluindo não apenas a sua capacidade de ponderar, mas também de autodeterminação, que ele de fato tem de reivindicar para si, pois não pode haver nenhuma demonstração que prove concludentemente que a liberdade da autodeterminação é uma realidade, que ela, portanto, não é reivindicada apenas por causa de uma aparência imaginada na essência do ser humano. Pode-se, por isso, sempre argumentar, a esse respeito, que a direção que uma vida toma é determinada, em última instância, por um tipo de causalidade oculto a ela, que, em e por meio da aparência de sua decisão, põe inteiramente apenas os seus efeitos. De fato, o princípio de autodeterminação não se deixa traduzir no pensamento do que é próprio a cada ser humano e sugerido pelo seu caráter natural. Mas o princípio de consequência determinista também pode se esquivar dessa autoexperiência com hipóteses neurológicas sobre a formação de comportamentos. As situações nas quais a realização de uma autodeterminação é experienciada se deixam, então, interpretar microfisicamente como reprogramações autorreguladas de um estado de sistema, no qual, além disso, um gerador de acaso embutido pode vir a surtir efeito. Assim, permanece sempre possível que o ser humano entenda a sua vida consciente, sob a inclusão de suas ilusões de liberdade, como um "tu deves" a ele imposto.

Vimos, porém, que está fundamentada na constituição e na dinâmica da subjetividade mesma justamente essa tendência de se colocar sob uma tal suspeita e de integrar essa constituição na imagem do seu mundo fundamentada no apuramento da referência. O princípio de consequência determinista, que todo ser humano pode apreender em pensamentos, lhe fornece o meio mais provável e sustentável para tanto. Se se compreendeu então de quais fontes deriva, até mesmo com necessidade, essa autossuspeita, isso não enfraquece justamente a possibilidade de se assegurar frente a ela na posse e na tarefa da

246

autodeterminação. Muito antes, isso fortalece as razões para tanto, e, de fato, de uma maneira decisiva para o percurso filosófico de fundamentação.

Todavia, um *pathos* heroico de liberdade não se deixa derivar dessas razões que nos levaram à determinação de um conceito de liberdade finita, pois também a liberdade da autodeterminação está inserida na dinâmica de uma vida que procede de seu fundamento e que já [por isso] nessa medida não o domina, mas sim apenas pode corresponder a ele.

O ser humano sabe, ademais, a partir de si mesmo, e antes de toda filosofia, que a liberdade não é um tema que pode ser trazido para fora de toda controvérsia. Quem, porém, entendeu por que é assim e por que as controvérsias e as dúvidas em relação à liberdade têm um eco nele mesmo não será mais, como antes, trazido por elas à insegurança e confusão.

9 Liberdade e autoentendimento

Desse modo, chegou-se ao ponto no qual as considerações sobre o conceito de liberdade podem ser ligadas ao tema da primeira parte desta preleção. O conceito de liberdade foi investigado tomando como ponto de partida a autoconsciência da pessoa nos modos de seu agir. Antes disso, indicou-se uma relação entre os conceitos formais-ontológicos [de] unidade e [de] individualidade. Também nessa relação a condição para a compreensibilidade de uma doação de sentido à vida consciente deve ser buscada, condição que não deve ser nem causada por essa vida nem crescer nela a partir de fora. Tem de se introduzir nela agora, porém, o sentido de liberdade ao qual chegamos.

Um argumento-chave no caminho dessa fundamentação será, por isso, repetido: se há liberdade da autodeterminação, que é pressuposta da maneira mais clara na consciência ética, então ela não é uma propriedade que se realiza em situações de ação individuais. Ela se realiza em um processo que leva à fundamentação de um *tipo* de ação. E a ação é livre em situações de ação individuais, na medida em que ela tem um lugar no processo da construção gradual, da consolidação e da preservação renovada de um tipo de ação que se distingue de uma rotina útil como um modo de vida ou como uma tendência de vida. Livre, desse modo, não é a decisão de fazer ou de deixar de fazer aquilo que está na ordem do dia no momento, mas sim se apropriar, por meio de tal fazer, de um tipo de ação determinado e viver nele, ou seja, ser tal ou qual em relação a ele. Uma decisão por liberdade coloca, portanto, uma perspectiva de vida. Se essa decisão ocorreu de maneira não apenas provisória, de modo que se possa abdicar dela na próxima ocasião, então ela também se efetiva por através de todo o tipo de comportamento de uma pessoa. O âmbito que diz respeito imediatamente a ela pode até mesmo ser muito pequeno, e o número de outras situações de decisão postas de maneira completamente diferente inimaginavelmente grande. A realização de uma autodeterminação real modifica outras ações também de longe, e ela tem influência em outras decisões fundamentais em outros âmbitos de ação. Pode-se expressar isso da seguinte maneira: a liberdade é uma propriedade que resulta imediatamente na formação de um caráter e apenas mediatamente, por meio dele, na realização de ações. A liberdade pressupõe, portanto, também a continuidade do sujeito e a orientação da pessoa a uma balança de identidade. Isso não significa que a realidade se realiza como que unicamente na produção da identidade para a qual a visão é aberta na norma ética fundamental. A maior parte dos seres humanos também chegam no âmbito ético em uma balança de identidade na qual toma lugar uma indiferença pelo menos moderada frente âmbitos de sua própria compreensão ética. Mas o uso da liberdade e a continuidade do ser si mesmo fazem parte inseparavelmente um do outro. É esse resultado que permite introduzir o conceito de liberdade da autodeterminação na relação entre a ontologia da individualidade e a dinâmica da subjetividade.

Lembrou-se várias vezes que um agir por liberdade não se deixa compreender por definição. Se pudéssemos descrever e explicar o modo com que a liberdade se realiza como um processo físico, e assim também calcular como um caráter se forma, então aquilo de que saberíamos não seria mais a liberdade de que pensávamos falar. Por isso, a liberdade só se deixa de algum modo entender pelo fato que se consegue chegar à clareza sobre a sua posição em um contexto. Entendê-la (e não apenas defini-la) *significa*, justamente, compreender a sua posição em seu contexto. Esse contexto, porém, já começou a se desenhar na relação entre a formação de um tipo de comportamento e a sua integração em formas universais da realização da subjetividade. Ele se expandirá e se aprofundará, se incluirmos os pensamentos com os quais o sujeito avança para além dos limites do conhecível. O primeiro esboço fundamental para tais pensamentos já foi esclarecido na forma de conceitos de uma ontologia formal alternativa. Essas preleções, cujo tema é a subjetividade, também não irão além desse mínimo de uma "metafísica" que deriva do pensamento extrapolador.

Quanto mais claro se tornou que a liberdade da autodeterminação está integrada em situações de ação ricamente estruturadas, menos ela pode ser pensada como a potência de autoprodução ou autoempoderamento. Dado que ela tem seu lugar em uma tal juntura, de modo que ela é real, como ela poderia ainda dever ela mesma [, em sua existência,] a si mesma? Se essa liberdade existe, ela precisa ter um fundamento. Essa consideração já basta por si mesma para que se busque pelo situamento da liberdade no contexto de uma ontologia alternativa. Deve-se, em todo caso, partir do fato de que simplesmente não podemos pensar de modo algum por um fundamento da liberdade [nada] no sentido do modo de explicação usual, especialmente do modo causal. A existência de uma liberdade que pressupõe um fundamento seria justamente uma contradição, sem um conceito de fundamento diferente do conceito cotidiano. E a liberdade não poderia ser situada, então, nem mesmo no pensamento de um todo, se não se reivindicasse para tanto, não importa o quão implicitamente, um pensamento extrapolador.

A tese da incompreensibilidade do centro da subjetividade, do saber de si, tem um significado imperioso para o edifício destas preleções. Essa incompreensibilidade leva a que a vida consciente que não parte do saber de si seja inquietada por si mesma. Assim, ela é trazida, pela sua própria constituição, a um processo de autoentendimento. A sua continuidade também é elevada pelo fato de que essa vida está exposta aos casos de alternância de sua existência física e social e de que ela se emaranha, pela dinâmica de sua consciência, em ainda outras tensões. É claro que a incompreensibilidade da forma fundamental do sujeito e que a dinâmica de seu autoentendimento também tocam a consciência da liberdade, pois elas levam, a partir de si, para a dúvida e para o questionamento que dizem respeito ao sentido e à realidade de liberdade. E o sujeito sabe, novamente, que todas as respostas a tais questionamentos determinam ele mesmo mais precisamente. O exame que partiu de ambos os conceitos fundamentais de sujeito e liberdade se vinculará, então, com um único movimento de questionamento [*Fragebewegung*]. Ele é, de fato, do maior interesse teórico, mas procede sempre justamente do impulso que já trouxe antes ao movimento do autoentendimento da subjetividade.

A liberdade deve ser convocada lá, onde está por decidir uma direção fundamental do agir, com a qual a vida como um todo é colocada na perspectiva de uma orientação fundamental e na qual uma tal decisão continua a se formar e a surtir efeito. Esse posicionamento da liberdade se deixa mais uma vez esclarecer à luz da dinâmica que é própria à subjetividade. Quem pensa ter chegado à compreensão da insignificância da vida talvez também chegue a uma orientação de vida que se remove da norma ética fundamental e de tudo objetivamente importante. Essa decisão, de fato, não se segue obrigatoriamente de tal compreensão, mas pode se entender como estando em uma concordância com ela. Também essa decisão é livre no mesmo sentido que qualquer outra, e não se deixa, portanto, entender como uma perda de liberdade. Ela é, todavia, uma perda em outro sentido. De fato, ela segue uma perspectiva que surge necessariamente na vida consciente. Mas ela se barra possibilidades que estão igualmente fundamentadas nessa vida e com a realização das quais ela chega a um esclarecimento aprofundado sobre si mesma. Assim, a violação da norma ética fundamental deve, portanto, ser tornada compreensível não por uma falta de liberdade, mas sim por uma perda de si mesmo [*Selbstverlust*]. Ela suspende a liberdade do ser humano tampouco quanto [suspende] a sua subjetividade. Mas ela bloqueia o seu autoentendimento não encurtado e uma efetivação da subjetividade no todo da dinâmica própria a ela. A esse diagnóstico em linguagem moderna corresponde a doutrina antiga segundo a qual o assim chamado mal deriva de uma obstinação e atrofia da vida interior do ser humano.

A fundamentação para que um fundamento tenha de ser pressuposto pela forma do sujeito deve ser conduzida diferentemente da fundamentação para o fundamento do qual a liberdade deriva. O sujeito está no saber de si. Assim, não pode haver nenhuma dúvida sobre a realidade da autoconsciência. Apenas é incompreensível como esse modo de saber, o mais central de todo, é construído, e como ele pode surgir. A liberdade no ponderar é, igualmente, um fato indubitável. A outra liberdade da autodeterminação é, porém, *apenas* pressuposta. Assim, a sua facticidade não é certa do mesmo modo como a do saber de si. Abstraindo-se dessa diferença, ambas são, de igual modo, removidas à compreensibilidade. Não se pode tornar claro para si e explicar de que modo o autorrelacionamento se realiza na autodeterminação da vontade. Se, portanto, não se quer descartar a pressuposição que pessoas fazem espontaneamente, então se aceita como real uma autorrelação que tem em comum, com a autorrelação no saber no qual a vida do ser humano se realiza, exatamente essa incompreensibilidade. Nessa medida, a pressuposição da liberdade da autodeterminação que não pode ser assegurada por nenhuma prova, se encontra, portanto, não apenas em uma ligação real, mas sim também em uma concordância formal com um fato incontestável. Isso pode reduzir a impressão de inevitabilidade que leva muitos do significado geral do princípio de consequência para a afirmação de que uma liberdade da autodeterminação seria impossível e de que o pensamento sobre ela já deveria ser descartado por sua inconsistência.

Pelo fundamento da liberdade deve-se entender, por um lado, certamente o fundamento real [*Realgrund*], que deixa acontecer [o fato de] que ela existe. Temos uma intelecção desse fundamento tanto quanto do fundamento da subjetividade. De outro lado, ele é, em conformidade ao primeiro significado da palavra "*Grund*" em alemão*, o fundamento [*Fundament*], o solo no qual a liberdade tem existência e pode se realizar. No projeto de uma ontologia extrapoladora que, segundo a sua constituição, também só pode desenvolver esse pensamento sobre o fundamento em uma aproximação, o maior peso jaz nesse segundo significado. É por causa dele que a liberdade pode ser localizada no quadro de um todo maior: a liberdade da autodeterminação é uma realização que tem seu lugar no interior de uma dinâmica integral [*Gesamtdynamic*] por meio da qual o sujeito se desenvolve em sua individualidade.

O pensamento da individualidade foi esclarecido na primeira parte desta preleção do modo como ele pode ser obtido na concepção alternativa de um todo. Indivíduos são caracterizados por meio de processos do desenvolvimento diferenciado para dentro e por meio da sua autopreservação na relação externa [*Außenbeziehung*]. A autopreservação recebe a sua força da autodiferenciação inteiramente por meio da qual a identidade do indivíduo se preserva e é mais especificada. Que ela deva ser caracterizada dessa forma resultou do fato de que ela, por meio de tais propriedades, corresponda como indivíduo e, assim, como finita, por força de sua constituição, ao fundamento do todo ao qual ela pertence como finita. Pessoas, enquanto sujeitos, devem ser entendidas como indivíduos em conformidade a esse significado.

Não há nenhum caminho que nos permitiria, tomando como ponto de partida esse pensamento alternativo da individualidade, chegar, por meio de uma *dedução* [*Herleitung*], a uma explicação da constituição da subjetividade. Aquilo que sabemos da subjetividade podemos apenas *interpretar* em ligação aos pensamentos da individualidade. Isso também não pode ser de se admirar. Os pensamentos de unidade e individualidade foram, afinal, introduzidos em nome da explicação daquilo que a subjetividade pressupõe no curso de seu autoentendimento. O ponto intransponível [*unhintergehbare*] de todo saber permanece sempre posto no saber de si da subjetividade. Também no curso da explicação daquilo que ele mesmo pressupõe essa posição central não pode ser suspensa. Certamente, porém, o sujeito pode e precisa se posicionar ele mesmo

---

* [N. dos T.]: Em alemão, "*Grund*" significa tanto "fundamento" quanto "chão", "solo".

no quadro de sua pressuposição e, assim, entrar em um acordo sobre si mesmo justamente nesse contexto.

Assim, cresce a possibilidade de pensar a sua vida como incluída em uma mediação de sentido [*Sinnvermittlung*]. Ela parte da unidade do todo, inclui os indivíduos finitos em si e alcança, assim, os indivíduos que são sujeitos. A sua individualidade se realiza na dinâmica da vida consciente.

Os momentos fundamentais da sua autodiferenciação e da sua autopreservação estão no pensamento formal-ontológico da individualidade de finitos. Eles parecem constituir uma oposição um ao outro e são, todavia, apenas dois lados de um processo, pois a diferenciação não se torna realidade, de tal modo que ela leva ao repelimento dos diferentes, de modo que esses, por sua vez, se estabilizem como autônomos. Muito antes, é, inversamente, a diferenciação que deixa a autopreservação se tornar efetiva. Uma vez que as diferenças são mantidas no laço do indivíduo, crescem, com ela a sua autonomia e sua capacidade de se afirmar frente ao que lhe é estranho. Nessa forma conceitual não se fala de modo algum do saber e do saber de si, e ela parece a princípio ser mais apropriada para descrever processos da formação de sistemas naturais ou também sociais.

Os momentos formais-ontológicos se deixam, porém, atribuir a características fundamentais no processo da subjetividade. É por causa dessa atribuição que o processo da subjetividade pode ser inscrito no quadro da ontologia formal revisionária: o sujeito é um indivíduo na medida em que ele se diferencia de diversas maneiras na dinâmica da subjetividade e se afirma como ele mesmo por meio do processo dessa diferenciação. Sua autoafirmação é inseparável de sua constante investida na direção de seu autoentendimento. A liberdade da autodeterminação, enquanto a liberdade da decisão por um tipo de comportamento ou de vida, tem seu lugar no interior desse autoentendimento.

Em uma retrospectiva daquilo que foi desenvolvido nas preleções anteriores é possível especificar ainda mais a atribuição dos modos de realização da subjetividade ao conceito alternativo de individualidade: cada sujeito individual é constituído e centrado no saber de si. Esse saber é o centro de organização fixo de sua abertura ao mundo e também do projeto de toda nova concepção de mundo. Ele é igualmente o ponto de referência a partir do qual se organizam as formações de identidade que as pessoas constroem em seu agir no interior do mundo. A relação desse processo à forma fundamental da subjetividade é mais uma vez fortalecida pelo fato de que a subjetividade se articula como consciência ética, pois nessa consciência a pessoa se sabe sob a exigência de uma formação

252

de identidade prática com a qual aquilo que constitui a sua subjetividade vem à expressão de uma maneira aprofundada. Também a consciência ética subjaz a um processo do desdobramento progressivo no qual os dilemas que ela gera se equilibram por fim. Juntamente com todas as tensões que surgem nela, esse complexo processo integral [*Gesamtprozess*] é levado a cabo, em todas as suas dimensões, pelo saber de si do sujeito e fundamentado nele. Vimos que também a liberdade que é pressuposta com a mais elevada evidência pela consciência ética tem um caráter processual. Dela procede a formação de modos de ação fixados a longo prazo, os quais, em sua continuação, têm de se preservar e, então, também se acoplar uns aos outros.

Esse inteiro processo é orientado desde o início a um autoentendimento. O sujeito sabe que ele não é fundamentado por si mesmo e que o seu fundamento permanece removido a ele. Uma vez que esse fundamento não pode pertencer ao mundo que é aberto a ele, a pergunta por esse fundamento se liga, para ele, com a investida na direção de um todo de uma espécie completamente diferente do todo de seu mundo. Disso surge a abertura do pensamento para conceitos alternativos de mundo para além dos limites do conhecimento – portanto, para aquilo que se está habituado a chamar de transcendência.

O impulso para o autoentendimento é intensificado de muitas maneiras e reivindicado de um novo modo. Desde o começo, ele se encontra na contradição entre a perspectiva de ter de ver a própria vida como metafisicamente insignificante, e a possibilidade de vê-la sob uma afirmação de sentido que ele não deve nem a si mesmo nem a outro. Nos momentos singulares da experiência dos quais falamos na segunda preleção, tais perspectivas podem ser credenciadas, mas também desmentidas. O colapso de uma formação de identidade e a carência da consciência ética de ver o mundo ético não sem ser envolto por um princípio universal do mundo intensificam igualmente a tendência de obter um balanço estável de vida. Assim como um ser humano se entende por fim por meio de sua liberdade, igualmente ele é influenciado pelas evidências que estão preparadas nele na direção de um ou de outro balanço de vida. Ninguém pode, no entanto, se desprender de pressupor a possibilidade da autodeterminação que está fundamentada na consciência ética. Como ele, porém, consegue integrar o pensamento em sua concepção de vida pode ter influência em como ele faz uso de sua liberdade. Também pode fazer uma diferença prática se alguém se vê como um criador de si, se ele se sabe inserido em uma vida com liberdade finita ou se ele vê o seu ponderar e decidir como uma instância medial por meio da qual condições determinantes [*festliegende*] se realizam em efeitos igualmente determinantes. Inversamente, também um tipo de comportamento pelo qual um ser humano se decidiu e que se preserva nele modificará a sua prontidão de aceitar como verdadeira a conclusão de uma teoria, não importa o quão bem fundamentada ela seja. Esforçamo-nos para desenvolver o esboço de pensamentos de um todo para dentro do qual possam ser trazidos não apenas a convicção da realidade da autodeterminação, mas também um balanço de vida afirmadora, e partir do qual ela também deve ser legitimada. Esses pensamentos também deveriam ser fixados de modo a seguir pressuposições essenciais do pensamento moderno: a mediação do sentido deve ocorrer por meio daquilo que a pessoa compreende a partir de si mesma e, assim, por meio de si mesmo, a pressuposição da liberdade deve ser fundamentada, e não deve ter de se tornar contestado que o caminho da vida consciente é determinado por ambivalências e antinomias que nenhum conhecimento científico pode levar a desaparecer. Na medida em que essa série de pensamentos foi desenvolvida, pôde-se considerar muitas evidências de que a subjetividade pode obter em relação a si mesma. Mas não se podia, todavia, erguer uma exigência pela verdade da concepção inteira de todo na qual se deve inscrever a subjetividade. Isso seria inconciliável com a tese fundamental segundo a qual não pode haver nenhum saber confiável que consiga regressar para trás da evidência inicial do sujeito no saber de si mesmo. O balanço de vida deve ser realizado apenas pela vida consciente *ela mesma*.

Por isso, porém, também nenhum filósofo tem o direito de querer demonstrar de antemão para um desesperado que ele foi consumido por um erro do pensamento. Eu mesmo, porém, dificilmente teria ido atrás dessa concepção, se não tivesse a esperança de que pelo menos aquilo pelo que ela busca se confirma em uma vida e, de fato, na própria vida.

Caso alguém se coloque alguma vez a perspectiva que se pinta a partir dela, então ainda se deve dizer algo para aquela vida que termina em desespero: é preciso se resguardar de se aproximar demais dela com argumentações. A partir da compreensão própria de vida se tem, no entanto, uma boa razão para honrar a vida do desesperado de uma outra maneira do que ele consegue por si mesmo, pois também a sua vida procede do mesmo fundamento que possibilita toda subjetividade e que a sustenta em seu curso. A balança que ele extrai de si mesmo surge, a partir da constituição da vida consciente, necessariamente no horizonte dela. E, assim, ela encontra fundamentalmente, como uma balança possível, diante dos olhos de cada um. Já por isso não se verá, portanto, a vida desesperada como inteiramente perdida.

A concepção na perspectiva da qual nos colocamos assim tem o [seu] fundamento no sujeito ligado com o pensamento de um indivíduo que, por sua vez, está ligado com o todo de sua origem. Tal concepção alternativa, tomada por si [apenas], não exclui ainda definitivamente uma explicação naturalista da vida humana. Começando com algumas variantes do espinosismo, há não poucos exemplos históricos disso. Mas a concepção também é o pressuposto para que uma mediação de sentido se deixe pensar em um contexto contínuo, que vai da constituição do todo até a constituição da vida consciente. Poder pensar de algum modo em tal mediação é uma das principais razões para correr o risco que está sempre ligado a tal percurso de pensamento. Dela, porém, também se segue, então, que também a vida desesperada se encontra sob uma tal afirmação de sentido. Ela mesma realiza a negação universal do sentido de vida e, por isso, ela precisa pensar ver através do autoengano de um angustiado na vida que, mesmo na sua própria queda, quer se aferrar a uma afirmação de sentido. Quem, porém, se encontra ele mesmo na perspectiva da autoafirmação também verá a vida desesperada inserida no todo de sentido em que ele pensa compreender a si mesmo. E ele poderá tanto mais preservar na vida do desesperado os sinais disso quanto mais ele mesmo tiver sido alguma vez, no seu próprio percurso de vida, trazido para dentro da perspectiva da negação de todo sentido de vida.

Disso se segue outra conclusão a que já se aludiu anteriormente: também uma vida mantida segundo a consciência ética se distingue da vida de um malfeitor [*Übeltäter*] não pelo fato de que se realiza nela um acontecimento de sentido [*Sinngeschehen*] do qual a outra desabou. A vida da consciência pode ser dominada em graus, afundada em pântanos, perturbada e atropelada. Uma vez, porém, que ela se desdobra a partir do mesmo fundamento, ela não pode arruinar o seu estatuto, de modo que não se perde para ela a sua afirmação fundamental e o seu direito não expira simplesmente. Também uma tal compreensão deveria estar no fundamento do discurso sobre a dignidade do ser humano que, em nosso tempo, muito raramente é sustentado por pensamentos profundos, e que apenas por isso soam tão desamparados e exagerados.

Podemos ainda nos perguntar se seria o caso que todo balanço de vida tenha de ser obtido por meio de um emprego da liberdade. Tal balanço de vida inteira se distingue daquele momento de grande compreensão que se abate sobre alguns seres humanos e que os persegue por toda a sua vida. Ele precisa ser realizado pelo ser humano ele mesmo, e, de fato, em um longo processo de formação e preservação. Antes, porém, ocorrerão decisões que carecem de autodeterminação. A elas pertence a decisão de se expor à experiência de dimensões da vida nas quais o autoconhecimento e a perspectiva de um autoentendimento podem crescer. Essa decisão se coloca contra a fixação naquilo com que se está predominantemente habituado e só pode ser tomada como antecipação de uma vida que chega a pensamentos últimos sobre si mesmo. Ela satisfaz as pressuposições para um ato de liberdade como autodeterminação que foram indicadas. E, igualmente, pode-se também se decidir a favor de ser atento às abordagens para a formação de um balanço de vida.

Um balanço de vida ele mesmo não pode, porém, ser aceito por meio de uma decisão. Ele ainda se iguala àqueles momentos de compreensão [*Durchsicht*] na medida em que ele cresce gradualmente no ser humano e se abre a ele, mas de modo que esse balanço não é trabalhado por ele. Assim, ele ainda tem, por fim, algo em comum com a autoconsciência com a qual o sujeito vem à existência sem trazer a si mesmo a ela.

Isso leva de volta ao pensamento de que o fundamento da subjetividade é outro do que a causação de um *design* que corre por si mesmo automaticamente. O uso da liberdade é *inserido* [*eingefügt*] na dinâmica da subjetividade. Ela [a liberdade] é uma parte essencial da vida consciente, mas ela não é o seu todo e não define o seu objetivo. Assim, aquilo a que essa vida chega não se deixa compreender nem como estado da liberdade [*Freiheitstat*] nem como algo a que ela é apenas movida para. Em última instância, ela só poderá ser entendida a partir daquela unidade da qual e na qual resulta toda individualidade e, assim, também os sujeitos. Investigá-la significaria, porém, adentrar em um novo e ainda mais abrangente percurso extrapolador de pensamento. Ele incorporaria muito mais daquilo que deu à palavra técnica metafísica o seu ar elevado.

Toda vida pode ser interrompida por uma catástrofe física antes que se possa pensar que ela alcançou o objetivo de um autoentendimento estável. Não sabemos, porém, o quanto daquilo que só poderia crescer nela em uma compreensão que se forma gradualmente já é, todavia, aberto justamente em tal catástrofe. A filosofia tem, em todo caso, de se esforçar pela formação de um percurso de pensamento que permita entender e permita ao ser humano dizer que nenhuma vida é completa e inteiramente perdida – não importa o quanto, segundo as aparências, as catástrofes do século XX possam falar contra isso.

PÓS-ESCRITO

1

O convite para a série de preleções que deveriam ser proferidas para um auditório acadêmico geral incluía o desejo de que fosse possível desenvolver uma perspectiva sobre problemas filosóficos que se colocam à consciência moderna com uma pressão especial. Tentei corresponder a esse desejo por meio da combinação de temas e por meio da construção da argumentação. O entendimento sobre a consciência ética, a intersubjetividade e o sentido e realidade de liberdade são tais temas. Todos eles fazem parte do amplo âmbito da filosofia prática e são, ao mesmo tempo, os temas nos quais o espírito moderno do questionamento [*Hinterfragens*] e da despedida de ilusões se inflama o mais rapidamente, seja na figura da *skepsis*, seja como materialismo filosófico. As preleções desenvolvem esses temas tomando como ponto de partida a autoconsciência do ser humano, mas também com constante atenção ao impulso que ocasiona tal questionamento. Aí também sempre está em jogo, ao mesmo tempo, a pergunta kantiana pela origem da possibilidade da dúvida sobre a força de sustentação da orientação da própria vida, e, portanto, a tarefa de uma explicação sobre por que essa dúvida, que persegue a vida do ser humano, nunca pode ser silenciada.

Já o meu escrito de habilitação investigou o tema "Autoconsciência e eticidade". Eu não o publiquei, pois se tornou logo claro para mim que eu, na segunda metade de meus vinte anos, só pude trabalhar [ess]a problemática e o seu significado para Kant e para a filosofia pós-kantiana, mas que, porém, não estava pronto para a problemática ela mesma em toda a sua extensão. Para tanto me faltava o estado seguro que só pode ser obtido por meio de uma explicação própria da autoconsciência e de um diagnóstico das problemáticas ligadas a tal explicação. As duas primeiras preleções resumem aspectos fundamentais da posição à qual cheguei na sequência. As três preleções seguintes permitem reconhecer o quão longe eu cheguei na elaboração das conclusões que vêm dela.

2

No que diz respeito à tentativa sobre a liberdade na quinta preleção, deveria se tornar claro que esse problema, que pouco se aprofundou através de milhares de anos, mas que certamente também não se deixou solucionar, deve apenas ser abordado, menos em sua forma mais simples, quando se puder se remeter a uma orientação filosófica fundamental ao fazê-lo. Tentei mostrar que esse sentido de liberdade se deixa desenvolver a partir da dinâmica da subjetividade. Uma outra liberdade do que aquela indispensável, mas certamente não exaustiva para a liberdade em todos os [seus] sentidos, da independência no poder ponderar tem, portanto, o seu lugar no interior da necessidade da condução da vida, e, desse modo, lá, onde, como se poderia pensar, a inevitável coação de um "tu tens de" fundamental é experienciada o mais fortemente. Mas justamente aqui pode-se destacar mais claramente a ligação da convicção da realidade de sua liberdade com a força da concepção na condução da vida do ser humano. Penso que, assim, os pensamentos de Kant sobre a liberdade, mas também de Hölderlin, podem ser empregados em uma forma mais atual (Sobre Hölderlin, cf. meu artigo "A doutrina filosófica fundamental de Hölderlin" (in: GRUNDMANN, T. et al. (orgs.). *Anatomie der Subjektivität* ["Anatomia da subjetividade"]. Frankfurt: Suhrkamp, 2005)).

A demanda por uma solução do problema de liberdade não deve, assim, ser erguida. Certamente, porém, penso que essa perspectiva não deveria ser ignorada no debate novamente tão vívido sobre esse problema. Penso ainda que ela é útil para esclarecer e reconstruir o debate sobre a liberdade que se seguiu à obra de Kant em 1790, e para entender as dificuldades que Kant não pode trabalhar a partir de sua própria posição. Também sempre tive em vista esse debate na elaboração de minha argumentação. Que falte para ele ainda uma investigação abrangente tem certamente o seu fundamento na problemática intricada na qual nos encontramos sempre e necessariamente emaranhados no entendimento sobre a liberdade.

Sigo a posição fundamental de Kant segundo a qual a compreensão da resistência do problema da liberdade frente a toda solução teórica tem consequências que dizem respeito à fundamentação da filosofia como um todo. Elas dizem respeito tanto ao estatuto de um saber a ser fundamentado filosoficamente como também ao formato do quadro que uma concepção filosófica deve elaborar. As perguntas por causa das quais todo ser humano se dispõe a ser trazido para dentro da filosofia são perguntas da vida, não apenas tarefas teóricas. A filosofia pode apenas tornar compreensível como a vida humana chega a uma resposta a elas e como essa resposta deve ser justificada com os melhores argumentos, mesmo quando não com argumentos suficientes. Ela não pode decidir sobre a resposta a partir de si mesma. Certamente, porém, ela precisa construir e fundamentar um quadro que permite tornar compreensível como um traço fundamental da autoconsciência prática do ser humano implica suposições sobre uma realidade que são inabdicáveis, por mais que se furtem ao conhecimento teórico, e que, contudo, tem de valer como passíveis de ser verdadeiras. É preciso ter claro para si mesmo, a esse respeito, que um tal objetivo não se deixa alcançar sem a fundamentação de um equivalente ao pensamento kantiano da "coisa em si".

3

As preleções correspondem ao fato de que a certificação de tudo aquilo que tem significado prático de vida [*lebenpraktische*] também tem de ocorrer, em última instância, na práxis de vida [*Lebenpraxis*], por não quererem solucionar a contradição entre uma visão de mundo fundamentada na subjetividade da vida e o pensamento do materialismo filosófico por meio de uma decisão teórica. Penso que não apenas isso corresponde à racionalidade que está enraizada na vida do ser humano, mas também que essa contradição e a sua abertura de princípio também caracteriza a situação da filosofia na consciência moderna. De fato, as preleções desenvolvem uma perspectiva que permitem às pessoas se libertarem da fascinação e da importunação do pensamento sobre a possibilidade da verdade do materialismo que, por sua vez, se tornou sutil por meio da física do século XX. Elas também se colocam, elas mesmas, do lado dessa perspectiva. Mas elas não firmam a sua opção a uma tese que surge como conclusão de um programa de prova teórico. Nessa medida, elas tentam articular de maneira renovada e permitir tornar convincentes de uma nova maneira, no pensamento contemporâneo, as linhas fundamentais da doutrina dos postulados da razão, que Kant e Fichte desenvolveram depois do acontecimento de Rousseau.

Um materialismo fundado na física do século XX permanecerá também para filósofos sempre uma tarefa interessante e um desafio. Atualmente, ele exerce essa força de atração na figura de programas de pesquisa neurológicos, dos quais se poderia seguir consequências de muito longo alcance e igualmente de longa extensão. Quando o filósofo americano Thomas E. Hill, no ano de 1965, expandiu seu registro de teorias do conhecimento também à Alemanha, sugeri, tendo em vista as incontavelmente muitas opções nesse âmbito, inserir a neurologia com vistas à sua limitação ou sublimação. Por meio de um conhecimento mais exato dos processos que levam à formação do conhecimento fundado na percepção, poder-se-ia, talvez, contribuir para permitir que se tornasse a bagunça [*Stimmengewirr*] epistemológica mais transparente.

Até o momento, todavia, a pesquisa neurológica do cérebro ainda não deu nenhum suporte para tal perspectiva. Também na psicologia o behaviorismo foi compreendido primeiramente como estando em um momento de recuo. Nesse meio-tempo, essa situação se transformou fundamentalmente. Mas as expectativas escatológicas dos neurofilósofos de que será possível solucionar ou dissolver, no futuro próximo, problemas filosóficos fundamentais, e sobretudo aqueles que se ligam à subjetividade, não são menos delirantes do que o programa de antigamente do *L'Homme machine* ["O homem máquina"] de La Mettrie – mesmo se esse programa parecer arcaico frente aos modelos atuais de processos neurais. As preleções só puderam, porém, tratar de passagem alguns dos passos especiais nos quais esse programa deve supostamente poder ser executado hoje.

4

A prioridade das preleções visava sempre a desenvolver em sua formação mais ampla, uma filosofia da subjetividade que parte da autorrelação sapiente do ser humano. De um lado, elas deveriam desenvolver pensamentos que surgem na dinâmica da vida consciente e que podem intervir nela. De outro, elas deveriam investigar problemas teóricos que são como tais simultaneamente problemas da vida. Frente a tudo isso, perguntas de fundamentação tinham, certamente, o significado da abertura do acesso; elas não foram, porém, tematizadas apenas em função de si mesmas.

As preleções, portanto, também não aprofundam minhas tentativas prévias de explorar o fato da autorrelação sapiente do ser humano filosoficamente e de esclarecer como tais os problemas que ocorrem aí e, na medida em que isso for possível, solucioná-los. Eles são apenas inseridos em uma perspectiva mais abrangente. Também as controvérsias que podem se dar em torno desses problemas são deixadas de lado nas preleções.

As dificuldades em que se tem de recair quando se quer abordar a autoconsciência como qualquer outro tema da filosofia se tornaram claras para mim em parte em relação com escrito de habilitação [já] mencionado, em parte em relação com a confrontação com a filosofia de Wolfgang Cramers. Nos anos cinquenta do século XX era preciso se dirigir para os confins da filosofia, se se via a subjetividade, e ainda mais em relação com a autoconsciência, como ponto de partida e como um tema-chave para todo filosofar. Heideggerianos, marxistas, positivistas e linguistas de todas as cores não estavam de acordo em nada a não ser no fato de que era necessário se despedir de um pensamento orientado pela subjetividade como obsoleto e em igual medida alheio à vida dos seres humanos.

Meu percurso pelo mundo anglo-saxão estava, entre outras coisas, ligado à esperança de obter, para os problemas que eu investigava, novas possibilidades de elaboração, as quais, todavia, não deveriam levar a uma trivialização do sentido de sujeito. Mas os filósofos analíticos ainda se encontravam, então, antes da mudança de interesse da linguística para a filosofia do espírito.

Antes de lecionar na Universidade de Colúmbia, porém, morei, por acaso, em 1966 (meu tratado *A intelecção originária de Fichte* [*Fichtes ursprünglich Einsicht*] já estava em impressão) por um mês junto com Hector-Neri Castañeda em Oxford em uma pousada. Participei, assim, de maneira rica em consequências de suas preleções sobre quase-indicadores e fiquei atônito com o fato de que sumidades completamente presentes da filosofia linguístico-analítica não tinham nada a notar na nova perspectiva semântica aberta por ela e nada para confrontar com ela. Permanecemos em contato e falamos continuamente sobre a relação de suas análises com os meus problemas, que diziam respeito sobretudo à compreensibilidade da autorrelação sapiente. Quando, então, cheguei nos Estados Unidos, achei primeiramente, abstraindo-se de Sidney Shoemaker, que buscava entender a autorreferência pelas premissas de Wittgenstein, apenas em Roderick Chilsom um colega que avaliava o peso de meus problemas do mesmo modo que eu. Robert Nozick se deixou convencer então, em Harvard, que tentativas de solução [desses problemas] como aquela que Fichte colocou em curso ao menos não se esgotaram ou se afastaram da realidade, mas sim realmente fizeram jus à sua maneira à problemática. No desenvolvimento dos temas que diziam respeito à subjetividade, eu me encontrei, porém, primeiramente praticamente sozinho com os meus próprios estudantes. Muitos deles se destacaram mais tarde com a suas investigações sobre esse tema. Daqueles que desenvolveram argumentações e posições próprias sobre o tema da autoconsciência nomeio aqui Hans-Peter Falk, que adoeceu severamente nesse meio-tempo.

O que proferi nas duas primeiras preleções aqui publicadas sobre questões de fundamentação só vai além daquilo que eu já havia posto em discussão no fim dos anos de 1970 em Harvard na distinção das duas perspectivas opostas de pensamento que estão postas na própria consciência. Além disso, nas preleções – por causa de sua orientação para aqueles problemas filosóficos que, como tais, também são problemas da práxis de vida – as questões de fundamentação teórica que se colocam em conexão com um entendimento sobre a autoconsciência são quase inteiramente mantidas em segundo plano. São as mesmas perguntas que se ligam à parte central da *Crítica da razão pura* de Kant, sobre a qual eu publiquei um tratado no ano de 1976 (*Identidade e objetividade* [*Identität und Objektivität*]. Heidelberg: Winter-Universitätsverlag). Kant ligou todas as perguntas fundamentais da filosofia à autoconsciência no pensamento "eu penso". Mas ele também tinha boas razões para não perseguir mais, de maneira duradoura, a tarefa de entender esse pensamento de modo adequado.

Ela se mostrou, desde então, como extremamente complexa e como ponto de partida para estratégias filosóficas de perfis completamente diferentes. Essa complexão cresceu de novo de maneira clara no século XX por meio do desenvolvimento de uma semântica filosófica que, por sua vez, se refere de longe a Kant (antes de tudo por meio de Peter Strawson e Wilfried Sellars). Uma filosofia que se concentra na síndrome de problemas ligada com a autoconsciência tem de tentar entender a relação entre o saber de si, as formas proposicionais e o sentido de verdade. As preleções pressupõem aí uma posição que resiste a todas tentativas de uma explicação semântica da autoconsciência, na medida em que essas se querem fazer passar por suficientes e autossuficientes – independentemente de se a autoconsciência deve, aí, apenas coincidir com o uso da primeira pessoa gramatical *singularis*, ou se ela deve ser reduzida, em última instância, por meio de uma forma complicada de ascenção semântica, ao sentido de pessoa. Sujeitos são de uma realidade própria, embora sua inseparabilidade da pessoalidade demande uma explicação própria.

Ela é uma realidade que se forma a si mesma nos pensamentos e que surge antes de tudo na realização do saber de si. Por isso, o saber dessa realidade também não é mediado por meio de uma forma normal de referência de pensamentos ao real. Por mais que ela não esteja disponível no saber de si nem adequada nem completamente, esse seu *status* explica, porém, a natureza cartesiana-infalível do cerne do saber de si. Muitas perguntas estão claramente ligadas a isso, perguntas as quais eu abordei em alguns escritos e que nas quais as preleções não deveriam entrar. O que elas desenvolvem em relação à consciência ética, ao ser com outros essencial e em relação à liberdade está, porém, em uma ligação completamente necessária com fundamentação de uma posição de tal perfil. Isso deveria aqui ser propriamente destacado.

Que eu tenha, no longo tempo que passou desde a minha presença em Harvard, publicado de fato muitos livros, mas não elaborado nenhum livro próprio sobre a fundamentação de uma teoria da subjetividade, tem, além dos esforços de pesquisa sobre a filosofia alemã clássica que eram urgentes por causa de sua dependência de meios de financiamento, duas razões: a enchente rapidamente crescente de propostas de explicação vindas da filosofia anglo-saxã e a dificuldade de dar de algum modo uma forma adequada a um livro sobre a teoria da subjetividade.

A extensa literatura que surgiu depois da virada para a filosofia do espírito poderia facilmente ocasionar que se desenvolvessem as próprias considerações em relação constante a uma rede de modos de entrada díspares e debates com frequência reciprocamente isolados acerca do problema da autorrelação. Essa rede se tornou nesse meio-tempo tão intrincada que, até agora, não se chegou em lugar nenhum à tentativa de uma visão geral argumentativa – uma tarefa cuja realização teria de resultar rapidamente em uma monografia de grande abrangência. A outra dificuldade, porém, era não apenas mais antiga, como mais grave. Ela dá ocasião para uma outra observação sobre o edifício da série de preleções aqui publicadas.

5

A autorrelação sapiente está, como nenhum outro fato que se liga a problemas de fundamentação da filosofia, emaranhada com problemas de vida do ser humano. A resposta sobre a pergunta de como se entende e o que se encontra no fato de que o ser humano em geral sabe de si mesmo tem efeitos imediatos nas perguntas mais gerais sobre o quanto ele conhece de si e como ele pode se entender. É a expectativa que dela resultem esclarecimentos importantes sobre essas perguntas que inspirou o interesse também naqueles problemas de fundamentação. Ela motiva, além disso, sempre também a resistência contra uma trivialização precipitada da autorrelação sapiente, que pensa poder se saber acima de todas essas consequências.

Se essa expectativa é legítima, então os resultados de uma investigação da autoconsciência têm de poder entrar em todas as considerações que dizem respeito à condução da vida e ao entendimento da vida do ser humano, portanto não apenas na semântica e na teoria do conhecimento, mas mais ainda, para mencionar apenas algumas, na fundamentação da ética e na teoria da arte.

Essas disciplinas da filosofia têm, certamente, um campo de tarefas muito [bem] demarcado. O que, porém, elas têm por tema, é, no processo de vida do ser humano, intimamente entrelaçado com o que é tema de outras disciplinas. Quanto mais o que cada uma delas busca explorar é entendido a partir da autoconsciência do ser humano, mais se chama a atenção para uma falta – a saber, a de que as disciplinas não são desenvolvidas em uma interligação que corresponde àquilo em que os seus temas estão ligados uns aos outros no processo de vida do ser humano. Aquilo que uma teoria da subjetividade realmente se presta se torna de algum modo primeiramente claro em luz de suas consequências. Assim, a credibilidade de uma filosofia que investe na subjetividade e, assim, na autoconsciência do ser humano, também deve ser sempre julgada segundo em que medida ela consegue tornar acessível esse processo e ser esclarecedora para ele.

Mas a investigação filosófica tem de eventualmente se desdobrar em argumentações e inferências. Ela tem de pensar constantemente em alternativas e assegurar os resultados a que ela pensa levar contra alternativas. Isso possibilita que ela se torne difusa e a obriga a uma execução linear de sua problemática. Ela, porém, se encontra em relação oblíqua à complexão na constituição do processo de vida que ela evoca e em relação ao qual ela obtém, em última instância, o seu poder de convencimento. Por isso, a forma do livro que quer ser estudado e colocado à prova volume por volume, a forma normal do tipo de compartilhamento de intelecções filosóficas, é, de fato, necessária para uma teoria da subjetividade; mas, ao mesmo tempo, também inadequada.

Pode-se tentar combater essa falta por meio de alguma formulação [*Formgebung*] especial. Além dessa, podem vir à mente muitas [outras] possibilidades. Assim, seria possível, por exemplo, analisar primeiramente, em diversas dimensões da subjetividade, como, nelas, a subjetividade é [um] pressuposto, e apenas depois disso desenvolver os pensamentos de fundamentação, para, por fim, terminar com um tratado no qual, agora, os temas são reunidos em uma espécie de fenomenologia da vida consciente. Sempre se correria o risco, porém, na escolha de algum desses modelos, de ter de deixar a tarefa teórica atrás de uma tarefa que também se poderia descrever como uma tarefa literária.

Por meio dessa dificuldade é realmente evidenciado um limite do modo de compartilhamento filosófico, por meio do qual a filosofia se separa da arte e em particular da poesia. Na obra de arte literária, a complexão da vida é uma evi-

264

dência inicial [*Ausgangevidenz*] que impera sobre tudo. Quanto mais profundamente uma obra penetra nela e quanto mais concisamente ela é evocada por essa obra, tanto mais uma tal obra pode ganhar em significado humano e literário. Mas a filosofia tem de se articular em argumentos e frente a alternativas abertas. Por isso, ela não pode tornar-se ela mesma uma obra literária sem sofrer perdas enquanto filosofia. Alguns grandes autores, Platão sobretudo, fizeram sua obra com consciência clara da inabdicabilidade dessa linha fronteiriça e sabendo das limitações que ela impõe. Talvez a forma do ensaio filosófico, que, porém, pode remeter a muitas investigações individuais, pudesse ser presentemente vista como uma saída, todavia provisória, para essa dificuldade.

6

Nestas preleções se deixam reconhecer os efeitos dessa dificuldade na relação das últimas três preleções entre si, que também por isso são colocadas sob o título de "Execuções" [*Durchführungen*]. Seus temas exigem claramente ser postos em ligação uns com os outros, pois a liberdade, tema da quinta preleção, tem uma relação clara com a consciência ética. A explicação da consciência ética é dada, porém, sob a omissão do problema da liberdade na terceira preleção. A forma do verdadeiro ser com outros, que é o último tema da quarta preleção, carece de uma atribuição à seção da terceira preleção que trata do aprofundamento da consciência ética. Ao mesmo tempo, esse modo do ser com outros carece de uma inserção na seção final da quinta preleção.

No projeto das preleções de Weimar, abdiquei, porém, de deixá-las culminar no fato de que as três execuções, como a forma musical sugere, sejam reunidas umas com as outras. Esse lugar deve ser reservado à perspectiva que conduz da teoria da subjetividade para o primeiro passo para o pensamento metafísico encerrante.

A esse respeito, porém, ainda mais do que naquilo que as preleções realizam para a fundamentação de uma teoria da subjetividade, elas não vão além de um esboço. Espero ainda poder tomar a tarefa de executar esse esboço em uma outra forma e do modo o mais completo possível. Os pensamentos sobre um absoluto em sua relação com o finito e as considerações sobre o *status* de tais pensamentos, assim como sobre em que sentido eles são passíveis de ser verdadeiros, têm de ser uma empreitada própria. Que essa tarefa é inevitável se torna claro por toda a parte nas preleções onde se fala, em relação ao fundamento da consciência, que pensamentos desse fundamento não podem receber a sua estabilidade por meio de uma prova que a tudo decida. Pensamentos desse fundamento têm de, portanto, não apenas serem levados muito além daqueles primeiros passos. É preciso, por fim, também tornar possível entender, *a partir do fundamento*, como ocorre que seres humanos não possam, diante de uma pergunta que, em última instância, decide tudo em seu autoentender, depositar tudo na força de seu conhecer. E justamente isso tem de ser pensado ainda como uma implicação da racionalidade a partir da qual a autocompreensão se desenvolve na condução de vida do ser humano.

O conteúdo de pensamentos metafísicos concluintes e a pergunta pelo tipo de sua fundamentação são, certamente, de um interesse especialmente grande. Eles também têm, para a argumentação destas preleções, um significado que ainda não se coloca de maneira suficientemente abrangente nelas mesmas. Por isso, apontamos aqui para algumas de minhas outras publicações. Elas podem ser trazidas facilmente como complementos, pois elas são parte de minhas novas publicações de livros: Capítulo XV de *Grundlegung aus dem Ich* ["Fundamentação a partir do Eu"] (Frankfurt: Suhrkamp, 2004) (para um pano de fundo histórico), assim como (para um contexto sistemático): páginas 85 a 151 de *Bewußtes Leben* ["Vida consciente"] (Stuttgart: Reclam, 1999) e cifra I de *Die Philosophie im Prozess der Kultur* ["A filosofia no processo da cultura"] (Frankfurt: Suhrkamp, 2006). Sobre os pensamentos acerca de um aprofundamento da consciência ética (Na seção 5 da terceira preleção), que carecem de uma fundamentação exaustiva, indicamos ainda os capítulos de VI a VIII em *Ethik zum nuklearen Frieden* ["Ética para a Paz Nuclear"] (Frankfurt: Suhrkamp, 1990).

POSFÁCIO À
EDIÇÃO DE BOLSO

As preleções que foram publicadas há oito anos explicam elas mesmas suficientemente o seu programa e o seu modo de proceder. Por isso, se acrescentou a elas, por ocasião dessa edição no formato do livro de bolso científico, apenas algumas observações. Elas devem antes de tudo tornar mais claro em que sentido, em conformidade ao título do livro, se fala nele de *pensamento* [*Denken*].

Aí, não se pressupõe nenhuma das muitas definições de pensamento (por exemplo como organização do fazer ou como solução de problemas) nem se procura por uma própria. Em toda parte, se refere a um campo de problemas fundamentais especificamente filosóficos. Deve ser mostrado em quais sistemas [*Zuordnungen*] essas perguntas surgem e que respostas elas podem, então, encontrar, se são apreendidos e explicados pensamentos que estão ligados de diferentes maneiras com a autoconsciência de um sujeito que tem de conduzir a sua própria vida e, portanto, orientá-la.

Um primeiro contexto é, aí, de significado apenas no pano de fundo, sem se tornar um tema próprio. Ele diz respeito à pergunta pela possibilidade dos assim chamados Pensamentos do Eu [*Ich-Gedanken*], ou seja, de pensamentos que um sujeito entretém em relação a si mesmo. Já mostrei há muito tempo que está posto, na tarefa de esclarecer acerca da possibilidade dessa autorrelação especial, um desafio para a filosofia. Como fato, a relação existe de maneira na verdade indisputada, e no discurso sobre o ser si mesmo do sujeito ela é claramente pressuposta. Caso se queira, porém, explicá-la, é preciso primeiramente investigar perguntas que não têm aquele ser si mesmo como centro. Assim, é preciso, por exemplo, adentrar em sentidos como a dor, nos quais uma qualidade (dor) acompanha necessariamente o ser-afligido [*Betroffensein*] de alguém por meio da dor. Aí é preciso considerar ainda, como eles estão emaranhados com impressões de outro tipo e com uma imagem do corpo, e inseridos em um processo temporal, que já constituem conjuntamente algo como uma prefiguração [*Vorgestalt*] do ser si mesmo. Essa prefiguração não é idêntica com o ser si mesmo que se constrói nos Pensamentos do Eu, mas tem de ser integrada em sua construção.

Um problema inteiramente diferente que está ligado com a tematização dos Pensamentos do Eu é mencionado, mas fica por fim de lado, pois ele de fato é de um interesse muito elevado para a filosofia; mas, a princípio, puramente teórico: o ser humano pensa para si não apenas pensamentos *sobre* o real, e eles podem também ser mais do que operações *sem as quais* uma região do real (como p. ex. números) não se abre de modo algum. O real pode mesmo ter existência apenas *na* realização de pensamentos – e, de fato, não apenas objetos abstratos como teorias, mas sim indivíduos como o ser si mesmo na realização de Pensamentos do Eu. Assim, a pergunta sobre como algo assim é possível e o que isso significa tem, de fato, uma referência direta ao ser si mesmo. Mas o ser si mesmo não é movido, em sua realização, por esse questionamento.

Outros pensamentos os quais se investigou expressamente nas preleções têm em comum com os Pensamentos do Eu que eles são necessariamente apreendidos e que eles se desenvolvem em relação com a autorreferência do sujeito. Eles se encontram, assim, em uma relação essencial e exclusiva com o ser si mesmo de um sujeito. Essa relação é a mesma para a qual Kant apontou em sua explicação da origem do conhecimento e que, há algumas décadas, foi discutida abundantemente sob o título de "argumento transcendental". A quarta preleção mostra que é possível entender a posição de cada sujeito em um vínculo [*Verbund*] com sujeitos comunicantes a partir da sua subjetividade. Todo programa que queira deduzir a subjetividade do ser humano de sua comunicação se emaranha necessariamente em inferências circulares. Também a explicação da normatividade do ético na terceira preleção e a ligação da análise da liberdade com a tarefa precisamente compreendida da autodeterminação, que a quinta preleção desenvolveu, têm por tema, no sentido mencionado, pensamentos necessários.

Em um terceiro sentido, o ser si mesmo inclui então, porém, um pensamento que põe o sujeito diante de perguntas e leva à reflexão. Esse pensamento está, de fato, de uma forma ou de outra, necessariamente em curso. Mas o seu resultado está aberto, embora seu objetivo não deva ser determinado de uma distância neutra. Mas justamente assim ele é, novamente, de significado fundamental para a orientação da vida consciente sobre si e para si mesma.

As preleções se movimentam, assim, no âmbito daquilo que na vida, que permanece intocada por toda teoria, corresponde àquilo que o verdadeiro tema da filosofia, a metafísica, incluiu, foi e permaneceu.

Assim, as preleções são, como um todo, elas mesmas uma contribuição filosófica para o autoentendimento da vida consciente e, a todo momento, apenas em nome dela também investigações sobre perguntas filosóficas fundamentais.

Dieter Henrich

9 de novembro de 2015